The World-System in the New Century:
Globalization and its Social Effects

世界システムの新世紀
グローバル化とマレーシア

山田信行 ―著
Nobuyuki Yamada

東信堂

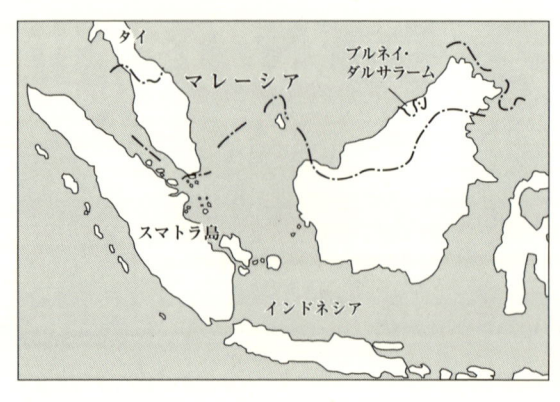

マレーシア全土と
その周辺

半島部
マレーシア

はしがき

　現代社会の基本的な趨勢として，グローバル化（globalization）という現象が指摘されるようになってから，まだそれほどの時間が経過していないのではなかろうか．極めて短時間のうちに，グローバル化というタームあるいは概念はいわゆる「流行り言葉（buzz word）」となり，様々な学問分野の内外において議論の対象となっている．本書のテーマも，ほかならぬグローバル化という現象からなる問題群であり，本書はグローバル化現象の分析において独自の主張を試みることを意図している．

　グローバル化は社会の様々な領域で多様なかたちをとって現れているものの，それが経済的な領域で最も進展していることには異論があるまい．本書においても，経済のグローバル化が対象となる．経済のグローバル化を推し進めているのは，いうまでもなくグローバルに活動する資本であろう．世界システム論が教えるところによれば，グローバルに活動する資本は世界を不平等な分業システムへと編成してきた．現在進行しているグローバル化は，このような国際分業のシステムにどのような影響を及ぼすのであろうか．本書が検討する第1の問題は，グローバル化がもたらす国際分業の変容の可能性である．すなわち，それは「新国際分業」として規定されていた分業のあり方が，「ポスト新国際分業」へととって代わる可能性の検討にほかならない．

　省みれば，1970年代からの国際分業の変容に関する議論は，発展途上の地域・社会の変容に照準していた．それというのも，グローバルな資本活動によって編成される国際分業のシステムにおいては，その周辺に位置づけられる発展途上の地域・社会はグローバルな資本活動にほとんど一方的に巻き込まれる存在であり，それらの地域・社会における変動は端的にグローバルな

資本活動に由来するものと考えられていたからである．このように，従属理論以降の社会変動をめぐる理論状況は，ともすれば当該社会の「外部」からの影響にその変動の原因を求める構えをとっていたといえよう．

しかしいうまでもなく，世界システムの周辺においても，そこに位置づけられる地域・社会の変動には当該社会の「内部」あるいはローカルな要因が関与していることは否定しえない．本書が検討する第2の問題も，グローバル化がもたらす周辺社会の内部変動に関するものである．すなわち，グローバル化の進展によって，周辺社会の一部がハイアラキカルな世界システムにおける位置を上昇していく可能性，あるいはそのようなものとしての半周辺化（semiperipheralization）過程の検討にほかならない．半周辺化は，グローバル化による資本（多国籍企業）の戦略の変化に起因し，当該周辺社会の「内部」要因のあり方によって，その帰趨が決定される変動過程である．

それでは，グローバル化のもとで国際分業が「ポスト新国際分業」へと転換し，格差と不平等を絶えず再生産する世界システムにあっても，周辺社会の一部が半周辺へと上昇するならば，世界システムの総体にはどのような影響が現れるのであろうか．これが，本書が検討する第3の問題にほかならない．この問題に関連して，半周辺というゾーンの機能とグローバル化にともなう資本主義的な関係の拡大の意味が考察される．このように，本書が設定する視座は，グローバルなレベルとローカルなレベルとを往復し，経済のグローバル化現象にいわば複眼的なアプローチを試みている．

一言でいえば，以上のような3つの問題を理論的および経験的に検討することが，本書の課題である．これらの課題を達成するために，本書においてはまさにグローバル化が「流行り言葉」となるのと足並みをそろえて，実質的にグローバル化（多国籍化）を行ってきた日本企業と，その主要な進出先の1つであるマレーシアを事例として考察を進めることにしたい．経済のグローバル化の重要な担い手である日本企業と周辺社会マレーシアとの相互補完的な関係が，描き出されることになろう．

山田　信行

目次／世界システムの新世紀——グローバル化とマレーシア——

はしがき ……………………………………………………………… i
目次 …………………………………………………………………… iii

序章. グローバル化はなにをもたらすのか …………………… 1

格差の拡大と周辺……………………………………………… 1
周辺における資本主義発展…………………………………… 2
「グローバル化」と周辺 ……………………………………… 3
NIDL から post-NIDL へ……………………………………… 4
「外部」と「内部」、「グローバル化」と「半周辺化」……… 6
事例としてのマレーシア……………………………………… 7
本書の構成……………………………………………………… 8

I. 経済のグローバル化と国際分業の転換——NIDL から post-NIDL へ ………13

1. はじめに …………………………………………………13
2. グローバル化とはなにか——概念・現象・起源・原因 …14
   (1) 概念
   (2) 現象
   (3) 起源
   (4) 原因
3. NIDL から post-NIDL へ——国際分業の類型論 …………17
   (1) 工業化のイニシァティブ
   (2) 工業化のタイプ
   (3) 産業のタイプ

(4) 国家の政策
　　(5) 企業間関係
　　(6) 労働者の技能形成
　　(7) 生産システムと労使関係
　　(8) 階級・階層の構成
　　(9) 社会的格差
　　(10) 社会運動
　　(11) 多国籍企業の戦略
　　(12) 世界システム総体
　　(13) 理論的背景
　4．日本からマレーシアへ──直接投資の動向……………26
　5．まとめ………………………………………………………29

Ⅱ．多国籍企業の戦略動向──日本企業はなにをしているのか ……35

　1．はじめに……………………………………………………35
　2．日本企業の生産戦略──仮説と実態…………………36
　　(1) post-NIDL における戦略変化
　　(2) 一般的傾向
　　(3) 比較分析
　　　① 産業による差異
　　　② 地区による差異
　　　③ 時期による差異
　3．生産システムと技能形成──自動化とセル生産をめぐって…55
　　(1) 自動化
　　(2) セル生産
　　　① 理念
　　　② 効果
　　　③ 制約

④ 困難
　4．まとめ …………………………………………………60

Ⅲ．周辺社会における情報化戦略と多国籍企業——MSC 計画の現状と展望……65
　1．課題 ……………………………………………………65
　2．周辺社会における情報化 ……………………………66
　　(1)　情報化とはなにか
　　(2)　周辺社会における情報化の含意
　3．MSC 計画とはなにか ………………………………69
　　(1)　概要
　　(2)　基盤
　　(3)　制度
　　(4)　現状
　　(5)　課題
　　　① 多国籍企業
　　　② 労働力
　　　③ デジタル・デヴァイド
　　　④ 開発問題
　4．MSC 計画にみる半周辺化——展望と制約 …………80
　　(1)　経済
　　(2)　政治
　　(3)　文化・イデオロギー
　5．まとめ …………………………………………………83

Ⅳ．半周辺化における国家——比較 NIEs 形成論の試み ……86
　1．課題 ……………………………………………………86

2．NIEs 形成における国家——自律性獲得との関連で………88
　(1)　NIEs 形成が意味するもの
　(2)　NIEs 形成における国家の機能
　(3)　NIEs 形成における差異

3．マレーシアにおける国家形成——マレーシアは「強い国家」か…93
　(1)　「統制」
　(2)　「育成」
　(3)　「根絶」
　(4)　「排除」

4．まとめ……………………………………………100

Ⅴ．エスニシティ関係と国家政策——「三者同盟」論再考………107

1．課題……………………………………………107

2．「三者同盟」とはなにか…………………………109
　(1)　周辺国家の特性と「同盟」関係
　(2)　「三者同盟」の類型論
　　①　エヴァンスによる「三者同盟」概念
　　②　類型論の提示

3．マレーシアにおける「三者同盟」——エスニシティ関係による媒介…114
　(1)　グローバル化という背景
　(2)　エスニシティ関係と「三者同盟」
　　①　独立から1960年代まで
　　②　1970年代から1980年代前半まで
　(3)　「三者同盟」の形成とエスニシティ関係の変化——1980年代後半以降
　(4)　エスニシティ関係と国家——展望

4．まとめ……………………………………………125

Ⅵ. エスニシティとインフォーマル化——リンケージ形成における媒介 …131

1. 確認と課題 ……………………………………………………131
2. 自生的企業の成長とインフォーマル化 ……………………133
   (1) 周辺社会と「インフォーマル・セクター」
   (2) インフォーマル企業の成長
       ① 垂直的な関係
       ② 水平的な関係
3. post-NIDL とインフォーマル化 ……………………………139
   (1) 多国籍企業の戦略変化
   (2) 関係を媒介するもの——マレーシアの種差性
       ① 経緯と差異
       ② 媒介としての国家
       ③ 媒介としてのエスニシティ
       ④ インフォーマル企業としての華人企業
4. まとめ …………………………………………………………147

Ⅶ. 労使関係の変容と労働者の技能形成——連続性のなかの変化 ……154

1. はじめに ………………………………………………………154
2. post-NIDL における労使関係 ………………………………155
   (1) NIDL における労使関係と生産システム
   (2) post-NIDL における労使関係と生産システム
3. マレーシアにおける技能形成——現状と課題 ……………163
   (1) 新技術の導入傾向
   (2) 労働者の技能訓練の実態
   (3) 技能養成学校の実態
       ① 背景
       ② 運営

③ 教育
　　　④ 展望
　4．マレーシアにおける労使関係の変化 …………………174
　5．まとめ …………………………………………………177

Ⅷ．半周辺化における移民労働者──その役割と意味 ……184

　1．課題 ……………………………………………………184
　2．半周辺化への展望と制約──生産システムと階級構成…186
　　(1) 半周辺化への展望
　　(2) 半周辺化への制約
　3．半周辺化における移民労働者──その両義性 ………189
　　(1) 「周辺性」を体現するもの
　　(2) 「半周辺性」を体現するもの
　4．マレーシアにおける移民労働者の現状と移民政策 ………191
　　(1) 経緯
　　(2) 現状
　　(3) 制度
　　(4) 含意
　5．まとめ …………………………………………………199

Ⅸ．「ニュー・リッチ」形成からみる半周辺化──階級構成の動態と展望 ……207

　1．課題 ……………………………………………………207
　2．post-NIDL と周辺社会の階級変容 ……………………208
　　(1) 生産の変化
　　(2) 消費の変化
　　(3) 階級構成の変化
　3．マレーシアにおける「ニュー・リッチ」………………211

(1)　「ニュー・リッチ」概念の多様性
　　(2)　「ニュー・リッチ」形成の特質
　　(3)　「ニュー・リッチ」形成の影響
　4．世界システムにおける半周辺と「紛争」……………………216
　　(1)　半周辺の機能と特性
　　(2)　「内部」過程としての「対立」と「同盟」
　　(3)　マレーシアにおける動向
　5．まとめ ……………………………………………225

X．post-NIDL と世界システム──国際分業の変化はなにをもたらすのか ……234

　1．はじめに ………………………………………234
　2．世界システムにおける階層的位置──マレーシアは半周辺なのか周辺なのか ……………………………………236
　　(1)　マレーシアの位置
　　(2)　階層化のメカニズム
　　(3)　検証──周辺としてのマレーシア
　3．「グローバルな商品連鎖」と世界システムの階層化………244
　　(1)　「グローバルな商品連鎖」とはなにか
　　(2)　2つのタイプ
　　(3)　マレーシアにおける変化
　　(4)　「グローバルな商品連鎖」論からみたマレーシア
　　(5)　post-NIDL と世界システム総体の変容
　　　① 3層構造の「再編成」
　　　②「普遍性」としての資本主義
　　　③「紛争」の拡大（？）
　4．まとめ ……………………………………………252

補章．グローバル化と労使関係——中核ではなにが起こっているのか……260

1．課題 …………………………………………………260
2．グローバル化の意味とその評価 …………………262
3．世界システムとグローバル化 ……………………265
4．世界システムにおける競争——収斂をもたらすもの …267
5．どこに収斂するのか——フレクシビリティを体現する関係…270
6．収斂に向かう方向——「国民社会」における「固有性」…272
　(1)　アメリカ合州国
　(2)　日本
7．結びにかえて ………………………………………275

参考文献 ……………………………………………281

あとがき ……………………………………………297

索引 …………………………………………………301

序章. グローバル化はなにをもたらすのか

格差の拡大と周辺

　今日の世界は，少なくとも2つの傾向に特徴づけられているように思われる．1つの傾向は極めて長期にわたって継続してきているもので，周知のように世界の各地域が大きな格差によって差異化されているということである．ウォーラスティン(Wallerstein)以降の世界システム論においては，こうした格差によって差異化された地域をハイアラキカルな3階層に区分したうえで，発展途上地域の多くを周辺(periphery)と名づけられた最下層に位置づけてきた．

　周辺に位置づけられた社会，すなわち周辺社会(peripheral society)は，世界システムに包摂されたそのときから，自らの社会発展に対するイニシァティブを喪失することになった．かつての植民地化の歴史が物語るように，世界システムの中核(core)と呼ばれる先進地域のイニシァティブによって世界システムそれ自体が編成されるとともに，周辺社会は中核によって直接的・政治的な支配をうけてきたのである．

　もっとも，周辺社会が自らの発展に対してイニシァティブを行使できなかった原因は，世界システムへの包摂という「外的(exogenous)」な要因にばかり求めることはできない．あえて，周辺社会の「内部(endogeniety)」，すなわちローカルあるいはナショナルな過程に目を向けるならば，この原因はこの社会が自らの資本主義発展を主導する能力をもった「自生的な(indigenous)」資本をいち早く生み出すことができなかったことにも求めら

れよう.

　世界システムを駆動させるものは,とりわけ中核に由来する,グローバルなスケールで活動する資本にほかならない.こうしたグローバルな資本によって,周辺社会の資本主義発展が主導されてきたことは,グローバルな資本主義のシステムのロジックに拘束されることによって,ローカルな社会にとっての「外部」に当該社会の長期的帰趨が委ねられることを意味したのである.

周辺における資本主義発展

　この点に関連して,われわれはかつて「労使関係の歴史社会学」という試みにおいて,ローカルあるいはナショナルな社会における発展を主導する資本のタイプに依拠して,資本主義発展を理論的に類型化したことがある(多元的資本主義発展論)(山田,1996).そこでは,周辺社会は外国資本によって発展を主導される社会として,1つの類型を形作っていたのだった.この試みは,周辺という位置の根拠を必ずしも当該社会の「外部」に求めるのではなく,外国資本を含めた階級関係のあり方というその「内部」の要因に求めるものであった.

　しかし,急いで付け加えておくならば,外国資本によって資本主義発展が主導されるからといって,そのことがただちに当該周辺社会にとって「ネガティブな」効果をもたらすとは想定できないであろう.グローバルなスケールで活動する(外国)資本にとっては,個々の周辺社会は1つの戦略的拠点に過ぎない.過去の植民地支配においてみられたように,例えば伝統的な社会勢力と結びついて収奪に奔走することも,(外国)資本にとっては1つの選択肢に過ぎないのである.これが「ポストコロニアルな(post-colonial)」発展の実情であり,われわれは過去の歴史に囚われてリアルな認識を怠ってはならないであろう.そもそも,他の社会に由来する外国資本にとっては,当該周辺社会における社会関係に特定の「親和性(intimacy)」は想定しえない.そ

のような意味においても，外国資本は周辺社会の資本主義発展にとって「ニュートラルな(neutral)」存在といえよう．

「グローバル化」と周辺

　さて，現在の世界を特徴づけるもう１つの傾向は，近年新たに確認されている「グローバル化(globalization)」という変動にほかならない．多様な現象を包含するとされている「グローバル化」という変動のなかでも，とりわけ経済的な領域におけるそれは最も進捗が著しいものとして了解されているといえよう．多国籍企業によるグローバルな活動と移民労働者の移動とを顕著な事例とする経済の「グローバル化」は，周辺社会にどのような影響をもたらすのであろうか．

　ここで再び重要となるものは，いうまでもなく外国資本，すなわち多国籍企業の動向であろう．「グローバル化」が企業活動の多国籍的展開をより活発にすることを意味するのであれば，その１つの帰結としてはグローバルな規模における競争の激化が想定できよう．個々の企業にとって，なにをどこでどれだけ生産し，どこで販売してどれだけ収益を上げるかという基本的な意思決定はいっそう重要なものとなる．誤った意思決定は，激化する競争に敗れることを意味するのである．

　外国資本，とりわけ多国籍企業によって発展を主導されている周辺社会は，こうした多国籍企業が置かれている状況に大きな影響をうけることになろう．仮に，多国籍企業の戦略的意思決定において，「重要な」拠点として位置づけられた周辺社会にはどのような変化が想定されるであろうか．「重要な」拠点となることによって，１つの可能性としては当該の多国籍企業にとって主力となる製品の生産および／あるいは販売拠点となるかもしれない．厳しい競争に直面している以上，主力製品といえどもその市場における優位は安閑としたものではなく，絶えざるコスト削減の要請にさらされることになる．
　この際，現地での資材調達を拡大する過程でローカルな自生的企業との取

引も拡大し，こうした企業の経営および生産能力が改善するならば，「グローバル化」は自生的企業の本格的な成長に向けた契機となるかもしれない．さらに，厳しい競争のもとで効率的な生産システムと品質管理が求められるならば，それに対応して多国籍企業は労働者の技能を育成することも求められよう．「グローバル化」のもとで進展する可能性がある多国籍企業の戦略の変化，それを反映した自生的企業の成長と労働者の技能育成といった事態は，当該周辺社会の国家がそれを促進する方向へと関係形成を幇助することができれば，いっそう進展することになろう．

加えて，多国籍企業にとっての「重要な」拠点においては，生産や販売にとどまらず，研究・開発活動が展開される可能性も否定できない．工業化の進展にともなって「富裕化」が一定程度進展したうえに，研究・開発活動とそれに付随したマネジメント機能も移管されるのであれば，管理職や専門職への就労者が増加することになり，新中間階級 (new middle class) が形成されることに示されるように，階級構成にも変化が生じることになる．

NIDL から post-NIDL へ

翻っていえば，「グローバル化」が進展する過程で，周辺社会が多国籍企業によって付与される上記のような「重要性」は，従来の世界システムのあり方にも変化をもたらすことも意味する．世界システムの実体は国際分業のシステムであり，3 階層からなる各位置から提供される財の性格によって分業のタイプが規定されてきた．例えば，ある周辺社会が多国籍企業によって「重要な」拠点として位置づけられることは，そこで生産され世界に供給される財がかつての周辺社会において生産されていたものとは異なることを意味するかもしれない．かつて 1970 年代にも，こうした国際分業の変化が指摘されたことがある．その指摘は，周辺社会に進出した多国籍企業によって工業化が進められ，この社会から原料や一次産品だけでなく，工業製品が生産されて世界に供給されたという変化に基づいていた．

しかし,「新国際分業(New International Division of Labor, NIDL)」と呼ばれた新たな国際分業においては,なるほど周辺社会から工業製品は供給されてはいても,そうした製品はしばしばいわゆる「プロダクト・サイクル(product cycle)」(Vernon, 1966)においては「標準化された製品」に該当するものも多かった.それに対して,「グローバル化」のもとで起こっている変化は,周辺社会から多国籍企業の「主力製品」が供給される可能性を含めたものである.世界システムの各位置から提供される財の性格によって,国際分業のタイプを規定するのであれば,「グローバル化」は「ポスト新国際分業(post-NIDL)」ともいうべき新たな国際分業を生起させ,世界システムの実体それ自体を変容させる可能性があるといえよう.

　もっとも,NIDLへの転換が提唱されたときと同様に,「グローバル化」によってpost-NIDLへの転換が起こりつつあるとしても,そのことがただちにすべての周辺社会において,確認したような「内部」における変容をもたらすわけではない.世界システムそれ自体は,格差を絶えることなく再生産することによって作動している資本主義のシステムにほかならない.「グローバル化」のもとで成長が著しい中国をはじめとするアジア地域に比べて,アフリカ地域が相対的に著しい遅れをとっていることは否定しえないであろう(e.g., Castells, 1996: 135).

　周辺社会における資本主義発展のイニシァティブが,外国資本,とりわけ多国籍企業に委ねられている以上,必ずしも「重要な」拠点として位置づけられなかった地域あるいは社会においては,想定したような変化が起こらないことは容易に窺い知ることができよう.言葉を換えていえば,現代の世界を特徴づける「グローバル化」という新しい傾向は,格差を拡大する従来からの傾向を内包しながら進展しており,多くの周辺社会にとって「ポストコロニアルな」最新局面を形成しているのである.

「外部」と「内部」,「グローバル化」と「半周辺化」

　本書は，世界的な格差が拡大し，そのような意味で世界が旧来の姿を保持し続けていることを認識する一方で，「グローバル化」の進展によって周辺社会(の一部)が経験する新たな変化と世界システムの変容についてもっぱら考察することを課題としている．周辺社会は，外国資本によって資本主義発展を主導される社会であった．「グローバル化」の帰結としての競争の激化を通じて，多国籍企業の戦略が変化することは，周辺社会の発展を規定する「外部」要因が変化することを意味する．

　「外部」要因の変化は，周辺社会の「内部」にも変化をもたらす．すでに言及した変化はその一端であり，階級構成や階級関係の変化はその一環にほかならない．こうした変化は，社会意識，さらにはそれを背景にした社会運動といった社会過程にも影響を与えるであろう．一般に，工業化の進展にともなって雇用が拡大するとともに，所得が上昇し(1人当たり)GDPも上昇する．さらには，そうした「富裕化」は新中間階級の形成と結びついて，当該社会の多様な社会変動の誘引ともなろう．加えて，そもそも階級構成の変化の一環として，言及したような自生的資本が成長するならば，議論の前提であった資本主義発展の類型論それ自体に変更が迫られる可能性がある．

　ところで，「グローバル化」に起因する周辺社会の社会変動が「富裕化」と結びついたものであるならば，そうした社会変動の帰結として当該周辺社会はより「ゆたかな社会」の特徴をもつようになることが想定される．世界システムは不平等なシステムである以上，システムそれ自体に対してイニシァティブを行使しえる程度だけでなく，それを構成する3階層は端的に「ゆたかさ」の程度によっても差異化されている．したがって，周辺社会が「ゆたか」になっていくことは，当該の社会がさしあたって1ランク「上の階層」の特徴をもつようになることも意味する．こうした傾向は，「半周辺化 (semiperipheralization)」と呼ぶことができよう．

表序−1. マレーシアの概要(2005年)

全人口	2613万
マレー人	65.5%(2003年)
華人	25.6%(2003年)
インド人	7.5%(2003年)
GDP	RM2626億(US＄691億)
GDP成長率	7.1%(2004年)
1人当たり国民所得	RM16693(US＄4393億)
インフレ率	1.8%
失業率	3.4%
総輸出	RM5140.5億(US＄1353億)
総輸入	RM4276億(US＄1125億)

出所：ジェトロ（2003）などから作成

事例としてのマレーシア

　周辺社会(の一部)において,「内部」過程として進展する半周辺化という現象は,「グローバル化」というグローバルなレベルにおいて進展する「外部」過程がローカルなレベルに入り込み, 当該社会あるいは地域における社会関係との連関のもとで生起する, いわば「ローカル化(localization)」とも呼ぶべき現象である. それでは, 周辺社会(の一部)において半周辺化が進展することによって, 世界システム総体にはどのような影響が及ぶのであろうか.

　この問いに答えるために, 再びわれわれの分析はグローバルなレベルに立ち返ることになる. 周辺社会(の一部)において半周辺化が進展するということは, 他の社会あるいは地域の位置移動がないならば, 世界システムにおける半周辺という階層が拡大することを意味する. 世界システムにおける半周辺ゾーンの拡大がもつ含意は, 半周辺という位置が付与されている機能に照

らして分析される必要があろう.

以上のように，本書における議論は周辺社会の「外部」から「内部」を経由して再び「外部」へと立ち返る往復運動をなしている．すなわち，「グローバル化」に起因するpost-NIDLへの転換とそれを媒介する半周辺化という社会変動を理論的および経験的に検討することが本書の課題である．この課題を達成するために，これまでの作業においても分析対象としてとりあげてきたマレーシアを事例とすることにしたい．マレーシアは，かつてのイギリス植民地としてゴムや錫を世界に供給する存在から，1970年代以降はNIDLのもとで著しい工業化を達成し，工業製品を供給する社会へと変貌を遂げてきた．

そのような経緯をふまえるならば，マレーシアを「グローバル化」のもとで新たに半周辺化しつつある社会の事例としてとりあげることは妥当であろう[1]．山田(1996)においては，外国資本による資本主義発展の事例としてマレーシアがとりあげられ，1980年代までの状況が検討の対象とされていた．「グローバル化」に起因する変動を扱う本書においては，2000年前後に照準しながら，主として1990年代以降の状況を検討対象とする．

本書の構成

それでは，本書の内容を簡単に紹介しておこう．まずⅠ章においては，経済の「グローバル化」にともなうグローバルなレベルにおける変化をNIDLからpost-NIDLへの転換として理論的に把握し，国際分業を類型化することを試みる．これに先立って，「グローバル化」という現象が概念的に把握されるとともに，この現象の生起に日本企業の本格的な多国籍化が大きく寄与していることが強調される．

Ⅱ章とⅢ章とにおいては，日本企業をはじめとする多国籍企業の戦略がマレーシアという周辺社会に与える影響について分析される．まずⅡ章においては，日本企業の現地工場における活動が，半周辺化において想定される現

象を引き起こしているかどうかについて，実態調査に基づいて明らかにされる．Ⅲ章においては，「グローバル化」の一環として了解される「情報化」が分析の俎上に載せられる．マレーシアにおいては，マルチメディア・スパー・コリドー(Multimedia Super Corridor)計画が「情報化」の戦略として進行しつつある．こうした計画と多国籍企業の戦略との「整合性」が，半周辺化の可能性とそれへの制約を明らかにするという問題構制(problematique)のもとで検討される．

さて，半周辺化が進展するためには，周辺社会における国家がそれを幇助することが期待されるのであった．Ⅳ章とⅤ章とにおいては，国家の政策と様々な社会勢力との関係が考察される．まずⅣ章においては，多様な社会勢力との関係において，マレーシア国家が半周辺化を進捗する能力をどの程度保持しているかに関して，すでに半周辺に位置していると考えられている社会である韓国の国家との比較を試みながら分析している．言葉を換えていえば，この試みは「比較 NIEs 形成論」ともいうべきものとなっている．

Ⅴ章においては，とりわけ多国籍企業との関係形成によって成長が期待される自生的資本との関係が考察される．半周辺化という過程においては，当該周辺社会の資本主義発展を担うかもしれない自生的資本の成長が期待される．こうした資本が成長するに際しては，多国籍企業の活動を一定程度制約しながら，その成長を援助する国家の政策が重要となる．マレーシアにおいては，従来自生的資本といえば，その多くが華人資本(Chinese capital)であった．したがって，周知のようにマレー人が政権のイニシァティブを掌握してきたマレーシア国家は，華人資本の保護・育成には必ずしも積極的ではないとみなされてきた．

こうした経緯を確認したうえで，Ⅴ章においては，かつての「三者同盟(triple alliance)」論を国際分業の類型に対応させて再構成することによって，「グローバル化」のもとでこの同盟が強化される傾向をまず一般的に考察する．そのうえで，マレーシアにおける近年の政治状況もエスニシティ間の対立を基調とするものから，マレー人内部の利害対立とそのことを媒介とするエスニシティ間の（対抗的な）政治同盟の形成へとシフトする可能性がある

ことをふまえて，多国籍企業との関係を媒介にした，マレー人の国家による華人資本の育成政策が推進される可能性を展望している．

Ⅵ章からⅨ章においては，半周辺化という観点からマレーシア社会における階級関係の変容を考察している．まずⅥ章においては，多国籍企業との企業間関係を形成する能力や「地域における産業集積(industrial district)」の形成という観点から，自生的資本の力量について考察している．この際，注目されるものはマレーシアにおいて自生的資本の多くを占める華人資本のネットワーク形成能力である．この章においては，こうしたネットワーク形成の一因を伝統的な社会関係を背景にした「インフォーマル化(informalization)」に求めている．さらに，とりわけペナン(Penang)地区が産業集積として優越している根拠を華人人口の集積を背景にしたネットワークの「濃密度(density)」と関連づけて捉える試みを行っている．

Ⅶ章においては，「グローバル化」にともなう労使関係の変化を一般的に把握したうえで，マクロデータをふまえてマレーシアにおける労働者の技能形成の進展を概観するとともに，日本の援助によって開設された技能養成学校における聞き取り調査を通じて，半周辺化の展望とそれへの制約を明らかにしている．Ⅷ章においては，「グローバル化」が進展するなかで，あらためて関心が高まっている移民労働者について考察する．マレーシアはそもそも移民によって形成された社会であるとともに，近年に至るまで多数の移民を送り出してきた社会であった．ところが，他方で近年では多数の移民労働者がマレーシア社会に流入するようになってきている．この章では，半周辺化という社会変動において，こうした移民労働者が担う両義的な意味を明らかにしている．

Ⅸ章においては，「ニュー・リッチ(the New Rich)」と称される，新中間階級などから構成される「富裕層」が半周辺化において担う役割について検討している．「ニュー・リッチ」は，「グローバル化」が進展するなかでアジア地域において形成されてきた階層である．マレーシアにおいても，他の地域と同様にその形成が注目されている．この章においては，国家や階級およびエスニシティといったその他の社会勢力と関連させながら，こうした「ニュ

ー・リッチ」が担う新たな社会意識や社会運動を展望している．

　さて，X章においては，以上の諸章において検討されたマレーシア社会の「内部」過程の分析をふまえて，半周辺化という社会変動の「外部」への影響，すなわち世界システムにおける影響が分析される．ここでは，半周辺という位置があらためて理論的に検討されるとともに，「グローバルな商品連鎖(global commodity chain)」という概念装置をふまえて，マレーシアが半周辺へと上昇しつつあることが主張される．さらに，世界システムにおいて半周辺が担う機能に照らして，このゾーンが拡大することがもつ意味についても考察される．

　以上が本書の概要にほかならない．しかし，われわれは最後に補章を用意している．本書の主題は，「グローバル化」のもとで，マレーシアという周辺社会が経験する社会変動と，それに媒介された世界システムの変容を理論的・経験的に検討することであった．したがって，世界システムが分析の俎上に載せられてはいても，その3つの階層的位置があまねく検討されているわけではない．主として周辺が議論の対象とされているだけで，その他の位置については主題的には言及されていない．そこで補章においては，少しでもこの論点を補足するために，中核地域における労使関係に照準して，「グローバル化」によるその変容を考察した．グローバルな資本による競争が，労使関係にある種の「収斂(convergence)」をもたらすことが主張されるのである．

注

1 翻っていえば,本書においては1980年代の後半から進展する「グローバル化」を迎えるまで,マレーシアを周辺に位置する社会と考えていることになる.世界システムにおけるマレーシアの位置規定に関する議論は,X章まで先送りされる.さらに,世界システムは必ずしも「国民社会」を唯一の単位として成立するシステムではないことに留意する必要がある.例えば,あくまで国際分業において提供される財のあり方によって,階層的位置が決定されるのであれば,世界システムにおける階層的ゾーンの「境界線」がある「国民社会」を横切るようにひかれて,その結果,1つの「国民社会」が世界システムにおける異なるゾーンに分かれて帰属することになる可能性も大きい.本書においては,マレーシア社会全体を周辺に位置するものとして議論を進めている.それは,極端に複雑な作業を回避するためであるとともに,マレーシアという「国民社会」の社会としての「凝集性(cohesion)」を重視するためである.

I. 経済のグローバル化と国際分業の転換
——NIDL から post-NIDL へ——

1. はじめに

　近年の世界システムの新たな動態は,「グローバル化」という傾向に集約されている. 本章では,「グローバル化」という多様な現象を包含する傾向を一般的に定義するとともに, そのなかでも経済的な現象に注目して, 経済の「グローバル化」によって国際分業の転換が起こりつつあることを指摘する. その際, 1980年代後半以降に本格的な多国籍化を達成した日本企業の動向が,「グローバル化」の一因にほかならないことを強調することになろう.

　「グローバル化」を引き起こしたものが, グローバルに展開する資本の活動であるならば, この活動の変化は世界システムの実体, すなわち国際分業の変化をもたらすことになろう. 本章では, こうした変化を NIDL から post-NIDL への転換として把握し, この過程を理論的な仮説として提示する.「グローバル化」の帰結は競争の激化であり, これを原因として多国籍企業の戦略も変化することが想定される. この変化を理論的仮説として明示してみたい. この際, NIDL と post-NIDL との対比, さらには NIDL とそれに先立つ(旧)国際分業との対比を明らかにしながら, 国際分業の類型化を試みることになろう.

　続いて, 事例として選択したマレーシアとの関係を中心として, 日本企業の投資動向を概観しよう. そもそも1980年代の末には, 日本は最も巨額の直接投資をマレーシアに行っていた経緯がある. つまり, マレーシアは日本における経済の「グローバル化」を支えた社会であるとともに, マレーシアに

おいて半周辺化が進展するのであれば，日本はその過程に大きく寄与してきたことになろう．まず，「グローバル化」という概念を特定する作業から開始することにしよう．

2. グローバル化とはなにか——概念・現象・起源・原因

(1) 概念

本章の課題に取り組むにあたって，まず「グローバル化」の概念・現象・起源・原因について特定する必要があろう．多くの論者によって，現代社会を特徴づける基本的な趨勢として把握されている「グローバル化」という現象も，その具体的な内容や開始時期，ひいてはそもそもその概念的妥当性についても必ずしも理解の一致をみていない(Beck, 2001: 30; Hirst & Thompson, 1996)．一般的に把握するならば，「グローバル化」とは，従来「国民社会」あるいは「国民国家」，さらには一定の地域(region)の内部で相対的に完結していた社会関係が既存の"境界"を越えてとり結ばれる傾向が一般化していくことと了解されよう．

(2) 現象

この傾向は，経済，政治，および文化・イデオロギーの各領域において具体的なかたちをとって現れることになる．例えば，グローバル化というタームによって了解される代表的な現象を列挙すれば，グローバル化が最も進展していると理解されている経済の領域においては，企業活動の多国籍的展開や労働力の国際移動，金融活動の世界的連動の強化といった現象が例にあげられることが多い(e.g. Dicken, 1998＝2001)．政治の領域においては，経済におけるグローバル化を背景に国家の「ガヴァナンス(governance)」が低下していることが指摘されるようになってきている(e.g. Strange, 1996＝1998)．

さらに，文化・イデオロギーの領域においても，やはり経済のグローバル化を背景に世界的な文化の画一化(例えば「マクドナルド化(McDonaldization)」[1])

傾向が注目されている．文化の領域におけるグローバル化の概念的内包が，上記のように了解されるならば，個々の社会の文化的固有性(uniqueness)はグローバル化とともに変質し，世界的な普遍性へと収斂していくというわけだ．

(3) 起源

以上のような代表的現象に関しては，論者によって関心の所在は異なってはいても，グローバル化の事例として一定程度共通の了解が得られているものの，グローバル化の起源については必ずしも理解の一致をみていない．グローバル化というタームがジャーナリスティックな文脈で流行し始めた時期が1990年代に入ってからであることから，1990年前後の社会主義圏の崩壊とそれにともなう資本主義の新たな普遍的拡大にその起源を求めることもできよう．

さらに，それに関連してインターネットの普及などに象徴される「情報化」の進展も，先に規定したグローバル化という現象を牽引していることから，1990年代をその嚆矢とする考えもあろう．あるいは，最もグローバル化が進展しているとされる経済の領域において，発展途上国も含めた全世界に多国籍企業が生産拠点を配置し始めた時期が1960年代後半であることから，この時期にグローバル化の起源を求めることも可能であろう(e.g. 伊豫谷，2002)．このように，まさに「百家争鳴」ともいうべき状況にあって，本章では，グローバル化が最も進展しているだけではなく，おそらくは最も早くから開始されている経済の領域にその起源を求めることにしよう．すなわち，この傾向の原因でもあり結果でもある競争の激化の最終的な契機となった日本企業の多国籍化が本格化し始めた1980年代の後半に，グローバル化の起源を設定することにしたい．

(4) 原因

日本企業あるいは日本経済が，1970年代のオイルショックから相対的に早く立ち直り，良好な経済パフォーマンスを示したことは(「ジャパン・アズ・ナ

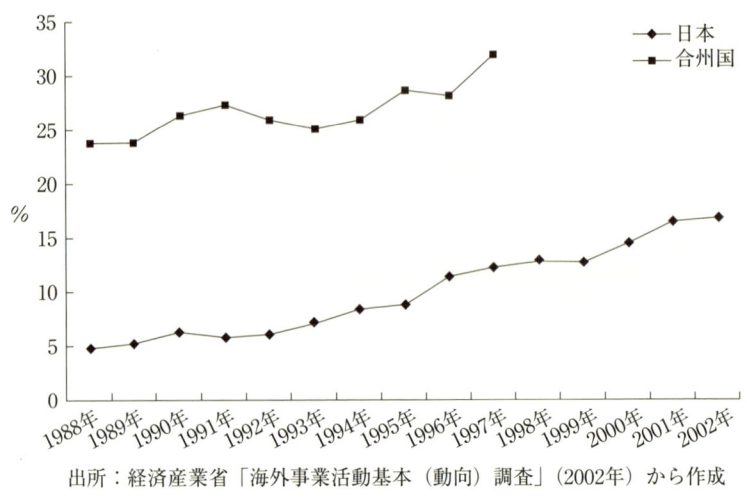

出所:経済産業省「海外事業活動基本(動向)調査」(2002年)から作成
図Ⅰ-1. 海外生産比率の推移

ンバーワン」!)[2],すでに多国籍企業を全世界的に展開し,賃金コストの削減と生産の効率化とを追求していた,他の先進社会にとって,大きな競争相手が台頭したことを意味していた.1985年のプラザ合意以後,本格化する日本企業の多国籍化[3]は,良好なパフォーマンスの帰結としての通貨価値の高騰(=円高(yen appreciation))と貿易摩擦という競争の顕在化によって,いわば強いられるように引き起こされたものであった[4].

日本国内で生産し,製品を輸出することによって高い収益をあげてきた日本企業にとって,収益を維持しようとすれば,円高と貿易摩擦に対処するために,従来の輸出先において現地生産を行わなければならなかった.その結果として,日本国内の生産拠点を縮小あるいは閉鎖することになれば,従来の良好なパフォーマンスを支えてきたシステムをかえって掘り崩すことを意味する.要するに,競争の激化の帰結として日本企業は多国籍化し,そのことがさらなるグローバルな競争を喚起し,日本企業のリストラクチュアリングをもたらしているというわけだ[5].

以上のように,経済の領域におけるグローバル化の代表的内容の1つである企業の多国籍化に照準するならば,グローバル化の原因と結果とが日本

(企業)を少なくとも一因とした競争の激化であることがみてとれよう[6]. すでに明らかなように，グローバル化の具体的現象の多くは資本の戦略に起因することから，この傾向は資本の運動によって編成される国際分業の変化をともなうことになろう．「国民社会」の境界を越えるグローバルなシステムの実在を資本による国際分業の編成として把握する世界システム論を1つの分析ツールとしながら，次にこの問題を検討してみよう．

3. NIDL から post-NIDL へ——国際分業の類型論

われわれはすでに別のところで，周辺に視座を設定して，NIDL (Fröbel et al., 1980) に先立つ，いわば「(旧)国際分業」をも含めた3つの国際分業を類型化したことがある (e.g., 山田, 1998a: 183)[7]．ここでは，周辺社会内部における変化をさらに敷衍して，半周辺化過程に関連した項目について, (旧)国際分業とNIDL, およびNIDLとpost-NIDLとを対照するかたちで3つの国際分業の種差性(specificity)を簡潔に提示してみよう (こうした各項目に関しては, 後の諸章においてより詳細に言及されることになる)．

(1) 工業化のイニシァティブ

世界システムの内実をなす国際分業は，主としてシステムの中核を出自とする資本のイニシァティブによって形成されてきた．この際，とりわけ第2次世界大戦後においては，多国籍企業という組織形式をもつ中核資本の戦略がシステムの分業を第一義的に規定してきたといえよう．第2次世界大戦後に政治的独立を達成した周辺社会の多くにおいて試みられた輸入代替工業化 (import substitution industrialization) についても，実質的には多国籍企業がその担い手であった．しかし，このタイプの工業化は多くの場合失敗に終わったことから，多国籍企業のイニシァティブは"括弧つき"といわざるをえない．

1960年代の後半から開始される輸出志向型工業化(export-oriented

表 I−1. 国際分業の類型（周辺からの視点）

	（旧）国際分業	新国際分業	ポスト新国際分業
理論的背景	従属理論	世界システム論	世界システム論 ＋国民的発展論
工業化のイニシァティブ	（多国籍企業）	多国籍企業	多国籍企業， 自生的資本の関与拡大
工業化のタイプ	輸入代替工業化 （の失敗）	輸出志向型工業化 一部の工程のみによる工業化	多様な工業化 R＆Dを含めた網羅的な工程による工業化 高付加価値化
産業のタイプ	農業・鉱業 （資本集約的工業）	軽工業を主軸とする労働集約的工業	重工業、情報産業も含めた多様な工業の形成
国家の政策	工業製品に対する輸入関税の賦課	多国籍企業を誘致するための一連のインセンティブ提示	現地調達の増大などを通じた自生的資本の積極的育成と技術移転
外国資本との企業間関係	（取引関係なし）	取引関係なし	販売・下請・合弁などの関係の形成
労働者の技能形成	労働者形成不充分 （熟練労働者不足）	労働者形成の進展 不熟練労働者が主軸 技能形成進展なし	熟練労働者の育成
生産システム	（資本集約的な装置産業システム）	アセンブリー労働 「本源的テーラー化」	コンピューターによるフレクシブルなシステム
労使関係	高賃金政策 （熟練労働者確保のための「譲歩」）	雇主による「専制」と国家による「排除」	企業以下のレベルにおける「関与」と国家による「統合」
階級・階層の構成	土地所有階級の存続と農民の量的過多	労働者階級の形成	労働者階級における内的な差異（格差）の発生 多様な「中間層」の形成 自生的資本家の形成
社会的格差	民衆の 「マージナル化」	低賃金労働者の集積と貧困の継続	貧困問題の未解決と「ニュー・リッチ」の形成
社会運動	（反帝国主義的民族運動）	労働運動 （の弾圧と統合）	労働運動の攻勢（？） 新中間階級による多様な社会運動（？）
世界システム総体	ハイアラキカルな3層構造の強化	ハイアラキカルな3層構造の弛緩	半周辺ゾーンの拡大 周辺の内的分化 ハイアラキカルな3層構造の「再編成」
多国籍企業の戦略	原料・一次産品獲得 （市場へのアクセス）	低廉で従順な労働力の確保	グローバルな視野に基づく拠点の選択・確保

industrialization)を背景として成立するNIDLにおいては，まさにこうした多国籍企業が周辺社会における工業化のイニシァティブを担っていた．それに対して，post-NIDLにおいては，少なくとも多国籍企業だけではなく，グローバル化にともなう激化する(コスト)競争を背景として，多国籍企業との多様な取引関係をとり結んだ自生的企業が工業化に関与する程度が大きくなる可能性がある[8]．

(2) 工業化[9]のタイプ

(旧)国際分業においては，中核地域から流入する工業製品に対抗して工業化を進めるために，そうした製品に輸入関税が賦課されて当該周辺社会への流入を制限したうえで，自生的企業による工業化が志向された．これが，輸入代替工業化にほかならない．しかし，例外はあるものの，このタイプの工業化は，当該社会の市場規模が小さく限界に直面したり，関税に対抗する多国籍企業の進出を招いたりして，所期の目的は達成できなかった．

それに代わってNIDLにおいては，多国籍企業によるイニシァティブとその誘致のためのインセンティブの提示，(若年女性)低賃金労働力を利用した労働集約的なアセンブリー，輸出入のための関税免除などによって特徴づけられる輸出志向型工業化が展開された．輸出志向型工業化の展開によって，当該周辺社会の産業構成における工業(製造業)の割合が増大し，雇用も拡大した．それでは，post-NIDLにおいてはどうなるであろうか．グローバル化にともなって激しい競争に直面する多国籍企業は，その戦略を変化させ，周辺に設置した拠点の位置づけを変える可能性がある．そのもとで，NIDLにおける工業化の蓄積を基礎として，仮に賃金が上昇しても，それに対処するための生産システムの効率化に関連した工程の資本集約化，R＆D部門などの移管，さらには情報化の趨勢に対応する産業(ソフト開発)や，資材調達を迅速にするための素材産業(重工業)の移設など，多様なかたちで工業化が進展する可能性がある．そのなかで，ハイエンドな高付加価値化が志向される可能性もあろう．

(3) 産業のタイプ

(旧)国際分業においては，輸入代替工業化が実質的には失敗したために，進出した多国籍企業によって結果的に担われた資本集約的工業というよりも，当該周辺社会においては依然として農業や鉱業が，基幹的な産業のままであった．それに対して，NIDLにおいては，軽工業を主軸とする労働集約的な工業(あるいは工程)が中心であった．これに続くpost-NIDLにおいては，重工業をも含めた多様な工業が形成される可能性がある．

(4) 国家の政策

(旧)国際分業においては，工業化という文脈に関していえば，工業製品に対する輸入関税の賦課が代表的な政策といえよう．それに対してNIDLにおいては，主として多国籍企業を誘致するための一連のインセンティブ提示[10]に国家の政策はほぼ限定されていた[11]．それでは，これに続くpost-NIDLにおいてはどのような事態が想定されるであろうか．激化する競争のもとで，コスト削減のために多国籍企業が周辺社会での部品や資材の調達を進めようとする意向があるならば，政策対象は多国籍企業(の誘致)にとどまらず，多国籍企業の取引対象となる自生的企業の育成と取引関係を通じた技術移転がより積極的に模索されることになろう[12]．翻っていえば，このことは(1)で言及したように，自生的企業による工業化過程への関与を促進するのである．

(5) 企業間関係

(旧)国際分業においては，多国籍企業と周辺における自生的企業との関係はほとんど形成されなかった．それというのも，進出した多国籍企業と自生的企業との技術的な格差が大きく，資材や部品の調達先として自生的企業は多国籍企業の要求水準を満たすことはできなかったからである．そのため，進出した多国籍企業は外部の社会からそれらを調達せざるをえず，輸入代替工業化はしばしば「輸入品」代替工業化として揶揄されたのであった．

NIDLにおいても，この事情に変化はなかった．関税免除を1つの背景として多国籍企業の側に(外注などの)関係形成のインセンティブが存在しなか

ったうえに,なによりも自生的企業の技術的力量が乏しいことから,ほとんど一切の関係が形成されていなかったのである.それに対してpost-NIDLにおいては,言及したように(4)の過程を背景にして,購買・下請・合弁などを通じた取引関係が形成される可能性がある.

(6) 労働者の技能形成

(旧)国際分業においては,工業化が充分に進展しなかったことから,技能形成を進める以前にそもそも労働者の形成も不充分であった.そのため,進出した多国籍企業はとりわけ熟練労働者の確保に苦労しなければならなかった.それに対してNIDLにおいては,((2)および(3)にも関連して)多国籍企業の戦略がなによりも低賃金労働力を確保することであり,産業のタイプも基本的には不熟練・半熟練労働者に依拠することに問題はなかったから,必ずしも熟練労働者の育成が追求されなかった.ところが,post-NIDLにおいては,((2)および(3)の過程の背景として)多国籍企業の戦略が,例えば生産システムの効率化にともなって資本集約的な工程をコンピューターによって管理するような方向に向かうならば,そのような設備・装置を管理する熟練労働者の形成が本格的に模索される可能性がある.

(7) 生産システムと労使関係

(旧)国際分業においては,結果的に進出した多国籍企業は資本集約的な装置産業に従事することが多かった.このような産業に必要な熟練労働者を確保するために,「高賃金政策(high wage policy)」に代表される,相対的に「寛容な」労使関係がとり結ばれる傾向があった.それに対してNIDLにおいては,労働集約的なアセンブリーにおける労働者の「従順さ(docility)」と低賃金とが分業におけるニッチ(niche)を形成していたことから(e.g.,Deyo,1989),企業以下のレベルにおける雇主による「専制(despotism)」と産業以上のレベルにおける国家による「排除(exclusion)」とによって特徴づけられる労使関係がとり結ばれていた.とりわけ企業以下のレベルにおいては,形成されつつある労働者に対して,資本主義的な工場労働の規律(discipline)がその身体

に刻み込まれる過程が進行したのである(いわゆる「本源的テーラー化(primitive Taylorization)」)(Lipietz, 1985 = 1987).

それでは, post-NIDLにおいてはどのような事態が想定されるであろうか. post-NIDLへの転換が進むにつれて, 周辺社会(の一部)において, 多国籍企業によって付与される拠点としての位置づけが変化するのであった. この際, 厳しい競争のもとで, より付加価値が高い製品を生産することによって分業におけるニッチが追求されるならば, (しばしばコンピューターを用いた)効率的な生産システムや品質管理の手法が導入されるとともに, 労働者からも生産活動それ自体, 品質管理, あるいはコスト削減にかかわる様々な「意見表明」が期待されよう(カイゼン!).

このことは, 労使関係のあり方も変化させる. すなわち, (「専制」が継続されながらも)企業以下のレベルにおいては, 労働者による「関与(involvement)」を通じた「創発性」の調達が模索される可能性がある. さらに, 産業以上のレベルにおいても労使対立につながる「排除」ではなく, 国家による「統合」を基調とする関係の形成が模索される可能性があろう.

(8) 階級・階層の構成

(旧)国際分業においては, 工業化が本格的には進展しなかったことに鑑みれば, 当該周辺社会の階級・階層の構成は, 農民がその多くを占めるものだったといえよう(この際, しばしば大規模な土地所有階級も存続していた). それに対してNIDLにおいては, 工業化を通じて雇用が大量に創出されたことをうけて労働者階級の形成が本格的に進展したのだった. それではpost-NIDLにおいては, どのような変化が想定されるのであろうか. この新たな分業においては, NIDLから継続している工業化も一定程度高度化するならば, これをうけて労働者階級にも技能格差やそれに関連した賃金格差に由来する内的な差異(階層差)が発生するとともに, 労働者階級とは区別される多様な「中間層」[13]が形成されてくることになろう.

(9) 社会的格差

(旧)国際分業においては，工業化が本格的には進展しなかったために，民衆の貧困は解消されず，「マージナル化(marginalization)」(Amin, 1973=1983)というタームに示されるように，むしろ格差は拡大する傾向にあった．それに対して，((8)に関連して)NIDLにおいては，工業化を通じて一般的にはGDPは拡大する傾向にあったといえよう．しかし，その過程においても低賃金労働者の集積によって貧困が継続したのだった．それでは，post-NIDLにおいてはどのような事態が想定されるであろうか．資本主義的な工業化がどれほど進展しても，貧困の問題は完全には解決されないであろう．他方で，GDP拡大の帰結として「ニュー・リッチ(the New Rich)」[14]と呼ばれる富裕層が形成されつつあることは，新たな格差の拡大と対立の契機(?)が生じてきている可能性もあろう．

(10) 社会運動

(旧)国際分業においては，工業化が失敗する一方で，多国籍企業による経済的支配が進展しつつあるという認識を背景として，外国資本による支配を打破することを志向した「反帝国主義的民族運動」ともいうべき運動が提唱された．それに対してNIDLにおいては，工業化が進展し，労働運動が少なからず展開されたものの，輸出志向型工業化のもとで，それは大きな制約をうけていたのだった．それでは，post-NIDLにおいてはどのような変化が想定されるであろうか．工業化の進展にともなう労働者階級の成長や((7)で想定される)労使関係の変容は，労働運動の攻勢に帰結する可能性もあろう．さらに，((9)でも言及したように)新中間階級が成長するならば，この階級の多様な社会意識に媒介された様々な社会運動の生起が期待されよう．

(11) 多国籍企業の戦略

(旧)国際分業においては，周辺社会に進出した多国籍企業の戦略の1つは，輸入代替工業化にともなって設定された輸入関税に対処して当該社会の市場にアクセスし続け，それを確保することに向けられていたといえよう．しか

し，当該社会の工業化が必ずしも進展しなかったことから，実質的には植民地に対する戦略と同様に原料や一次産品の獲得が主要な利害関心であるように理解されてきた．

それに対してNIDLにおいては，中核地域における賃金の上昇と生産性上昇率の低下という「危機」を克服することが，周辺社会に進出した多国籍企業の主要な利害関心であったから，その戦略はひとえに低廉で従順な労働力の確保に向けられていたといえよう．それでは，post-NIDLへの転換とともにどのように戦略は変化するのであろうか．NIDLのもとで，周辺社会においても一定程度工業化が進展した．もとより，不均等発展を特徴とする資本主義のシステムにおいては，工業化の程度は決して一様ではない．グローバル化によって厳しい競争に直面する多国籍企業は，様々な（工業化）レベルの社会に対して，生産品目などに関してそれに見合う拠点を配置する傾向をみせるであろう．要するに，よりグローバルな視野に基づいた，最適な拠点の選択・確保が多国籍企業の戦略として想定されるのである．

⑿ 世界システム総体

(旧)国際分業においては，周辺における工業化が停滞したことから世界システムの3階層の格差は強化される傾向にあったといえよう．それに対してNIDLにおいては，周辺において工業化が進展したことによって，中核資本による支配は継続していても，格差についていえば，ハイアラキカルな3層構造が「弛緩」される傾向もあったといえよう．それでは，国際分業がpost-NIDLへと転換するにつれて，どのような変化が展望できるであろうか．一言でいえば，それは3層構造の「再編成」とでもいえようか．((2)および(3)の過程を背景として)周辺の一部が半周辺へと上昇し，(例えば，半周辺から周辺へと下降する地域がなければ)半周辺ゾーン[15]が拡大することによって，((9)の過程を1つの根拠として)世界システムにおける紛争地域が拡大する可能性がある．さらに，周辺において資本主義的工業化がいっそう進展することによって[16]，資本主義的社会関係の専一化傾向が強まることになる．

⒀ **理論的背景**

　最後に，3つの国際分業を類型化するに際して，その基礎となる理論について言及しておこう．(旧)国際分業は，第2次世界大戦後における周辺社会の資本主義的工業化の停滞を反映するかたちで作られた理論的類型化にほかならない．政治的独立以後の発展途上地域に対する外国資本による支配とそれからの解放を問題構制として，この状況を理論化したものは従属理論であった．

　NIDLにおいては，確認してきたように周辺社会の「内部」については，必ずしも主たる考察の対象として設定されていない．多国籍企業を誘致する国家の政策と雇用される(女性)労働者の性格を除けば，周辺社会「内部」の社会関係についての関心は希薄であったといえよう．このことは，((5)で指摘したように)進出した多国籍企業が当該社会において関係形成を行わず，自由貿易区などは「飛び地(enclave)」として位置づけられていたことを反映している．したがって，NIDLにおいては周辺社会の「外部」関係を考察する世界システム論が類型化の基礎となるのである．

　これに対して，post-NIDLにおいては半周辺化の過程が分析の主題となるため，多国籍企業の動向という「外部」への関心だけではなく，その活動と「内部」の社会関係の双方が初めて問題関心として登場する．この意味で，post-NIDLを理論化するためには世界システム論に加えて，いわば「国民的発展論(national development theory)」の構築が求められよう．

　以上，われわれはpost-NIDLの種差性を(旧)国際分業およびNIDLと比較対照するかたちで特定してきた．この作業は，表Ⅰ－1 (p.18)に集約されよう．以下では，post-NIDLへの転換の背景となるグローバル化の一因となった日本企業の動向を，マレーシアとの関係を事例として具体的に検討することにしよう．

図Ⅰ−2．マレーシアへの直接投資額の推移（認可ベース）

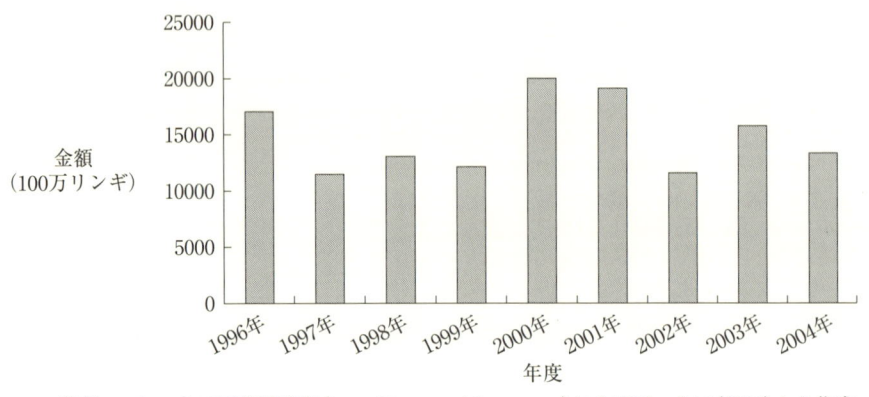

出所：マレーシア工業開発庁（http://www.mida.gov.my）およびジェトロ（2002）から作成

図Ⅰ−3．マレーシアへの直接投資（国別、認可ベース）

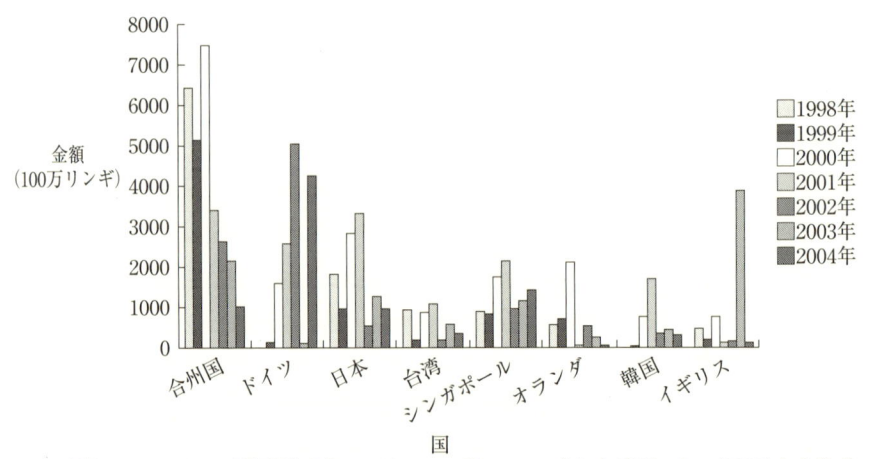

出所：マレーシア工業開発庁（http://www.mida.gov.my）およびジェトロ（2002）から作成

4．日本からマレーシアへ――直接投資の動向

　上記の課題を検討するにあたって，まずマレーシアへの直接投資の全般的な動向を確認しておこう．それというのも，NIDLからpost-NIDLへの転換

表Ⅰ－2．日本の対外直接投資金額の推移(10億円)

	北米	欧州	アジア	マレーシア	中国	中南米	大洋州	中近東	アフリカ
1989年	45485	19727	11003	902	587	6991	6156	86	891
1990年	39958	20975	10343	1067	511	5289	6119	39	804
1991年	25763	12832	8107	1202	787	4547	4476	123	1014
1992年	18972	9176	8316	919	1381	3525	3119	896	308
1993年	17591	9204	7672	892	1954	3889	2275	251	630
1994年	18525	6525	10084	772	2683	5499	1507	303	366
1995年	22394	8281	11921	555	4319	3741	2716	148	367
1996年	25933	8305	13083	644	2828	5010	1011	268	485
1997年	26247	13749	14954	971	2438	7775	2525	578	407
1998年	14137	18116	8555	668	1377	8349	2853	187	582
1999年	27765	28975	8196	588	858	8614	1036	126	580
2000年	13796	27061	6638	256	1114	5838	777	21	62
2001年	8196	13263	8307	321	1819	9654	694	25	273
2002年	10299	18807	6910	98	2154	7005	1628	45	237
2003年	12072	14268	7233	523	3553	5948	1137	20	119
2004年	5198	13934	10091	117	4909	6849	2009	5	124

出所：財務省（http://www.mof.go.jp/fdi）

はなによりも多国籍企業の戦略の変化によって引き起こされる以上，その量的および質的動向を把握することが求められるからである．全体的な傾向としては，1997年にタイで発生した通貨危機の影響をうけて1996年以前に比べると投資額は伸び悩んではいるものの，電気および電子の分野を主軸としてゆらぎをともないながらも投資は継続している（図Ⅰ－2）．

マレーシアへの投資国についても，2000年前後の時期を通じて個々の国ごとの量的多寡はめまぐるしく変動している（図Ⅰ－3）．通貨危機以降，マレーシアに対して最も多くの投資を行っている国はアメリカ合州国であり，電子と電気の分野に多くの投資を行っている．1999年のデータをみると，アメリカ合州国は51億5890万リンギ[17]の投資を行っており，そのうち27億4100万リンギが電気・電子分野に投資されている(この分野の投資認可額の46.1%を占めている)．日本は1989年にはマレーシアへの最大の投資国になったものの，その後台湾に首位を譲り，1990年代後半においては日本国内の景気停滞の影響もあって，投資額は年ごとに大きく変化している(例えば，1995年においては再び投資額が第1位に返り咲いたものの，1999年にはアメリカ合州国に大きな差を

表Ⅰ-3. マレーシアへの直接投資(分野別, 製造業)

	1998年	1999年	2000年	2001年	2002年	2003年	2004年
食品加工	364.8	276.6	1057.6	899.6	1220.8	1077.3	1116.1
飲料・タバコ	143.6	134.8	113.6	26.3	97.5	16	377.3
繊維・同製品	624.1	60.6	1186.3	429.4	196.9	292.6	823.9
革・同製品	7.8	13.5	5.7	0.2	40.7	5.5	18.4
木材・同製品	260.9	56.4	359.7	407.6	459.2	1084.7	897.4
家具・家具類	89.4	56.5	345	186.1	305	312.5	343.9
紙・印刷・出版	286.7	1071.5	1524	5022.9	314.4	254	4723.1
化学・同製品	4149.9	262.6	963.6	1424.8	918.6	955.4	3009.3
石油・石油化学	2151.5	3147.8	2346.9	129.2	4865.6	444.1	1902.4
ゴム製品	48.6	32.2	942.8	653.6	381.9	211.1	385.2
プラスティック製品	297	61.1	616.2	533.7	536.1	877	683
非金属鉱物製品	464.7	266.9	1766.2	1999.4	475.5	453.5	774.9
基礎金属製品	992.3	238.4	786.6	605.1	364.3	8711.3	1924.7
金属加工製品	540.5	165.2	410.1	512.4	475.4	1294.5	1194.9
機械	152.3	226.5	820.7	717	706.5	638.8	406.6
電気・電子	1905.7	5946.4	12182.4	10324.9	5650.9	4977.5	8626.8
輸送機械	503.1	231.3	672.8	1127.5	698.2	6979.1	1324
科学・計測機器	22.1	25.5	183.9	651.4	94.8	462.5	82.1
天然ガス	32.9	0	7224.7	0	50	0	0
合計	13063.5	12273.8	33610	25774.9	17876.8	29144.6	28773.4

出所:マレーシア工業開発庁 (http://www.mida.gov.my) およびジェトロ (2002) から作成

つけられて(投資額は10億610万リンギ)第2位にとどまっている[18]).

念のため断っておけば,だからといって日本企業の多国籍企業としての展開は終息したわけではなく,1990年代を通じて継続している.例えば,多国籍化の指標となる海外生産比率に関しても,1980年代の後半からほぼ一貫して緩やかに上昇してきている(p.16図Ⅰ-1).さらに,投資先に関しても1980年代後半から1990年にかけては北アメリカやヨーロッパへの投資が拡大したのに対して,1990年代後半からは再びアジアへの投資が拡大してきているのである(p.27表Ⅰ-2).マレーシアへの投資の継続は,こうした傾向の一環だといえよう.

もっとも,アジア地域内についていえば,この時期に直接投資が集中した国はなんといっても中国であり,1992年以降日本からの直接投資はマレーシアよりも中国に向けられるようになっており,毎年の投資額を比較すると大きな格差が発生していることがわかる.マレーシアにおける半周辺化過程に

おいて，その契機となるものが依然として多国籍企業である以上，投資の減少はその進展に大きな影響を及ぼす可能性がある．すなわち，マレーシアは中国との間で半周辺化をめぐる競争を展開しているといえよう．

それでは，どのような分野に投資が集まっているのであろうか(p.28表Ⅰ-3)．2000年についてみると，やはり投資額の第1位は電気・電子の分野で121億8240万リンギに達している．第2位は石油・石油化学の分野で，投資額は23億4690万リンギである[19]．よく知られているように，マレーシアにおいては1970年代から半導体などのエレクトロニクス分野への投資が大きな比重を占めているが，この傾向は現在でも継続しているといえよう．

日本からの直接投資を産業分野ごとにみても，やはり同様の傾向が窺える．すなわち，1998年についてみると投資額の第1位は電気・電子の分野で8億1680万リンギに達しており，1999年についても額は減少しているものの，やはりこの分野への投資額は第1位で4億9670万リンギに及んでいる(ジェトロ，2002: 196)．このように，日本からの直接投資は電気・電子の分野が多く，この分野の企業によって半周辺化が担われる可能性があることを示唆している．さらに，このことは，この分野における企業の現地活動の詳細が把握される必要があることも意味している．

5. まとめ

1980年代の後半以降，世界システムは新たな動態を示してきているように思われる．周知のように，1985年のプラザ合意以降の円高傾向は，日本企業に本格的な多国籍化をもたらした．本章では，これをグローバル化の嚆矢であり，重要な一因として把握した．この事態は，世界システムの中核における競争がそこを拠点とする企業に新たな戦略を選択させたものと了解することができる．円高と貿易摩擦とを背景にした，日本企業の多国籍企業としての本格的な展開は，アメリカ合州国などの先進地域における現地生産に拍車をかけることになった．それとともに，激しいコスト競争に対処するために，

日本企業は東南アジアを中心とする発展途上地域における現地生産をもいっそう拡大することになった．

さらに，こうした東南アジアでの現地生産のあり方は，1980年代前半までのそれとは明らかに変化してきている．すなわち，進出先の社会の発展状況に応じて，生産する製品の種別や生産システムのタイプを選択的に配置する戦略が顕著になってきているのである[20]．言葉を換えていえば，このことは発展途上地域が位置する世界システムの周辺に，従来の分業システムにおけるものとは異なる役割が付与されてきていることを示すものといえよう．このように，経済のグローバル化という，多国籍企業の新たな戦略が契機となった世界システムの昨今の動態は，NIDLにとって代わるpost-NIDLへと世界システムがその実体を変容させる過程として把握することができよう[21]．

もとより，多国籍企業による新たな戦略の選択が直接的な契機ではあるものの，こうした世界システムの昨今の動態は，システムの個々のユニットにおける「内部」要因に媒介されて現れることになろう．なかでも，新たな生産システムに適応できる労働者の育成や多国籍企業との取引関係に堪えられる自生的企業の育成に関わる国家の政策と，なによりもそうした自生的企業それ自体の力量が重要な要因となることが想定される．半周辺化の一環としてのこうした「内部」過程の展望は，ひとまずそれを牽引する多国籍企業の活動実態を検討することによって明らかとなろう．マレーシアを事例として選択し，そこへの日本企業の投資実態を概観したわれわれは，II章において現地調査に基づく現地工場の活動実態を検討し，半周辺化の展望と制約を考察する必要がある．

注

1 もともと、「マクドナルド化」とはマクドナルド (McDonald) というファーストフード・レストランに特徴的な画一的コミュニケーションや組織戦略が社会的に一般化していく傾向を明示するために創出された概念だった (Ritzer, 1996＝1999)．しかし，これはしだいにグローバル化の文脈で画一的な消費や食生活が，ローカルな変容を被りつつも普遍化することを表す概念として用いられるようになってきている (Ritzer, 1998＝2001: 149)．

2 1980年前後に，様々な「日本社会論」が論壇や学会を賑わした背景には，このような日本経済の良好なパフォーマンスの原因を日本社会の歴史，文化あるいは組織原理のなかに探ろうとする関心が伏在していたといえよう．

3 企業の多国籍化の程度を表す指標の1つである海外生産比率についていえば，1985年までの日本のそれは3％程度に過ぎなかったのに対して，2002年には17.1％に上昇することが予測されている．さらに，すでに海外進出を行っている企業に限っていえば，2001年に34.3％に達することが見込まれている．グローバル化をめぐる議論はアメリカ合州国においてとりわけ盛んに行われてきたものの，そのような議論の背景にあったものはアメリカ合州国企業の多国籍化の進展というよりはむしろ，先進社会のなかで最も遅れて本格的な多国籍化を開始した，日本企業が引き起こす競争がもたらすインパクトの大きさであったことが推察されよう．グローバル化が喧伝されるようになった1990年代のはるか以前から，アメリカ合州国の企業は充分に"グローバル化"していたのである (p.16図Ⅰ－1)．

4 それというのも，日本国内における協調的な労使関係およびそれを一環とする生産システムに基づいて生産していたからこそ，低い労働分配率（低コスト）と高い生産性に支えられて実現できたパフォーマンスが，異なる社会において実現可能かどうかは未知数であるからである．このように，資本主義（発展）の類型的差異を一因として，アメリカ合州国などの他の先進社会における場合と日本における多国籍企業の展開の原因は異なっている（山田，1996: Ⅷ章）．

5 こうした競争の激化によって，アメリカ合州国をはじめとする他の先進社会においては，良好なパフォーマンスを示していた日本企業のシステムを模倣あるいは移植しようとする試みがみられた．このような試みは，日本企業それ自体の海外現地生産の試みと相俟って，「日本的生産システム」の国際移転あるいは「ジャパナイゼーション (Japanization)」の可能性として議論された（e.g. 安保ほか，1994; 山田，1998a: Ⅲ章）．それに対して，1990年代以降における日本企業のリストラクチュアリングはやはり競争の激化を背景にして，従来のシステムを改変し，顕在化した業績による人事評価

（「成果主義」）を重視するなど，少なくとも部分的には合州国などにみられるシステムを導入しようとする試み（その限りでの「アメリカナイゼーション（Americanization）」）という側面をもっている．このように，等しくグローバル化といっても，ローカルな要素によって媒介されることを通じて，その方向はそれぞれの社会によって異なっている．この点については，補章で詳しく検討する．

6 競争の激化によって収益が不確実になるとするならば，それへの1つの方策はともかく短期的な収益を拡大することであるかもしれない．グローバル化の事例の1つとして把握されている，1997年以降のアジアにおける連鎖的な通貨危機を引き起こした金融の投機的取引も，この文脈に位置づけられるかもしれない．さらに，1980年代の後半から進展しているヨーロッパ連合（European Union, EU）の形成も，アメリカ合州国および日本との競争に対処するために，ヨーロッパの経済力を結集しようとする試みとして把握できるかもしれない．ウォーラスティン（Wallerstein, 1991）も，アメリカ合州国が掌握していた「ヘゲモニー（hegemony）」崩壊後の世界システムあるいは「国家間システム（interstate system）」における競争の1つの現れとして，EUの形成を捉えている．

7 念のため断っておけば，以下の議論はあくまで類型論であって，個々の類型は具体的な社会における当該の時代において現れた特徴的な傾向を抽出して作られている．したがって，NIDL論がしばしば批判されてきたように，NIDLが成立していた時期（1960年代後半から1980年代前半）においても，具体的な周辺社会においてはそれ以前の国際分業によって特徴づけられる傾向（生産と輸出とに占める原料・一次産品の相対的高割合など）が一定程度継続していたことはいうまでもない．同様のことは，NIDLとpost-NIDLとの比較対照においても当てはまることになろう．

8 さらにいえば，中小規模の自生的企業が成長し，それらが一定の地域に集積することを通じて「地域における産業集積（industrial district）」，あるいは「クラスター（cluster）」が形成されて発展を主導する可能性も議論されるようになっている．周辺における「産業地域」について，メキシコにおける事例をイタリアにおいて形成されたモデルと比較したものとして，例えばラベロッティ（Rabellotti, 1997）を参照．本書で事例としているマレーシアをこうした観点から検討したものとして，ラジャ（Rasiah, 1994; 2001）を参照．

9 周辺に定位して第2次世界大戦後の国際分業を概観するならば，例えばかつて従属理論が分析の対象としたような輸入代替工業化の試みなどの失敗した事例も含めて，工業化という営みがその帰趨に大きな影響を与えていることは否定しえないであろう．

10 こうしたインセンティブには，輸出志向型工業化のために設置された自由貿易区（free trade zone, FTZ）や輸出加工区（export processing zone）において労働者の権利を制限する政策が含まれていた．このことは，このタイプの工業化が1960年代後半から中核において顕著になったいわゆる「フォード主義（Fordism）」の危機傾向と軌を

一にしていることを示している．要するに，中核における賃金上昇と生産性（上昇）の停滞という問題への対策として，多国籍企業は周辺へと生産の配置転換（relocation）を行い，結果的に周辺社会の工業化が進展したというわけだ．

11　注10に関連して念のため断っておけば，マレーシアにおいては NIDL が展開された時期においても，新経済政策（New Economic Policy, NEP）というかたちで国家による自生的な資本の育成策が展開されていた．周知のように，NEP はマレー人に対する経済的なアファーマティブ・アクションという性格をもち，1960年代までほとんどが小農であったマレー人を人口比率に見合うかたちで他の職業にも配分しようとする政策であった（目標は30%）．この結果，公共企業の創設などを通じてマレー人企業家が創出されることになった．しかし，NEP はそれとともにマレーシアにおいて自生的企業家の多くを占めていた華人企業家（Chinese entrepreneur）の自由な活動を制約する性格ももっており，この点では必ずしも自生的企業の育成策とは断定できないものであった．post-NIDL における華人企業家と国家との関係の変容については，V章で考察される．

12　この点に関連して，マレーシアにおいては特定の企業を「アンカー企業（anchor company）」に設定し，それとの下請関係を通じて中小の自生的企業を育成する政策が実施されている．「アンカー企業」としては，「国民車」生産を担うプロトン社が有名である．こうした政策については，穴沢（1995; 1998）および川辺（1995）を参照．この論点は，本書においてはIV章およびV章において検討される．

13　こうした「中間層」には，労働者階級を統制する「管理職」や技術者といった新中間階級に加えて，単なる事務労働者，国家の官僚，中小規模の企業家，知識人など雑多な階層が含まれる．

14　「ニュー・リッチ」は，とりわけアジア地域において使用されるタームで，先に言及した「中間層」に加えて，それ以外にも自生的な大企業家などを指して用いられる．「ニュー・リッチ」の登場によって，周辺においても消費意識，消費文化などの消費のあり方に関連した問題群が本格的に議論の俎上に上りつつある．このことは，周辺（の一部）においても「フォード主義」的な消費のあり方が根付きつつあることを示しているかもしれない．「ニュー・リッチ」については，例えばロビンソンとグッドマン（Robinson & Goodman, 1996）を参照．

15　世界システム論においては，半周辺という位置の概念と機能とをめぐって様々な議論が展開されてきた．そもそも，世界システムの各位置は分業における不等価交換によって決定される以上，システムの各位置を規定する基準は不等価交換を説明するロジックとも関連している．ここでは，ひとまずチェイス－ダン（Chase-Dunn, 1990）に依拠して資本集約的産業の集積の程度によって周辺と半周辺とを区別することにしておこう．すなわち，資本集約的産業が集積する中核と労働集約的産業が集積する周辺との中間の位置が半周辺であって，半周辺においては資本集約的産業の集積が中核と

周辺との中間的な程度だというわけだ．さらに，ウォーラスティンによる機能的説明において，システムの各位置間の不等価交換によって特徴づけられる世界システムそれ自体の不均等性に由来する（とりわけ中核と周辺との）利害対立から，システムを保護する機能を担うための位置として半周辺が存在するという（Wallerstein, 1979）．そうであるならば，システムの作動に由来する"矛盾"は，半周辺に位置する個々のユニットの内的要因に媒介されて，ユニットの内部に現れることになろう．多国籍企業の戦略の変化に起因する post-NIDL への移行とそれにともなう（半周辺へと上昇しつつある）周辺社会内部の変化は，そうした"矛盾"の顕在化の１つとして把握されよう．半周辺については，マーティン編（Martin ed., 1990）および山田（1999b）も参照．この論点は，本書においてはⅩ章において検討される．

16 すでに明らかなように，グローバルな視野に基づく多国籍企業の新戦略に起因する post-NIDL への転換は，周辺に位置する社会に差異を発生（あるいは拡大）させ，そうした差異を利用（あるいは固定）するかたちで多国籍企業は拠点を配置することになる．その過程で，本論で言及したように半周辺へと上昇する社会が現れる一方で，例えば低賃金労働力をニッチとして工業化を進めることが依然として可能な社会（要するに，相対的に発展していない社会）においては，NIDL において想定されたタイプの工業化が継続することになり，労働者階級の形成というかたちで資本主義的な社会関係が拡大することになる．換言すれば，NIDL から post-NIDL への転換は，（旧）国際分業から NIDL への移行の場合と同様に，前者の傾向を継承しつつ進展することになる．

17 1998年以降，為替レートは１米ドル＝3.8リンギに固定されていた．しかし，2005年の７月に変動相場制に回帰している．

18 もっとも，投資件数では日本はアメリカ合州国を大きく上回っている．1998年については，日本からの件数が127件であるのに対して合州国のそれは46件である．1999年についても，前者が112件であるのに対して後者は36件である．

19 石油・石油化学分野の投資が多い原因は，国営企業のペトロナス（PETRONAS）による合弁事業が積極的に行われているためである．このような産業分野における企業活動の隆盛は，post-NIDL における重工業化を含んだ多様な工業化の証左となるものである．

20 例えば，ある家電メーカーのオーディオ事業部においては，1990年代の前半の時点で「垂直５段階方式」と称するアジア地域への生産拠点の選択的配置を試みていた（山田，1998a: 185-187）．これは，当該地域の製品開発能力や賃金コストを勘案して各製品の生産拠点を決定する方式で，例えばシンガポールは日本に次ぐ「第２開発拠点」，賃金が最も低いアモイは「コスト最強工場」として位置づけられていた．

21 述べてきたように，ここで提起した post-NIDL という概念は，「記号生産の垂直的統合化」をメルクマールとする伊豫谷（2000）のものとは異なっている．

II. 多国籍企業の戦略動向
——日本企業はなにをしているのか——

1. はじめに

　1980年代以降のグローバル化の過程において，少なくとも経済の領域，とりわけ企業の多国籍化については，日本企業がこの過程を実質的に担ってきたのだった．1985年以降の海外生産比率の上昇は，世界システムの中核に位置する他の社会と比較してもきわめて急速であった．このように，日本企業がグローバル化していく過程で，その投資先の1つとして重要な位置を占めていたのは東南アジアであった．とりわけ，マレーシアに対する投資は1989年にはこの社会が海外から受け入れた直接投資のなかで最大を占めるに至った．このことは，マレーシアは日本企業のグローバル化を幇助した投資先である一方で，日本企業の戦略がマレーシアにおける資本主義発展に重要な影響を与えることを示唆するといえよう．

　このような認識に基づいて，本章ではマレーシアにおける日本企業の戦略動向について，実態調査をふまえて検討してみたい．本章のもととなった調査は，2002年2月から2005年3月にわたって，合計7回マレーシアにおける主要な産業集積地を訪問して実施された．具体的には，日本企業の現地工場（合計38社）を訪問して日本人出向者に対してインタビューを行い，工場を見学させてもらうという形式をとって実施した[1]．1回の調査には，平均して約2時間を費やした[2]．

　インタビューの項目としては，これまで確認してきたようなグローバル化の進展とそれにともなう post-NIDL への国際分業の転換のもとで想定される

多国籍企業の戦略変化に関連するものが設定されている．まず，想定される戦略変化について確認することから本章の作業を開始しよう．

2. 日本企業の生産戦略——仮説と実態

(1) post-NIDL における戦略変化

グローバル化の進展によって生起する post-NIDL のもとでは，以下のように周辺社会に進出した多国籍企業の戦略の変化が想定されるのであった．

①競争の結果と原因としてのグローバル化のもとで，多国籍企業は拠点の効率的な再編を求められるのであった．その際，NIDL のもとで工業化の成果が一定程度蓄積され，その結果として賃金が上昇している周辺社会において，あくまで当該の社会において生産を継続することが選択される場合には，NIDL において想定される低賃金に依拠した製品ではなく，高付加価値製品の生産が求められる．

②生産される製品の変化にともなって，多国籍企業は生産システムの効率的再編を迫られるのであった．賃金が上昇することも相俟って，生産の自動化が追求され，その結果資本集約度が高められる．さらには，単なる生産拠点にとどまらず，当該の進出拠点において製品開発などのいわゆるR＆D活動が営まれる可能性がある．

③生産の自動化にともなって，多国籍企業は装置の制御や管理の能力をもった技能レベルの高い労働者の育成が求められるのであった．すなわち，NIDL において想定される不熟練女性労働者に依存するだけではなく，多国籍企業は技能労働者の体系的訓練を迫られるようになる．

④生産システムの効率的再編を追求する過程で，多国籍企業は労働者から創意を調達する必要に迫られるのであった．すなわち，NIDL において想定される雇主の「専制(despotism)」によって特徴づけられる労使関係ではなく，労働者による「関与(involvement)」によって特徴づけられる労使関係への転換を多国籍企業は求められる．

⑤グローバル化による競争の激化によって，多国籍企業は資材調達の効率化も求められるのであった．すなわち，NIDL において想定されるように本国あるいはその他の先進国から資材を調達するのではなく，多国籍企業は進出した周辺社会において資材の現地調達(local procurement)を促進し，その結果として自生的企業(indigenous capital)との多様な関係形成が求められる．

以上のような理論的仮説に基づいて，インタビュー調査の結果を概観しよう．この調査においては，NIDLからpost-NIDLへの転換を検討することが主たる眼目であることから，自由貿易区(Free Trade Zone, FTZ)[3]に立地している工場か，あるいは「保税倉庫の資格を与えられている工場(Licensed Manufacturing Warehouse, LMW)」[4]を調査対象としている．これらの工場は，1970年代以降工業化が本格的に進められる過程で整備された工業集積地に集中して立地している．すなわち，北からペナン(Penang)地区，クラン・ヴァレー(Klang Valley)地区[5]，マラッカ(Malacca)地区，ジョホール(Johor Bharu)地区がそれである[6]．したがって，訪問先の工場を地区ごとに分類し，PN，KV，ML，JB の 2 文字に番号を付すかたちで匿名表記することにした．

表Ⅱ-1 (p.38〜p.45)は，調査対象となった工場のすべてについて，post-NIDL への転換にともなって想定される変化の概要を項目ごとにまとめたものである．まず，この表に依拠して一般的な変化の傾向を確認することにしよう．

(2) 一般的傾向

①調査対象となった工場において，高付加価値製品への生産のシフトが明示的に追求されている事例は KV1，ML2，および JB11 の 3 工場にとどまっており，必ずしも多くはなかった．もっとも，DVD-RW などの主力製品の生産拠点となっている JB5 をはじめ，マレーシアの現地工場を単なる生産拠点として位置づけるのではなく，研究・開発(Research & Development)のそれとしても位置づけようとする企業が多数確認できた(計画も含めて，R＆D部門の設置を検討している企業は20社近くに及んでいる)．

例えば，PN3 はオーディオ製品(ミニコンポ)を全量設計・生産しているし，

表Ⅱ-1. 日本企業の生産戦略

項目／企業名	PN 1	PN 2	PN 3	PN 4
設立（操業）年	1972年（1973年）	1997年（1998年）	1974年（1976年）	1986年
地区	ペナン	ペナン	ペナン	ペナン
立地	FTZ	LMW ?	LMW	FTZ
製品分野	半導体	電子部品・プラスチック成型品の表面処理	オーディオ組立	カー・オーディオおよびパソコン関連部品など
従業員数（女性％）	2380人（71％）	141人（50.3％）	2912人（71.4％）	599人（78％）
日本人数	14人	5人	24人	3人
技能訓練	設立当初から訓練重視，教育センター完備（アジア地区の基本訓練センター），日本での研修実施．アジア地区のベイシックレベルの訓練は年2回ペナン地区で実施．HRDF利用．	採用後1カ月間OJT実施（レコードをとる）．政府系施設への派遣も実施．日本での研修はなし．	2001年に人的資源開発センター設立（不良増加に対処）．HRDFも利用．	主として外国人労働者用にトレーニングセンター設置．OJTを必要に応じて実施．マネージャークラスは日本で研修．HRDF利用．
多能工化	同じラインのなかでローテーション．	多能工化追求．	セル生産の一環．工程を超えたローテーションなし．	実施していない．スキルマップは作ってあるが，認定制度はない．Uラインあり．
関与involvement（小集団活動など）	1984年から小集団活動（参加率は63％から96％に上昇）．TPM (Total Production Management) の一環として実施．トップダウン方式，表彰制度あり．ナショナルおよび国際大会にも参加．5Sも実施．	2002年からQC (Quality Control) サークル実施，全員参加（11サークル），作業時間外に活動（残業扱い）．その他に，「小さなカイゼン活動」実施（報奨金あり）．5S重視（とりわけ，しつけ）．	現在休止中（開始は1986年）．グループが多くなりすぎ，コントロールできず．リーダーも育たず．	社外工が多いため実施が困難，今後については検討中．5Sは徹底．
労使関係	組合なし．1974年から月1回定期的な意見聴取（Joint Consultative Committee, JCC)．食堂，寮，バスの改善あり．親睦会あり．	組合なし．苦情は人事部長が個別に対処．親睦会あり．	1976年からEIWUによって組織化（組織率99％），立ち作業の導入に際して，ピケッティングをされた．	EIWUによって組織化（オペレーターは全員組合員），立ち作業導入にともない，争議経験あり．
移民労働者	事実上，雇用なし．	雇用なし．	雇用なし．	ベトナム人200人導入．
現地調達	直接原料は45％，金型・ジグなどは84％，生産設備は65％（金額），ローカル企業にはダンボールなど発注．生産設備もローカル企業に外注（3分の1）．	主原料は日本から．ローカル企業からはダンボール，廃水処理の薬品などを購入．設備の金型は内製，ローカル企業にも加工外注．	マレーシアで40％，プラスティック成型，プレス部品はローカル企業から購入．	70％が現地で購入（電子部品は日系中心から），プラスティック成型，プレス部品はローカル企業から購入．
企業間関係	工場内の教育センターでサプライヤー教育，監査，格づけ実施．コストについては目標提示．		認定制度あり．点数づけを行い，財務状況をチェック．QCD (Quality, Cost, Delivery) についてはDが問題．SCM (Supply Chain Management) 導入（2000年から）．	
R＆D	設計部門を移管中．そのため，日本人出向者も増加．		CDミニコンポなどは全量設計．MDステレオも自主設計開始．部品も内製．	設計（生産）のコスト削減のため導入．技術者を集めることは困難．
戦略目標あるいは選択理由（対中国）など	基本的に後工程は海外移転，ペナンは半導体関連の産業集積が進み，部材の現地調達が容易でSCMがやり易い，低賃金も重要．	顧客のニーズへの対応が進出理由．進出依頼あり，シンガポール，ポルトガル，タイにも工場設置．それぞれ，ニーズに対応．	オーディオ事業部の売り上げの65％生産．開発と基幹部品の生産が決め手．マレーシアではローカル企業が育っている．	全社の方針として，マレーシアはフレクシブル生産（中国は大量生産）を志向．賃金の高さを相殺する総合的競争力を追求．

II．多国籍企業の戦略動向——日本企業はなにをしているのか

	PN 5	PN 6	PN 7	PN 8	KV 1
	1970年	1985年	1997年（1998年）	1973年（1975年）	1974年
	ペナン	ペナン	ペナン	ペナン	クラン・ヴァレー
	FTZ	LMW	LMW	FTZ	FTZ
	カーオーディオ	カーオーディオチューナー	ハードディスク・ドライブのアルミ基盤	ポリエステル、綿の紡績、織布、染色など	時計部品（水晶振動子）
	677人（73.8%）	2570人（89%）	285人（32%）	2288人（47%）	2144人（80.4%）
	5人	13人	9人	11人	13人
	ほとんどOJT．HRDF利用．マネージャークラスは日本への派遣．	入社後4日の訓練で各部署に配属（検査、ねじ締め、概観チェック、ハンダづけ）．体系的な社内訓練．HRDFも利用．	導入教育（3～4日）の後はOJT．現在、体系的な訓練なし．ISOの取得を準備中で、これを契機に整備したい．HRDFはエンジニアの資格取得に利用．	ワーカーはOJTが中心．安全教育徹底．オフィス関係、管理職は別体系で管理．社外講師も利用．HRDF活用．日本への派遣研修が活発（労働者も派遣）．	EDP (Employee Development Program) 実施．OJTが中心．1997年から日本での研修を強化（スタッフ中心）．
	基本的な作業を一通りこなせるようにしている（手作業が基本）．レイアウト変更に合わせてローテーション．	多能工化を志向．入社数年で再訓練．認定マークあり．	工程については、できるだけ自動化し、人が関与しないようにしている．	大きな3工程のなかで、技能の習熟を追求．	作業内容は頻繁に変更．主な作業は3カ月あれば習得できる．
	2001年から小集団活動再開．オペレーターの草の根運動（考える癖をつける）．7グループ、テーマは自主的だが、グループは経営が組織、社内発表会．TFR (Total Factory Revolution) 活動の一環．	1996年から小集団活動実施（97年から発表会実施）．現在20グループ．グループは1年で解散し、入れ替え．テーマについては指導、カイゼン提案（スマートワーカー制度）あり．	なし．カイゼン提案も2年前に試みたが、苦情の申し立てになってしまう．	SGA (Small Group Activity) を実践．1980年代から実施．約60グループ（1グループ10人）．全員参加．半強制的．勤務時間外．カイゼン提案制度あり（金券などの対価）．	1997年からTPM (1993年からTQC (Total Quality Control))、PMサークル活動実施、ほぼ全員参加．マレーシアの全国大会や日本の発表会に参加．
	組合なし．協議会もなし．不満は職制を通じて吸収．	組合なし．協議会なし．週1回現場の意見を集約．	組合なし．苦情処理は、各部の部会を通じて．人事課への投書あり．	PTU (Penang Textile Union) による組織化 (Headquaterが置かれている)．上部団体はMTUC．3年に1回協約改定．組織率が80%．一時、先鋭化（10数年前にピケッティングあり）．	企業内組合承認（2001年）．解雇経験あり．苦情処理制度あり．2001年からemployee service centre 設置．昇格などは扱わない．
	インドネシア人を200人．	インドネシア人を545人．	雇用なし．	インドネシア人270人．ミャンマー人140人．	インドネシア人19.3%
	数量ベースでは90%以上（ローカル企業は50%以下）．	マレーシア国内では10%程度（プレス、成型品、梱包材）．ローカル企業との取引数は15社．	資材の調達は日本と日本企業のローカル子会社からだけ．	綿はアメリカ、南アフリカ、ポリエステルはタイ、インドネシア．	原料（水晶原石）はほとんど日系企業．ローカル企業からの調達は5％ほど（金額）．補助財（油、グリース、手袋など）．
	ローカル企業との取引は200社．取引先には監査実施．新規取引は技術・財務チェック（試作品製作）．ワースト10をチェック．	OEM関連以外のサプライヤーには指導を実施．ワースト3のヴェンダーは召喚してカイゼン要求			
	開発・設計の90%担当．R&Dセンター（プロトン社への納入品）に37人．ソフト、メカニズム、電気、外観の各部門．	カーステレオ設計．顧客対応．7人体制．ハードとメカニズム担当（日本ではソフト開発）．			
	海外工場の第1号．コスト対策センターとしてスタート．かつてのメイン工場（初の海外工場）から中国のサポート工場へ．	他社に追随して進出．基本的に取引先が集積しているところに拠点設置．マレーシアはインフラで優位．高付加価値化を追求する必要あり．	電子材料の中核工場．顧客がシンガポールに進出．ハイテクパークを選択．ジョホールよりも賃金が安いという判断があった．	各拠点で生産品目の棲み分けがあり、重要性に差があるわけではない．東南アジアへの供給基地．生産だけではなく、販売も行う．中国との競争は高品質化（中・高級品の製造）．	当初の進出動機は低賃金とインフラの充実度．現在は高付加価値化を志向．加工設備は日本の新しいものを使用、自動化．中国の賃金はマレーシアの半分．

表Ⅱ-1（つづき）

	KV 2	KV 3	KV 4	KV 5	KV 6
	1973年（1974年）	1988年（1989年）	1974年（1976年）	1973年（1974年）	1973年
	クラン・ヴァレー	クラン・ヴァレー	クラン・ヴァレー	クラン・ヴァレー	クラン・ヴァレー
	FTZ	FTZ	FTZ	FTZ	FTZ
	家電等部品	半導体（フラッシュメモリー・デヴァイス）	半導体（small size package,power devices）	半導体（bipolar,discrete,LSI）	カメラ組立・設計
	1028人（68%）	810人（65%）	1590人（74.2%）	1413人（65%）	1550人（78%）
	7人	8人	9人	13人	14人
	HRDF活用．日本での研修実施．ISO9002取得（1993年）により体系的訓練開始．	1998年にTraining Committee設立．訓練システムを改善．日本での研修実施．HRDF活用	独自の教育プログラム．社外機関への派遣．HRDF利用．エンジニア，テクニシャン，オフィサーは日本での研修実施（長期）．	1999年度から訓練制度体系化．座学とOJT．HRDFも活用．職位ごとにコースを設置．マネージャーは日本やシンガポールに派遣して訓練．	10年くらい前から体系的に実施．従業員のクラスに応じて実施．企業内訓練が主軸．
	多能工化には消極的．	マルチジョブ化を志向しているが，訓練の過程でネックになる工程があり，あまり進展せず．従業員の意欲も乏しい．	ローテーションは実施せず（複数の設備は扱えることを目指す）．	多能工化推進．	最近になって導入．工程によって，導入の難度が異なる．
	QCサークル活動は7サークル（参加は強制できず），メリットが少ない．作業時間内に活動．5S活動も最近開始．	品質改善のために，1996年からHRG（High Reliability Group）活動実施（品質改善）．全員参加ではない．雇用当初からの習慣づけが重要．	1999年からTPM活動として実施．日本のTPM協会から指導．懸賞金制度あり．グループ数は201．	Management Improvement運動を全社的に推進．2000年からシックス・シグマ導入．トップダウンによる課題解決を志向．チーム数は30〜40．全員参加ではない．	不活発．サークルというよりは部・課単位で実施．方針管理のなかで活性化追求．カイゼン提案活動あり．
	企業内組合承認（2000年），協約協議中．組織率は70%．	組合なし．最近は週1回くらい各職場で意見聴取（1回に10職場くらい対象）．親睦活動として，スポーツレクリエーション委員会あり．	組合なし．毎月1回定期的な意見聴取（JCC）．親睦会．	組合なし．半年に1回従業員代表から定期的な意見聴取．苦情処理として機能．	組合なし．従業員との対話もなし．マネージャーの定例会議で"声"を集約．処遇や賃金は日系企業の交流会を通じて相場を把握，遜色がないようにしている．
	インドネシア人が従業員の16%ほど．	2002年現在は，雇用ゼロ（2001年は88人）．	雇用なし．	雇用なし．コントラクト・ワーカーを雇用．	インドネシア人10年来雇用．2.6%．その他に契約労働者雇用．
	部品の9割を内製．1割を外注（外注先の半分はローカル企業）．	原料の52.3%．そのうち，47.7%がマレーシアで生産されたもの．	ウエハー以外は55%調達．そのうち，87%はローカル企業から購入．	ウエハー以外は60〜70%．マレーシアでの調達は日系企業からが多い．今後はローカル企業からの調達を増やす方向（現状ではトレー，ジグ，ダンボール，検査設備）．	部品点数で80%（金額で70%），そのうちローカル企業への発注は80%．
	組織立った指導はない．問題が発生したら，そのつど指導．外注先には元従業員が経営する企業もあり．	特に指導はない．必要がない．トラブルが起こったときに改善要求．	すべてのヴェンダーに対し，表彰制度あり．認定制度もあり．	指導を制度化．認定制度あり．調達先は華人系企業が多い．	点数制．表彰制度もあり．社内技術者による調達管理．
	設備の設計・開発を実施．	マレーシアには，アセンブリーと検査を移管．	大量生産．組立工程を担当．	組み立てと検査を担当．	1994年にR&Dセンター設置．カメラの設計（生産設計）．
	安い賃金と労働力確保が目的で韓国からシフト．賃金の高騰に対処するため自動化の促進と機械による部品・金型生産に着手．対中国のリスク分散．	マレーシアはインフラが整備されている．中国では汎用品を生産するのに対して，マレーシアでは中級品を生産．	アジア地区はシンガポール，マレーシア，インドネシア，中国に拠点あり．マレーシアは，ウエハー以外を調達できる産業集積が優位．	東南アジア製造センターとして進出．アジア地区の輸出拠点．ドイツ，タイ，中国（無錫）など4つの海外拠点の1つ．中国に比べて，産業集積で優位．	事業部の海外工場はマレーシアと上海．上海はフィルム用デジカメに特化．マレーシアはインフラ，プロダクト・サイクルにおいて優位．

Ⅱ．多国籍企業の戦略動向──日本企業はなにをしているのか　41

KV 7	KV 8	KV 9	KV10	KV11
1988年	1988年（1989年）	1989年	1988年（1990年）	1994年
クラン・ヴァレー	クラン・ヴァレー	クラン・ヴァレー	クラン・ヴァレー	クラン・ヴァレー
LMW	LMW	LMW	LMW	LMW
オーディオ組立，部品生産	カムコーダー，VCRなど	家電部品・パソコン周辺機器	オーディオ組立	自動車（小型車）組立
2413人（76％）	2482人（78％）	5079人（87％）	834人（71％）	7165人（ 4％）
32人	22人	41人	13人	36人
個々の要素作業を訓練．訓練プログラムあり（座学と実技）．ISO9001取得にともない，1992年以降体系化．HRDFには不参加．	創業時から体系的な訓練を実施．HRDF利用．	もっぱらOJT．ハンダづけ，外観検査，出荷検査などについては研修を実施し，認定書支給．社外研修は管理職が対象．HRDF利用．	ISO所得に関連して外部機関での研修実施．HRDF利用．OJT中心．	研修制度とOJTを併用．導入教育から体系的にスケジュール化．HRDFは必ずしも利用せず．
セル生産の導入による多工程持ちを追求．	セル生産のサークル内で実施．10工程担当．星取表あり．	ニーズに応じて，検査などをできるようにする．	単能工から多能工化への養成システムは未整備．ローテーションも部分的．セル生産にも制約が出ている．	ローテーションは困難．品質，稼働率のアップを図るために仕事を限定，習熟度をあげることを追求．多能工化の取り組みは開始したばかり（車種が多いことと離職率がネック）．
なし．セルラインのなかで改善活動実施．日本で発表会．	QCサークル．現在30サークル，全員参加．勤務時間内．ISO取得時から実施．報奨金あり．5S（2001年から）．	2～3年前から実施．40グループ．参加はわずか．モチベーション維持が目的．必ずしもトップダウンではないが，マネージャーから指示は出している．	1999年から実施．中国に対する優位性を保持するため，モデルグループを作っていく段階．半年に1回発表会．30グループ．7割くらいの参加．目標提示．提案制度も実施．	製造部門で53サークル．スーパーヴァイザーが組織．立ち上げから2～3年で開始．ボトム・アップが基本．発表会年1回（国内，日本の大会にも参加）．
EIWUによる組織化（1996年）．スーパーヴァイザーより下位の従業員の50％が加入．争議経験なし．苦情処理については特に制度なし．	EIWUによる組織化．1997年から，全従業員が参加．協約は3年ごとに改定．	組合なし．月1回JCC開催．労働問題についてはテーマにせず．	組合なし．協議会なし．苦情は職制を通じて吸収．	企業内組合．ユニオン・ショップに近い．3年に1回，協約改定．
インドネシア人16％	インドネシア人（272人）．	インドネシア人25％	インドネシア人を中心に30％．その他にミヤンマーから．	雇用なし．国民車生産のため，マレー人比率が高い．
電機部品は，マレーシアで50％（日系70％），機構部品はローカル企業が50％．	Camcorderでは，22％（金額），VCRでは80％．プラスチック成型，紙，外装品などを購入．	シンガポールが70％（金額）．ローカル企業からの購入はほとんどなし．	ローカル企業で生産されたものは10％（マレーシア国内では40～45％）．ローカル企業のサプライヤーは65％くらい（金額では日系が多い）．	ローカル企業からは26.6％（金額）．取引は34社．
サプライヤーズ・ミーティングを組織．事実上の協力会．出荷検査，ランクづけ．	年1回サプライヤーズ・ミーティング開催．不良が多い5社に対し，ワースト・サプライヤー・ミーティング，JIT対応9社．SMIDECに参加．	特に指導なし．ISO9000シリーズに準拠．	工場審査，財務状況などチェックリストによる審査．QCDに問題なし．	VDP実施（10社ほどJICAの講師を派遣して指導．ニーズはあるが，コストが大きい）．QとCで問題が多い会社（20社）は独自に重点指導．
R＆Dセンター設置（1992年）．80人体制．現在は，65％がマレーシアで設計された製品．	VCRの設計．Camcorderについてはローエンド製品．6人体制（出張扱い）．	5年前から設計変更（チューナー）．リモコンについては，開発から一貫生産（日本では生産しない）．FDDについては，ヘッドクォーター機能も集約．	基本設計は本社．マイナーチェンジのみ．	R＆Dあり（日本人7人）．日本にも研修に派遣．
当初は低賃金が進出動機．部品も日本から調達．マレーシアの優位はインフラ整備と部品調達．高付加価値化はすべての拠点で追求．	ビデオ，オーディオ・ディスプレイのメイン工場．部品調達，インフラ，ローカル・マネジメント力でマレーシアは優位．	アセアン地区のセットメーカーへの供給基地．適地生産が重要（中国にすべてを集約しない）．設備投資は控え，人海戦術．ジグなどもローカル製．	オーディオ事業の海外主力工場．部品メーカーの集積や輸出優遇措置でマレーシアは優位．製品によってコストが最小になる地域は異なる．	第2国民車を製造する会社．マレーシアは中核の海外拠点．今後は中国も視野に入れる．

表Ⅱ-1（つづき）

KV12	ML 1	ML 2	ML 3	ML 4
1988年（1989年）	1990年（1991年）	1989年	1991年（1993年）	1991年
クラン・ヴァレー	マラッカ	マラッカ	マラッカ	マラッカ
LMW	FTZ	FTZ	LMW	LMW?
CRTカラーテレビなど	パソコン周辺機器等	通信機器などの部品製造	ホームオーディオ、カーオーディオ	カメラのレンズなど
1621人（42%）	3230人（87%）	140人（81%）	2114人（78%）	323人（48%）
37人	12人	3人	18人	3人
導入教育の後、OJT。外部にあるテクノセンターで新人教育。人材開発センター併設。HRDFはここで利用。	OJT。特殊工程については、社内で実施（ハンダづけ、モニターによる調整）。テクニシャンについては、HRDF利用。	訓練はスケジュール化。社内でのOJTが中心だが、スタッフは外部のセミナーにも参加。特殊工程やハンダづけは外部講師の招聘も実施。HRDF利用。	訓練委員会でニーズ分析。社内、社外で実施。のべ1600時間の訓練。HRDF利用。日本から講師を招聘することもあり。	体系化されていない（スタッフ不足）。納入先の監査に合わせて、体系化する必要がある。そのためのスタッフの育成が急務。社外研修は日系メーカー主催のものに参加（HRDF利用）。
ローテーションは各部門の作業に特徴があり困難。セルの発想は導入、多工程もち、ライン短縮、立ち作業（2003年から）。	定期的なローテーションなし。セル生産は導入。	5～6年前は1工程しかできなかった。現在は全工程が可能。星取表利用。2年前からセル生産。	現在は、取り組みわずか。セル生産は導入。そのなかで多能工化を追求。	無理。一度に複数のことはできない。工程の性格も影響。
生産第一で実施する余裕がない、カイゼン提案は実施。報奨金あり。	QCC（Quality Control Circle）活動。あまり活発ではない。2000年から実施。10チーム、勤務時間内。目標提示、報奨金、発表会あり。6S（+safety）として実施。カイゼン提案活動あり（グループ、半年で100件）。	何回か試みたが、失敗。ボトム・アップだけでは機能しない。エンジニアクラスでも7つ道具を理解していない（月10件ほど、個人ではなくグループ活動）。カイゼン報奨金制度もあり、あまり機能せず。	ICC（Innovation Creative Circle）活動。委員会を組織、5年くらいまえから活動整備。全員参加。勤務時間（時間外は残業扱い）。目標は設定するが、基本的にはボトムアップ。カイゼン提案制度あり（報奨金による競争）。	やらないようにしている。提案制度は99年に廃止。報奨目当ての提案が多いうえに、スタッフが提案の優劣を判断できない。
EIWUによる組織化（1990～92年ごろ）。3年に1回協約改定。会社による組織化の働きかけ。争議経験なし。	組合なし。JCCあり。	組合なし。月1回management meetingあり、意思疎通あり。苦情は職制を通じて言わせ、投書箱あり（投書は必ずしも多くない）。	組合なし。社長とのランチオン・ミーティング開催。Speakout Boxもあり、食堂の改善などに反映。	組合なし。苦情も聞かないようにしている（対処できないとかえってまずいため）。
インドネシア人88人、ベトナム人24人。その他に、コントラクトワーカーも利用。	インドネシア人27.28%。その他にカンボジア人。	いない。人員を削減中（ピーク時は従業員400人）。多能工化による削減を追求してきた。	33%がインドネシア人。季節変動に合わせて導入。マレー人より意欲的、夜勤を厭わず。	ネパール人が11人（男性）。
世界最適地購買を追求。東南アジア・中国に部材を供給。ローカル企業からの購入は15%（金額）、プラスチック成型や電子コイル。	マレーシアで購入するものがほとんどだが、ローカル企業からの購入は8～9割（金額）。	マレーシアでの調達は、シンガポール、タイについで3位。小物が多い。ローカル企業との取引は25社（部材のほか、治工具外注）。	ローカル企業からは20%くらい（金額ベース）。116社取引。シンガポールで国際資材調達を集約しているため、直接的な関係構築は少ない。	材料のガラスは日本から。生産設備はローカル企業から購入。
VDP実施。購買が方針提示、認定、定期的な指導・監査。	トラブルがあれば随時指導、指導の見返しとして、低コストを要求。事実上の格付けあり（抜き取り検査の個数を変える）。	定期的に品質など監査・指導。すでに日系企業と取引しているところは優秀。	日常的な監査実施（品質、静電気対策、5S）。カイゼン計画提示。毎年1回サプライヤーコンファレンス（シンガポール）、経営方針・品質方針提示。表彰制度あり。	設備メーカーは能力が高く、監査・指導の必要はない。
R & D（CRTテレビ設計）の中心拠点。95人（日本人16人）体制。19のモデル設計。シャーシーは標準化して、グローバルに供給。日本向け設計にも担当。	FDDについては、一貫生産のためR & D。基本的には顧客対応の修正にとどまる。	一部の製品に関して、取り組み。ローカルの人材を育成したい。	製品設計は日本とシンガポール、マレーシアは治工具の設計。	設備の設計は行う。
マレーシアはアジア地域向け再輸出拠点。当初はコスト対策で進出。テレビは各地域に拠点を配置して、それぞれの市場向け生産（CRTはアジア向け）。中国はカントリー・リスクが高く、ビジネス倫理も問題あり（マレーシアの再評価）。	低コストが進出動機。インフラ、英語圏、優遇税制などがマレーシアの選択理由。KVが適宜であるため、JBやシンガポールに近いマラッカを選択。	セットメーカーに追随して進出、マラッカはKL、ペナンに比べて賃金が安かった選択理由、中国との競合に対処するため、高付加価値、小ロット志向。	海外進出に出遅れ、労働力確保に有利なムアル選択。中国と生産バッティング。シンガポールにHQあり（直接的にはそこから出資）。	アセアン地域担当。顧客に従って進出。賃金が低く、労働力の確保が容易であるため選択。中国、台湾の拠点と棲み分け。

Ⅱ．多国籍企業の戦略動向――日本企業はなにをしているのか　43

ML 5	ML 6	ML 7	JB 1	JB 2
2000年（2002年）	1992年（1993年）	1989年（1991年）	1988年	1989年（1990年）
マラッカ	マラッカ	マラッカ	ジョホール	ジョホール
LMW?	FTZ	FTZ	LMW	LMW
自動車組立．部品生産	デジタルカメラ用金型設計加工，バレル製造	セラミック基盤，パソコンヘッド部品	時計部品製造	ビデオ・DVD組立
1350人（9％）	152人（61%）	約1200人（約60%）	1400人（56%）	875人（54.9%）
19人	5人	13人	8人	7人
職位に合わせて体系化．内部講習が多い．HRDF利用（しかし，使い切っていない）．	金型製造はマンツーマンで指導．技能の伝授に何年もかかる．特に明確なプログラムなし．日本人による指導を重視．HRDFは利用していない．	企業内訓練のみ．外部施設の利用はなし．	トレーニングセンターを設置して日常的に訓練．個々のオペレーターの技能を把握．技能競技会開催（8種類の競技会）．将来は受賞歴を賃金に反映させることも検討．	エンジニアについては，日本に派遣．HRDF利用．
多工程に習熟することを追求．そのため自動化を減らしてマニュアル作業を増やした．チームリーダーやテクニシャンの力量をつけることが先決．	とりわけ，金型部門で追求．女性オペレーターについてもスキルマップ使用．		セクション内でローテーション．星取表で技能の習得度チェック（10〜15ステップ）．数年度ですべて習得．	多能工化の推進．現在，優秀者を選んで学習させている段階．スキルカードで習得水準を明記．
2004年から実施．NHサークル．40チーム．全員参加．ボトムアップ．JCCも参加．地域大会参加．勤務時間外だが，残業時間に含めることもあり，考える癖をつけさせようとしている．	99年から本格実施．テーマを提示．10グループ，全員参加．表彰制．勤務時間外，動機づけのため，年間表彰あり．カイゼン提案制度もあり．	実施せず．	QCサークル，50サークル（1988年から），全員参加．テーマを設定することもある．発表会開催（1位は日本の発表会に派遣），カイゼン活動（1992年から），MK（みんなでカイゼン）活動推進中．	小集団活動は低調（セルやJITの導入で余力がない）．活動それ自体は設立当初から実施．職制による指導．10サークル，勤務時間内．5Sは設立当初から．
2004年に企業内組合設立．労使協調を追求．JCCも設置．月1回会議．日常的に労働者とのコミュニケーションに努めている．	組合なし．苦情処理は総務課が担当．	組合なし．	組合なし．協議会もなし．親睦会実施．	組合なし．年4回職場代表と話し合い．
雇用なし．結果的に，マレー人の比率が高くなっているが，合弁相手のHICOMの要請ではない．	インドネシア人が17%．受注変動に合わせて導入．	？	インドネシア人25%（毎年100人採用）．	現在雇用中止（かつては1500人雇用，インドネシア人，バングラデシュ人）
40%（金額）．ローカル企業はそのうちの3割．樹脂やゴムなど．	日本からの購入がほぼ100%（金額）	日本からの購入がほとんど．ユーザーによって認定された材しか利用できないため．	部品はゼロ．工場の消耗品は現地で購入．	マレーシア産の部品は31.2%（2001年度）．そのうち，ローカル企業は50%．モジュール部品の組み立てと成型品を購入．
QAV(Quality Assuarance Visit)実施．品質チェックのための訪問活動．第1段階はISO，QS9000などの取得状況をチェック．第2段階は具体的な部品の品質・納期をチェック．SMITECへの協力活動．	監査，指導・フォローアップ．取引前に対象企業のQC，生産技術担当者を呼んで2〜3カ月指導．加工外注あり（金型パーツと射出成型）．今後，外注拡大．			サプライヤーへの指導は日常化．170社と取引．認定制度（試作品による）．金型も外注．近郊についてはJIT導入．
CKD生産．	金型設計，日本とオンライン．		工程設計のみ．基本設計は日本．金型や治工具は内製．	R&D移管計画あり．もっとも，全面的な移管は困難．
世界を6地域に分けて，統括会社と工場を配置．アジア・オセアニア地域担当（統括企業はタイ）．マレーシアは東南アジアではタイに次ぐ市場．	顧客の進出に合わせて進出．技術力と新規部門参入で生き残りを図りたい．マレーシアは賃金が高いため，特殊な技術をもたないと進出する意味がない．アセンブリーだけを行う企業は撤退していくのではないか．	日本は高付加価値品，マレーシアは汎用品生産という位置づけ．中国との競争が激化．	当初はシンガポールの分工場．部品加工のメイン工場．人的資本の蓄積（自動機オペレーターの確保）でマレーシアは優位．自動機を多く利用しても，賃金コストが低いことは重要．	シンガポールの分工場として設置．ビデオの加工場．中国に対しては，高品質と少量多機種で対処．セル生産の導入は重要．

表Ⅱ-1（つづき）

JB 3	JB 4	JB 5	JB 6	JB 7
1986年	1989年	1989年（1990年）	1986年	1991年
ジョホール	ジョホール	ジョホール	ジョホール	ジョホール
LMW	LMW	LMW	LMW ?	LMW
キーボード，リモコンなど	電子タイプライター・パソコンなどの部品	DVD-RW，DVC，VTR	オーディオ，ビデオ，コンピューター部品	回路用基盤，フィルム，絶縁被覆財
1366人（約80%）	約2500人（約80%）	1723人（69%）	573人（93%）	361人（12%）
6人	15人	11人	4人	9人
テクニシャン，ラインリーダーを対象に独自のMPSの教育を実施．10年くらい前に導入．日本からトレーナーを招聘．	人事部で訓練活動集約．テーマやクラスに関して，年間リストあり．各部門から訓練対象者を選定．多岐にわたる訓練．新規採用時はOJT．外部機関，HRDF も利用．	職制とランクによって体系化．ISO9002取得（1994年）によって体系化促進．オペレーターはOJT中心．HRDFも利用．	社内訓練はマニュアル化．「教育室」設置（社員が講師），OJT中心．社外訓練にも参加．HRDFも利用．	各職によって体系化．社外訓練あり．HRDF利用．各従業員の訓練記録作成，3カ月後に訓練成果をチェック．
星取表を利用して多能工化推進（とくにハンダづけ）．	生産の増減に対応して推進．職場にスキルマップ提示．セル生産導入．	現在のテーマの1つ．生産変動に合わせて，ローテーションを模索．セル生産導入．	6~7年前からセル生産導入，多工程持ちを追求．離職率がネック（訓練コストが回収できないため，1人生産困難）．	ローテーションには消極的．作業指示書を忠実に遵守させることが目標．
活発にQCC活動．全員参加．勤務時間内．海外工場相互に競争．年1回発表会．表彰制度あり．カイゼン提案も実施（テーマを提示）．	QCC300グループ登録．マレーシアの全国大会にも参加．勤務時間内の実施．目標はリーダーによる指示もあり．提案制度もあり．	月1回実施．1グループ30人．トップダウンに目標設定．全員参加．年1回発表会実施．報奨金あり，専門チームによるカイゼン活動も実施．	セルが活動単位．作業の流れとして活動．カイゼン活動あり（アンケートボックス設置）．MDが目標設定，通常業務として全社的にカイゼン追求．	なし．カイゼン提案活動は1999年から実施．提案数月25件，表彰，報奨金制度あり．
企業内組合あり（10年前に従業員の要望受け入れる）．日本本社も組合結成を歓迎．昇給・昇格は経営権．マレーシアにおける労使関係のモデルケース．	組合なし，協議会もなし．組織的に意見を吸い上げることはしていない．	EIWUによる組織化．組織率70%．協約は3年に1回改定．スト禁止．	組合なし．協議会もなし．要求を吸収するチャネルはある．	組合なし．組長会議で意見集約．社長スピーチを頻繁に実施，会社の意向を周知徹底．
インドネシア人を300人．その他にバングラデシュ人．	インドネシア人を400人（人材派遣会社からも800人）	インドネシア人45人．	導入経験なし．サバ，サラワク州からの出稼ぎ者はいる．	導入なし．
金額ベースで98%（ローカル企業が60%，華人企業）．成形品，プリント基板，梱包品，ゴム，ラベル，ねじなど調達．	部品点数ではマレーシアで7割（そのうち，6割がローカル企業から）．	生産品目による差異が大きい．VTRはマレーシアが63.3%（金額ベース）．DVD-RWは日本が49.2%．	金額ベースで28%．ローカル企業からは14%．プラスティック成型の加工外注あり．	金額ベースで10%．日本からは45%．化学工場が少ないため，前工程の部材は日本から調達．
ローカルサプライヤーは160社．事業計画の説明会．認定制度．格づけあり．ISO取得，コスト削減要請，ワースト3サプライヤー会議．	IQC（Incoming Quality Control）重視．SQD（Supplier Quality Development）による体系的指導．認定制度，格づけあり（点数制），表彰あり．	ローカル企業80社と取引，Qが大きな問題．人を派遣して指導．ローカル企業との取引は長いところで7~8年くらい．	10年くらい取引がある会社と月1品目品質ミーティング．ISO取得が取引の条件，認定制度，格づけ制度あり．	タンクなどはローカル企業から購入．
設計は日本で行い，製品への作りこみは海外で行うことが基本戦略．現在，簡単な設計やモデルチェンジを開始．今後は，開発・設計の全面移管も検討中．		基本的には日本．設計・開発の専属会社をマレーシアに設置．		
キーボード，リモコンの主力工場．ユーザーの集積により進出．リスク分散により，中国への集積には制約あり．	アメリカ工場向けの樹脂成型からスタート．中国に対するリスク分散の位置づけ．自動化も戦略の一つ．シンガポールに近いこととインフラの充実が進出理由．	マレーシアの強みは部品などのインフラが整備されていること．競争相手になる企業が存在しないこと．もともと，農村地域で労働力確保が容易だったことと港への近接が進出理由か？	シンガポールの衛星工場として進出．最初の海外工場．顧客の近くで部品供給できることがマレーシアのメリット．	アセアン地区への製品供給工場という位置づけ．顧客対応の進出．中国だけに集約しない．人件費比率が低いため，中国に集約する必要なし．

II. 多国籍企業の戦略動向──日本企業はなにをしているのか

	JB 8	JB 9	JB10	JB11
	1989年	1990年（1991年）	1990年（1992年）	1987年
	ジョホール	ジョホール	ジョホール	ジョホール
	LMW	LMW ?	LMW	LMW ?
	TV, テレビデオ, TVDVD	カーオーディオ, ホームオーディオ	オーディオ, ビデオ組み立て	携帯電話（CDMA方式）
	1424人（58%）	1672人（76%）	4094人（77%）	1507人（83%）
	11人	19人	24人	6人
	オペレーターについては, 入社後3～4日OJT実施. その後, 不良を出すたびにトレーニングルームで再訓練. HRDF利用. 外部講師による研修あり.	入社後1週間がトレーニング期間（就業規則, 5S）, 最近導入（徹底化）. 試験も実施予定（離職率が高いため, あらかじめ選別）. 外部派遣, 講師招聘は直接部門以外が対象. HRDF利用.	オペレーターは導入教育3日間ののちOJT. 訓練はラインリーダーが対象（自由参加）. TSC（Technical Skill Committee）組織, テクニシャン対象に技能競技会. 外部研修（社内の研修センター）あり. HRDF利用.	入社後, 数日間研修センターで導入教育（会社のルール, ハンダづけ, ねじ締め）. 年間の訓練スケジュールを作成. 外部機関での教育も頻繁. HRDF利用. オペレーターはOJT中心.
	意向はある, 検査などは半自動化志向だが, 設備投資のコストは減らしたいため, 大量生産のため, セル生産はなし.	ローテーションを実施. 日本ほど頻繁ではない. セル生産それ自体は導入していないが, コンセプトは反映させている.	セル生産の導入に合わせて追求する必要あるが, 離職率が高く困難に直面. 人に依存しないシステムが必要.	セル生産に対応して, 追求. 組み立てはすべてセル. 1人セルは無理（責任感が日本とは異なる）.
	QCサークル, 全員参加. ボトムアップ. 年1回, 企業グループで発表会. カイゼン提案も実施. 報奨金あり.	現在, 休止中. カイゼン提案もない. 基本的にボトムアップではなく, 目標管理（マネージャー以上が対象）. 生産性向上, リードタイム短縮が大目標.	QCCC（Quality Control Circle Committee）を組織して徹底. リーダー層が中心. オペレーターの参加は困難（勤務時間外はバス通勤がネック）. 2～3年前から活発化. 日本の大会にも参加. カイゼン提案制度あり（ただし, 提案はわずか）.	Special Task Groupを6つ設置, 2001年から導入. 専従者もいる. 工程をつねにパトロール. 一般ワーカーは参加せず. カイゼン提案制度なし（会社方針に合わせて, 実践プラン策定）. 労働者巻き込み型ではない.
	組合なし. 各職場で苦情を集約, 人事部長が対処. マネージャー以上については, 毎朝ミーティング.	組合なし. 月1回, 優秀な職場・個人を表彰. 苦情は職制を通じて吸収.	組合なし. MECC（Management Employee Communication Committee）組織. 福利厚生に関する申し立て. 労働問題は議論せず.	企業内組合を設置. 会社主導, 外部団体との関係なし. 3年に1回協約改定.
	約380人がインドネシアおよびネパール人. 前年に300人が帰国.	約720人（43%）が外国人. インドネシア人女性とミャンマー人男性.	インドネシア人約800人.	3割がインドネシア人. その他, コントラクトワーカーが100人.
	マレーシアのローカル企業との取引は36社. 金額では2割未満. ダンボール, ラベル, プレートなど購入.	マレーシア（ローカル企業）からは35%. ちなみに70社. 電子部品も購入.	金額ベースでは47～48%. ローカル企業との取引は170社.	金額ベースで3～4%. 日系企業がほとんど. プラスティック成型. ローカル企業との取引は2社.
	監査を行って認定. 指導は部品の技術レベルが低いため, 不必要.	部品不良に関して, IQC以外にも直接出向いてカイゼン指導を実施. マレーシアでもJIT可能（箱, 板金など量がかさばるもの）.	協力会はなく, 個別に指導. 格づけ, QCDの評価を点数化（定期的に再評価）. 60点以上合格, QとDが問題.	IQI（Incoming Quality Improvement）活動の一環として個別指導. ISO取得にともなって, ヴェンダー監査.
		1999年にR&Dセンターを設置. しかし, リストラにより撤退.	R&Dセンターあり. ソフト開発と設計. 設計はすべて担当. 270人体制（日本人1人）.	
	シンガポールに近く, 労働力が良質であることが進出要因. テレビの主力工場. 基盤は中国で生産, ワーカーのレベルも考慮して, 組み立てはマレーシア. リスク分散の発想.	カーオーディオの主力工場（ホームオーディオは上海に移管中）. MDも日本にしか限定されるうえに, 機械加工が多く, 労働者も優秀在だ. マレーシアの優位は低賃金とインフラ整備, および政情安定.	主として, 製品ごとに拠点を配置. アジア地域では賃金水準に対応している傾向あり. R&D能力も重要. 中国では開発無理.	1987年に人件費が高騰したためシンガポールから製造だけ移管してスタート. 賃金高騰に合わせて, 高付加価値化志向（オーディオから携帯電話にシフト）. 携帯電話のメイン工場.

KV7やKV12も大規模なR＆Dセンターを設置している．このように，マレーシアという社会はNIDLにおいて想定されるような単なる生産拠点としての位置から乖離して，R＆D部門を設置するような，多国籍企業にとってより重要な拠点に変貌しつつある傾向が一定程度確認できる．

②生産システムの効率的再編に関連した自動化あるいは資本集約度の上昇については，グローバル化の進展にともなう競争の激化が影響を与えているように思われる．すなわち，自動化にともなう設備投資の増大とその結果としての固定費の増加は，グローバル化による競争の激化に対処するために，市場の動向にリンクしたフレクシブルな生産を追求する戦略に抵触することになる．

一方で，1980年代後半から1990年代前半を対象にした調査研究の多くは，マレーシアにおける生産システムの資本集約化を指摘してきた．今回の調査研究においても，PN1，KV3，KV4，およびKV5といった半導体のアセンブリーを行う工場においては，ほぼ全工程が自動化されているし，一貫生産を志向する過程で導入されてきた，電機製品に使用されるプリント基板（Printed Circuit Board, PCB）の製造には，自動機が導入されていることを確認できた（PN3，KV7，KV8，KV10，KV12，ML3，JB2，JB4，JB5，JB8，JB9，JB10，JB11など）．

しかし他方では，生産の戦略として明示的に自動化を掲げている工場は，KV1，KV2およびJB4にとどまった[7]．こうした傾向に，先に指摘したジレンマが垣間見られよう．この論点に関しては，日本企業の進出時期と生産設備の関連，およびセル生産（cell production）の導入と自動化との関連という問題として後にあらためて分析しよう．

③調査を行った工場のほとんどすべてにおいて，技能訓練の体系的整備が行われているか，あるいはそれに向けた模索が行われていることが確認できた．人的資源開発基金（Human Resource Development Fund, HRDF）[8]についても，ほとんどの工場で利用されていることが確認された．さらには，PN1のように操業当初から技能訓練を整備してきた工場は必ずしも多くはなく，PN3，KV3，およびKV5のように，進出時期が相対的に早いにもかかわらず比較的

近年になってから技能訓練の整備を行っている工場も少なくない．このことは，グローバル化の進展にともなって，マレーシアにおける生産がNIDLにおいて想定されていた不熟練労働者にばかり依存した生産からより技能レベルが高い労働者に依存した生産へと変化しつつあることを一定程度裏付けるものといえよう．

もっとも，女性労働者比率が80％を超える工場が10社，70％を超える工場では21社を数えることから窺えるように，電機産業における生産過程は依然として労働集約的な性格が強く，技能訓練の重点的な対象も女性の一般的労働者ではなく，金型製造を担当したり，設備を保全したりするエンジニアあるいはテクニシャンと呼ばれる(男性)労働者であることが多い(KV6，ML 6 など)．

多能工化についても，セル生産の一環として，多くの工場において追求されているものの，他方で移民労働者(外国人労働者)や契約労働者(contract worker)の導入も進められており，その進展には一定の制約がともなっている．ここでは，フレクシブルな生産システムの一環としての多能工化の追求にとって，同じくフレクシビリティを実現するために「有期雇用」の労働者を動員することが桎梏となっているのである．

例えば，移民労働者は最大でも5年契約だし[9]，PN4の事例に端的に現れているように，短期間で退職する労働者に対して十全な訓練を施していては訓練コストも回収されないであろう．移民労働者を雇用している(あるいは雇用経験がある)工場が全体で27社に上り，JB8やJB9にみられるように労働者全体に占める比率が極めて高い事例もあることは[10]，こうした制約が一般的傾向として指摘できることを示唆しよう．

④多くの調査対象工場において，労働者の「関与」を模索する傾向が確認された．例えば，小集団活動については28社においてなんらかの取り組みが実施されているか，過去において実施された経緯があり，とりわけ1990年代の後半以降にそうした取り組みが強化されていることが窺える．小集団活動の形式についても，日本のものと似ていることが多く，表彰制度の存在や社内発表会の実施，さらには外部大会への参加なども行われている．例えば，

全調査対象企業のなかで最も進出時期が早いPN5は，2001年になって小集団活動を再開している．この事例においては，グローバル化のもとでかつての海外主力工場の位置から中国工場のサポート工場へと全社的な"地位"が降格したことを背景として，競争力の強化が意図されているものと思われる．
このように，グローバル化の進展とそれにともなう生産システムの効率的再編のもとで，各企業とも労働者の「関与」を高めようとしているものの，そこには一定の制約も存在している．例えば，多くの工場では，小集団活動の実施に際して日本と異なり，勤務時間外に実施して一部には残業手当を支給したり，全員参加で実施する事例も少なかったりする（確認できた限りでは，10社程度にとどまっている）．

さらには，本来は生産労働者の「創意」を調達することが小集団活動の目的であるにもかかわらず，活動は労働者からの「ボトム・アップ」として行われるのではなく，経営から活動目標があらかじめ提示される「トップ・ダウン」の形式をとった「目標管理」の一環であることが多い（例えば，KV5，JB4，およびJB5など）[11]．この点は，小集団活動への参加者がしばしばリーダークラス程度までの上位の職階に限定されて，全員参加に至らないことの原因になっている[12]．

それでは，視野を拡大して労使関係全般についてみるならば，労働者の「関与」を拡大する方向に向かって編成替えが行われているのであろうか．調査対象企業について，労働組合が組織化されている企業は14社であった．そのうち，電機産業労働者組合（Electric Industrial Workers Union, EIWU）などの産別組織を背景にした組織化は7社で確認された．これらの企業においては，3年に1回，組合と賃金テーブルを含めた協約の改定交渉を行っている．日本企業の経営者は総じて，こうした産別組織の要求に対しては批判的である．要するに，長期的なヴィジョンを欠いた刹那的な要求を提示するばかりだというわけだ．

もっとも，日本企業が労働組合を容認する姿勢をまったく示していないというわけではない．日本企業の戦略としては，「関与」を基調とする「協調的な」労使関係が模索されていることは，企業内組合（in-house union）の結成

を容認する企業が増加しつつあることから確認できよう．企業内組合が組織化されている7社の多くは，2000年ごろから組織化が進められており，ML5やJB11にみられるようにしばしば会社主導で組織化が行われ，明示的に「労使協調」が目標に設定されている．

しかし他方では，調査対象企業の過半数が組合に組織されていないことも確認しておかなければならない．そうした工場のなかには，「労使協議会 (Joint Consultative Committee, JCC)」の定期的な開催が制度化されている事例もある．ところが，JCCにおいては，昇進，雇用，解雇，あるいは賃金などの労働問題はまったく協議の対象にはならない．職場の代表者と社長をはじめとする経営者との協議内容は，キャンティーンやトイレの改善などの経営にとって副次的な事項に関するものである．

しかも，JCCにおいて労働者から提示された要求を採用するかどうかの決定は，経営の裁量にゆだねられている．加えて，多くの工場においてはそうしたJCCでさえ存在せず，職制が適宜苦情や要望を集約して対処している．このように，小集団活動の実施状況も含めて，「関与」を基調とする労使関係の構築には制約があり，依然として「専制」によって特徴づけられる労使関係がとり結ばれていることも確認される必要があろう．

⑤調査対象企業の多くにおいて，ローカル企業への資材調達がかなりの比率に上るとともに，ローカル企業との関係構築が進展していることが確認された．いわゆる現地調達率についていえば，金額ベースでみた場合には，PN4，KV6，ML1，JB3といった企業がマレーシアにおいて70％を超える割合の資材・部品を調達しており，点数ベースでみた場合には，PN5，KV6，JB4といった企業が同じく70％を超える割合の資材・部品を調達している．なかでも，KV6，JB3およびJB4におけるローカル企業からの購入が，60％を超える水準に達していることは注目に値しよう．こうした傾向は，マレーシア国家による政策的要請を満たしており，企業間関係の構築と自生的企業の育成に向けた，国家による政策が実効力をもちつつあることを一定程度裏書きしよう．

さらに，企業間関係の構築が進展しつつある企業のほとんどにおいては，

いわゆる品質・コスト・納期(Quality, Cost, Delivery, QCD)の改善を目指したサプライヤーに対する継続的な指導が実施されていることが確認された．例えば，取引を開始するにあたっての認定制度(PN1, PN3, KV4, KV12, ML6など)，優秀なサプライヤーに対しての表彰制度(KV4, KV6)，サプライヤーに対する点数化された評価と格づけ(KV6, ML1, JB3, JB10)，および成績が悪いサプライヤーに対する重点指導(KV8, JB3)など，ほとんど日本において実行されている内容と異ならない．

こうした企業間関係の構築は，しばしばISO9000シリーズの取得にともなう条件として整備された経緯が確認される一方で，マレーシアにおける政策的な関係形成のための制度がそれに関与している．すなわち，ヴェンダー育成プログラム(Vendor Development Program, VDP)と中小企業育成公社(Small and Medium Industries Development Corporation, SMIDEC)がそれである[13]．JB10なども，SMIDECの要請に基づいて積極的な育成対象となるべきローカル企業を推薦している．

多くの進出企業にとって，マレーシアを拠点として選択し続ける理由が産業の集積と資材調達の容易さであることは(KV8, KV10など)，これらの企業で現地調達の要請が高まっていることを象徴するとともに，こうした多国籍企業の要請と対応するかたちで，国家の政策が企業間関係の構築に一定程度寄与している状況をみて取ることができよう．

しかし，こうした関係構築においても制約がともなうことも指摘しておかなければならない．あとで比較分析を試みるように，産業のタイプによってはNIDLにおける状況と変わりなく，資材・部品の調達はほとんど日本や第三国に依存しているし，現地調達が高い比率に及んでいる企業においても，ローカル企業に発注される部品はプラスティック成型や板金など比較的低い技術水準のものにとどまっており，高度な電子部品などはやはり日本に依存する傾向が強い．

そのうえ，日本企業の現地工場とサプライヤーとして取引関係を構築しているローカル企業はまったくといってよいほど華人企業であるという．要するに，マレーシア社会における既存のエスニシティ関係が克服されないまま

存続しているわけだ．以上のような制約を克服することが，post-NIDLへの転換が進展し，マレーシア社会が半周辺化する際には不可欠であることも確認されよう．

(3) **比較分析**

以上，われわれは理論的仮説に則して調査によって得られた知見を検討し，マレーシアにおける日本企業の現地工場の一般的傾向を確認してきた．以下では，分析をさらに深めるために，いくつかの項目に関して比較分析を行ってみよう．

①産業による差異

すでに注記したように，今回の調査において対象となった工場は電機産業に属するものが多かった．しかし，電機産業においてもオーディオを含めた家電の組み立て，半導体の組み立て[14]，および部品製造の3グループに大まかな区分が可能である．まず，これらのグループにおいて検討してきた項目に関して何らかの差異が確認できるであろうか．第1に，半導体の組み立てにおいては現地調達率が低いことが指摘できよう．半導体の生産は，よく知られているように大別してシリコンウェハーを生産する「拡散工程」あるいは「前工程」とウェハーをダイス(dice)して様々な半導体の組み立てを中心とする「組立工程」あるいは「後工程」から成り立っている．この際，「前工程」は空気中の不純物が極限まで排除されたクリーンルームにおいて生産が行われ，工程の技術集約度と自動化率が極めて高いのに対して，「後工程」は自動機の導入が進められているものの，検査工程に代表されるように，従来から労働集約的な工程が多いとされてきた．

マレーシアにおいては，周辺社会においてよく知られているように，技術集約的な「前工程」ではなくどちらかといえば労働集約的な「後工程」が移転されている．したがって，マレーシア工場において必要な資材はシリコンウェハーそれ自体となり，マレーシアにおける自生的企業がそれを生産する能力がない以上[15]，日本などから調達せざるをえないのである．このことは，半導体などの先端産業にとっては，マレーシアは依然として単なるアセンブ

リーのための拠点に過ぎないことを明示している．

第2に，半導体の組み立てにおいては，労使関係がより「専制」的な性格を保持しているといえるかもしれない．マレーシアにおける日系半導体工場のすべてにおいて，労働組合が組織されていなかった．これは，パイオニア条項(Pioneer Ordinance)に該当する産業においては労働組合の結成を認めないという，マレーシアにおけるかつての労使関係政策を反映するものであるとともに，家電組み立てなどの業種においては組合結成の動きが容認されているにもかかわらず，より先端的でマレーシアの発展にとって重要な半導体などの業種においては，NIDLにおける想定がより強固に継続していることを示唆している．

②地区による差異

今回の調査では，ペナン地区，クラン・ヴァレー地区，マラッカ地区，およびジョホール地区の4つの主要な産業集積地を対象にしている．ここでは，進出した日本企業の現地工場における内的な関係に注目して差異の実態を探ってみよう[16]．これらの4地区における差異としては，マラッカ地区への進出企業が相対的に海外戦略において遅れをとり，他の進出企業との競合を回避するために，この地に拠点を選択している傾向が確認できよう．

表II-2 (p.53)は，調査を行った企業の賃金(初任時の基本給，初任給総額，平均賃金)，離職率および欠勤率を確認できた限りで一覧にしたものである．この表からも明らかなように，マラッカ地区は他の地区に比べて相対的に低賃金であるように思われる[17]．なかでも，ML3においてこの傾向は顕著である(この工場はムアルに立地している)．ML3における聞き取りによれば，「賃金原資を増やすことなく，賃金を調整してきた[18]」という．要するに，労働者によっては減給および降格を迫られているわけだ．この点は，他の多くの工場が減給および降格を制限する労働慣行に苦慮しているなかで[19]，そうした制約を逃れている点で特筆に値しよう．

さらに，マラッカ地区においては，ML2やML4といった相対的に小規模工場の事例にみられるように，とりわけ技術部門や間接部門の「優秀な」人材の確保に苦労する傾向がみられる．ML4における聞き取りによれば，管理職

表Ⅱ-2. 賃金・離職率・欠勤率

項目／企業名	PN1	PN2	PN3	PN4	PN5	PN6	PN7	PN8
初任給（基本給）	----	470RM	450RM	450RM	450RM	350RM	600〜800RM	455RM
初任給（手当込）	----	----	600RM	----	----	630RM	----	700RM
平均賃金	670RM	----	800RM	----	600RM	----	1300RM	1000RM
離職率	10%	3%	3.8%	5%	4.94%	6.18%	9.5%	18.2%
欠勤率	5〜7%	2%	7.8%	0.3%	0.35%	2.95%	9%	7%

項目／企業名	KV1	KV2	KV3	KV4	KV5	KV6	KV7	KV8
初任給（基本給）	450RM	460RM	460RM	----	----	450RM	470RM	450RM
初任給（手当込）	600RM	----	----	450RM	500RM	----	----	----
平均賃金	----	----	----	----	800RM	----	----	----
離職率	0.78〜4.53%	2.5%	16.5%	2%	1%	5%	7%	1%
欠勤率	0.01%	0.28%	?	8.1%	5%	1%以下	5%	7.7%

項目／企業名	KV9	KV10	KV11	KV12	ML1	ML2	ML3	ML4
初任給（基本給）	450RM	420RM	550RM	530RM	450RM	320RM	340RM	380RM
初任給（手当込）	----	540〜550RM	1000RM	750〜800RM	----	420RM	440RM	480〜490RM
平均賃金	600RM	600RM	1000RM（基本給）	1700〜1800RM（従業員）	700RM	500〜600RM	833RM（従業員）	----
離職率	4%	101.7%	22.6%	0.5%	3.62%（月平均）	1%	21.6%	24%
欠勤率	8%	0.14%	3.96%	5%	1.5%	0.0007%	0.62%	1.6%

項目／企業名	ML5	ML6	ML7	JB1	JB2	JB3	JB4	JB5
初任給（基本給）	575RM	370〜380RM	?	513RM	----	450RM	410RM	385RM
初任給（手当込）	1000RM〜	----	?	----	800RM	----	----	----
平均賃金	----	----	?	650RM	----	----	----	600RM
離職率	3.43%	6%	?	2.1%	2.22%（月平均）	5%	2〜3%	8%
欠勤率	1.8%	4%	?	0.5%	1.54%（月平均）	3〜4%	?	8%

項目／企業名	JB6	JB7	JB8	JB9	JB10	JB11
初任給（基本給）	400RM	430RM	600RM	420RM	430RM	415RM
初任給（手当込）	520RM	----	----	----	----	613RM
平均賃金	800RM	----	800RM	600RM	900RM	500〜600RM（基本給）
離職率	26%	1.35%	0.98%（2003年12月）	5%	50%	6.6%
欠勤率	10%	0.37%	11.8%	7%	11%	0.6%

を務める人材をクアラルンプールからリクルートしようとしても「"地方"で働くのはいやだ」からという理由で断られることが多いという．このように，マラッカ地区は労働力の特性および利用のあり方の点で他の地区と異なっているように思われる．

③時期による差異

調査を行った企業の進出年代を比較すると，2つの時期に大別できるように思われる．すなわち，1970年代に進出した企業と1980年代後半以降に進出した企業とに区分できる．こうした進出時期によって，企業の活動あるいは戦略に差異は確認できるであろうか．マレーシアにおいては，1972年にペナン地区に初めてFTZが設置され，輸出志向型工業化が本格的に開始されている．日本企業に関していえば，松下電器がマレーシアの国内市場向けの生産を目的として早くも1965年に進出しているものの[20]，1970年代以降に進出した企業の多くは輸出志向型工業化に合わせた「再輸出」を目的としており，1980年代以降の進出企業に至っても基本的にはこの傾向は変わらない．

1970年代までに進出した企業についてみると，いくつかの工場においてグローバル化が進展してきた時期に本章で検討したような戦略における変化を顕著に確認できよう．例えば，PN5については2001年に至って小集団活動を再開しているし，KV1とKV2とはそれぞれ2001年と2000年に企業内組合を容認し，労働者の「関与」を基調とした労使関係を模索していることがみてとれる．KV5も1999年になってようやく，労働者の技能形成に向けて技能訓練を体系化してきているし，この点はKV6においても同様である．

これに対して，1980年代後半以降に進出した企業はグローバル化それ自体が進出契機であり，進出してから早い段階で上記のような試みを展開しつつあるようにみうけられる．これらの企業においては，進出時点において競争の激化に直面しており，戦略を変化させた結果というよりも"既定方針"としてこれらの試みが導入されているのであろう．言葉を換えていえば，グローバル化にともなうNIDLからpost-NIDLへの変化をもたらす多国籍企業の戦略変更は，1970年代までに進出した企業においてよりいっそう明確に確認できるといえよう．

3. 生産システムと技能形成——自動化とセル生産をめぐって

以上,われわれは日本企業の生産戦略について,その一般的傾向といくつかの比較分析を試みて,post-NIDL への転換と半周辺化の進展の可能性について検討し,その展望と制約を確認してきた.ここでは,こうした展望と制約に関連して,より個別的な問題を検討しよう.すなわち,post-NIDL への転換において想定されている生産システムの自動化傾向と,それに関連したセル生産の位置づけあるいは評価の問題がそれである.まず,自動化の進展と労働者の技能形成との関連について考察しよう.

(1) 自動化

既存の研究においては,1980年代後半以降,マレーシアに進出している多国籍企業の現地工場においては,生産システムの自動化とそれにともなう資本集約化が進展していることが繰り返し指摘されてきた(e.g., Rasiah, 2001).この点に関しては,今回の調査においても基本的には裏付けられているものの,その評価に関しては一定の留保が必要かもしれない.それというのも,電機産業に属する日本企業が1980年代後半以降にマレーシアに進出した時点においては,すでに標準的な生産システムに不可分な形で自動機が組み込まれており[21],あえて戦略的意図をもって自動化を進めるまでもなく,自動機を移管することが当然のことであったからである.言葉を換えていえば,このような自動化は必ずしもグローバル化に対処する戦略に依拠した賃金上昇への対策の結果ではなく,いわば意図せざる結果に過ぎないということだ.

もっとも,自動化の進展の結果,テクニシャンやエンジニアといわれるメンテナンスを担当する労働者への技能育成は強化されていることは窺えよう(例えば,PN7, ML3, JB3,および JB10 など).この点では,自動化の進展によって労働者の技能形成が進展していることは一定程度裏書きされよう.しかし,一般の労働者の技能形成についてはどうであろうか.この点については,セル生産と合わせて検討しよう.

(2) セル生産

①理念

かつて，1980年代において日本企業の生産システムを特徴づけていたものの1つは，ME(Microelectronics)化という趨勢であった．コンピューターが生産過程に大幅に導入され，市場における消費動向と生産システムがオンラインで同期化された「コンピューター統合生産(Computer Integrated Manufacturing, CIM)」がフレキシブルな生産システムの1つのモデルとされていた．ところが，1990年代においては，CIMなどにともなう大規模な設備投資はかえって変動が激しい市場の動向に合わず，その導入は躊躇されるようになった．それに代わって，注目されるようになったシステムがセル生産にほかならない．

セル生産においては，以下のような特徴が指摘されてきた[22]．①大量生産を支えてきた大規模な設備投資とその結果としての長大なベルトコンベヤーラインの敷設と自動化の拡大とが，市場動向に迅速に対応して生産を変動させなければならなくなった企業にとっては，いまや桎梏となっているという認識を背景にして，コンベヤーラインや自動機などの設備を極力排除し，作業にあたる労働者のマニュアル労働に依存した生産(「人に依存した生産システム」)を志向している，②セル(cell)という名称が体現するように，全般的にラインの長さを短縮するとともに，しばしばU字型にラインを設定している，③作業にあたる労働者は一般に立ち作業を基本とし，複数人でラインに配置される場合には[23]できるだけ間隔をつめて作業を行う，④作業にあたる労働者が扱う部品点数は一般に従来よりもかなり多く，労働者に高い技能レベルが求められるとともに，省力化も図られている，⑤セル生産においては，ラインが短縮されるうえに部品のインプットと製品のアウトプットが同期化することによって，いわゆる「仕掛かり在庫」[24]が減少するとともに，立ち作業によって労働者の可動域が増加し，生産性の増加が実現される．

確認してきたように，オーディオ製品の組立メーカーなどにおいてはマレーシア工場を主力工場に位置づけている企業もあり，日本国内で導入されているセル生産は当然のことながらマレーシアにおいても導入が模索されるこ

とになっている．セル生産が導入されることになれば，賃金上昇にともなって生産システムの資本集約度が高まるという理論的想定には必ずしも帰結しないことになる．しかし，セル生産においては個々の労働者の技能レベルを高めることが求められるために，労働者の技能訓練が整備されるという想定はまさに妥当することになる．

②効果

それでは，具体的なセル生産の導入実態について，事例を通じて概観してみよう．今回の調査で確認される限りでは，KV7は意欲的にセル生産を導入している事例といえよう．例えば，カセットのメカニズムを組み立てる工程では，すべての作業を1人で行うセルラインが構築されている（ライン当たりの労働者数は2人）．作業は，①基礎作業（部品取りつけ），②精密作業（駆動系組立），③工具使用作業（ハンダづけ，ねじ締め），および④最終確認作業（調整，検査，記録）の4工程がU字型に配列されており，作業にあたる労働者が作りかけの製品をもって各作業テーブルを移動して定められた作業を行い，最終的に組み立てたメカニズムの検査までを1人で行う．作りはじめから完成品の検査までを1人で行うことによって，「達成感をもたせることができる」という．

このセルラインの場合には，生産効率については1人当たり100台から150台へと1.5倍になり，品質については不良率が1.5%から0.7%へとほぼ半減し，仕掛り台数についても50台から2台に減少している．それに加えて，ラインがコンパクトに圧縮されたことにより，作業スペースは従来の80%に縮減したし，設備のメンテナンスにかかるコストの割合も0.4%から0.2%に減少した．他方で，1人の労働者の作業時間（タクト・タイム）は多工程持ちの結果として20秒から150秒に伸びている（作業に習熟している労働者は，100秒から120秒で作業を完結するという）[25]．要するに，セルライン導入による省力化と生産性上昇の効果は著しいというわけだ．

さらに，KV7においては，PCBへの大型部品の装着工程にもセルラインが導入されている．従来の直線ライン（「Iライン」）においては，1人単工程持ち，無作為な部品供給，重厚長大ライン，座り作業，および固定ラインレイアウ

ト設備を特徴とするのに対して，このセルラインにおいては，1人多工程持ち，部品の完全フロント供給，ラインサイズ削減，立ち作業，およびセミ・レイアウトフリー設備(ラインのレイアウトを極めてフレクシブルに変更可能)を特徴としている[26]．そのうえ，このセルラインにおいては1種類の基板だけではなく，3種類の異なる基板を同時に生産しており，労働者の手持ち部品点数も5～8点から30～40点に増加し，不良率も0.3％から0.2％に減少させることに成功している．加えて，セルラインの導入によって，労働者数も従来の1ラインにつき12人から9人へと減少し，省力化も果たされているのである[27]．

③制約

こうしたセル生産は，多くのマレーシアの現地工場において導入されているか，あるいは模索されているのだった(例えば，PN3, PN4, KV8, KV10, ML1, ML2, ML3, JB2, JB4, JB5, JB6, JB10, およびJB11など)．しかし，これらの事例からはセル生産の導入にあたって，しばしば大きな困難に直面していることも明らかになった．検討してきたように，セル生産の導入にあたっては，労働者1人当たりの多工程持ちにともなって多能工の育成が不可欠である．

しかし，KV10, JB6, およびJB10などの例にみられるように，離職率が極めて高い場合には[28](p.53表Ⅱ-2参照)技能訓練の成果が回収できず，多能工化さらにはセル生産の導入の制約になっている．製品がそれほど大きく(あるいは重く)ない場合には，セル生産に期待される省力化の効果をいっそう発揮するためには，1人の労働者がすべての工程を担当するタイプのものが望ましい．ところが，「作業者の多能工化が進まないために，品質にばらつきが出てしまう」という(KV10における聞き取り)．「現状では，一部にコンベヤーを残し，セルラインの導入は最終組立に限定せざるをえない．タクトタイムの短縮は追求せずに，工数も増やして1人当たりの生産台数も低めにした」(JB10における聞き取り)という声もある．

さらに，労働者の技能育成に関連して，「人に依存しないシステム」を模索する事例(JB10，あるいはML4)も注目される．それというのも，この事例は

(テクニシャンやエンジニアではなく) 一般の労働者の技能形成が進まないことによって[29], それだけいっそう資本集約化が進展する可能性を示唆するからである. つまり, この事例はセル生産の導入が試みられることで生産システムの自動化(資本集約化)にひとたびは制約がかけられたものの, セル生産に求められる多能工化が進展しないことを背景にして, 再びシステムの資本集約化が進められる可能性を示唆している. そうであるならば, セル生産によって媒介されるものの, 生産システムの資本集約化という当初の理論的想定の妥当性は高まることになる. しかし, この議論の成否は今後の動向に俟つほかはない.

④困難

さて, セル生産については, その経営サイドからみた効率性とその導入にあたっての制約だけではなく, 労働者サイドからみたその効果についても言及しておく必要があろう. 従来, とりわけ1人作業型のセル生産は, 例えば組立作業を1人で完結したり, 作業の自律性が高まったりするために, 「細分化された労働」から構成されるフォーディズム(Fordism)の難点を乗り超える新しい生産のあり方として評価されることもあった[30].

しかし, 今回の調査から明らかなように, セル生産は労働者に対して大きな負荷となっている. いうまでもなく, セル生産においては労働者の可動域を拡大するために立ち作業が採用されているからである. このことが, 座り作業による従来のライン労働よりも作業負担を大きくしている (KV10においては, このために離職率が高くなっているという判断もある)[31]. とりわけ, 組合に組織化されている工場においては, 立ち作業の導入によって争議が起こったり, あやうく争議になりかけたりしたことも明らかになった(PN3, PN4).

KV7などにおいても, 立ち作業導入にともない, 組合から労働強化としてそれに見合う手当を要求されている(聞き取りによる). そのため, KV7においては, ラインに背もたれをつけたり, 休憩時間を長くしたりして労働者への負荷を減らす方策を採っている. いずれにせよ, 高い離職率や争議の危機という困難を回避しなければ, セル生産の導入は進展しないし, そのためには労働者に対する負荷も軽減される必要があろう.

4. まとめ

　本章において，われわれはpost-NIDLへの転換とマレーシア社会における半周辺化の進展を実質的に担うことが期待される日本企業の戦略動向について，実態調査に基づいて検討してきた．その結果，検討した5項目からなる理論的想定は一定程度妥当することが確認されたものの，それとともに様々な制約が存在することも明らかとなった．グローバル化のなかで，マレーシアが半周辺化を達成する可能性は，こうした制約を克服できる程度によって規定されることになろう．

　さらに，グローバル化のもとで求められるフレクシブルな生産システムに関連して，資本集約度を高める自動化の試みと，むしろ労働集約度をいっそう高めるともいえるセル生産の導入との関連を検討してきた．自動化の進展とそれにともなう資本集約化は，新たな技能労働者を育成する必要を喚起するし，その結果として労働者の高賃金化が進むならば，半周辺化のメルクマール（の1つ）が満たされることになる．それに対して，セル生産は機械設備を簡便にし，労働者のマニュアル作業への依存度を高めるものの，労働者の技能レベルの向上と多能工化を要請することになろう．

　マレーシアに進出した日本の電機メーカーの現地工場で主として模索されている試みは，少なくとも現状では自動化ではなくセル生産であった．厳しい作業内容にも由来する労働者の高い離職率はセル生産導入の帰趨を占うとともに，労働者全般の技能形成の進展や生産システムの資本集約度に関して与える効果を見極めるという新たな課題も提起しているといえよう．

注

1 このうち，1社（ML7）についてはインタビューではなく，あらかじめ提示した質問項目に対して文書による回答を寄せてもらった．

2 こうしたタイプの調査を実施するにあたっては，あくまで対象企業の協力の程度にその成果が大きく制約されることになるし，そもそもマレーシアに進出している日本企業が電機産業に属するものが多いために，結果的に調査対象となった企業の多くは電機産業に括られるものになっている．さらに，調査で得られた知見についても，同様に対象企業の協力の程度によって"濃淡"があることをあらかじめ断っておきたい．

3 マレーシアでは，Free Industrial Zone という名称が採用されている．現在，マレーシア国内には17カ所の FTZ が設置されている．

4 LMW は，必ずしも FTZ に立地していなくても輸出入に際して関税を免除されている工場である．FTZ の場合には，一定の土地区画に対して輸出入関税が免除されるのに対して，LMW の場合には，個々の工場に対して輸出入関税が免除されることになる．マレーシア工業開発庁（Malaysian Industrial Development Authority, MIDA）によれば，LMW は「産業の地方分散化を奨励し，FIZ の設定が難しく，または望ましくない地域での工場立地を可能にするために」設けられた制度である．FTZ に進出している企業と LMW との差異は，前者の輸出比率が80％であるのに対して，後者のそれは60％であることに求められる．

5 クラン・ヴァレーはクラン（Klang）川が形成する峡谷一帯を指し，スンガイ・ウェイ（Sungai Way）やテロク・パングリマ・ガラン（Telok Panglima Garang）に位置する FTZ，シャー・アラム（Shah Alam），バンギ（Bangi），ニライ（Nilai）といった工業団地（industrial estate）など，クアラルンプール近郊の工業集積地の総称である．

6 これらの地区名称は，あくまで便宜的なものにすぎない．例えば，ペナン地区にはバヤン・ルパス（Bayan Lepas）やプライ（Prai）といったペナン州の FTZ のほかにも，ケダ（Keda）州に位置するスンガイ・ペタニ（Sungai Petani）の工業団地やクリム（Kulim）のハイテクパークが含まれている．同様に，マラッカ地区には正確にはジョホール州に位置するムアル（Muar）の工業団地が含まれているし，ジョホール地区についても必ずしもジョホール・バルの市内ではないバトゥ・パハ（Batu Paha），ポンティアン（Pontian），およびパシール・グダン（Pasir Gudang）などの工業団地も含まれている．

7 この点は，マクロデータに依拠した分析においても指摘されている．ルーカスとヴァーリ（Lucas & Verry, 1999: 196-202）は，労働者1人当たりの資本資産を資本集約度（capital intensity）として位置づけて，資本集約度の産業間比較を行った．それに

よれば，1980年代後半にかけて産業全体では著しい資本集約度の上昇を示しているものの，1986年から1991年についてみると，成長が著しい電機・電子産業においては必ずしも資本集約度は上昇しておらず，相対的に成長率は高くない非金属製品や輸送機械などが資本集約度を高めていることが明らかにされている．

8　HRDFについては，Ⅶ章において詳述される．
9　女性についてはインドネシア人が多く，近年ではベトナム人が注目されている．男性についてはミャンマー人，ネパール人などが多い．移民労働者については，Ⅷ章で詳述する．
10　もっとも，外国人労働者の比率は季節的な生産変動に関連しており，表Ⅱ－1（p.38〜p.44）に現れた雇用実態は当該工場への調査の実施時期によって大きく左右されることになる．
11　もっとも，KV5のシックス・シグマ活動に典型的にみられるように，日本においても「ボトム・アップ」を基本とする小集団活動は，グローバル化の帰結としての競争の激化を一因として停滞してきている．
12　いうまでもなく，全員参加に至らない原因としては労働者の離職率が相対的に高いうえに，移民労働者や契約労働者といった「有期雇用」の労働者の比率が高いことが，労働者側の参加意欲を下げていることにも求められよう．長期的に勤続する可能性が小さければ，生産システムの改良につながる提言を行おうとする意欲も少なくなろう．PN7，ML2，およびML4の事例にみられるように，小集団活動を「制度」として移植することも容易ではない．
13　これらの制度については，Ⅴ章において検討する．
14　今回の調査では，日本から進出している半導体工場のすべてにインタビューを実施することができた．
15　この点はPN7についても同様である．さらに，PN8，KV1，ML4，およびJB1といった原料の質が製品の質を規定するような業種においては，現地調達率が低くなっている．
16　これらの産業集積地における自生的企業のあり方とそれに関連した企業間関係（外的な関係）の差異については，「インフォーマル化（informalization）」という観点からⅥ章において詳論される．
17　当然のことながら，各地区の中心的な都市から離れるにつれて，賃金は低くなる傾向がある．
18　昇給，ボーナス支給，昇格・昇進に際しては，多くの工場で日本と同様の査定が実施されていた．もっとも，オペレーター（作業者）と呼ばれる一般労働者に昇進の機会は極めて限定されているし，間接部門についてはマルチエスニックな社会特性が反映されて，上長が自らと同じエスニック・グループの従業員を推薦しやすい傾向があるといわれ，必ずしも日本と同じシステムが機能しているとはいえない．

19 こうした立法に対して,マレーシアがかつてイギリスの植民地であったことから,イギリスにおける労働慣行の影響を指摘する向きもある.なお,イギリス政府による植民地マラヤの労働法制の整備については,香川(1995)を参照.
20 この時期の進出は,輸入代替工業化に対応したものである.
21 例えば,プリント基板(Printed Circuit Board, PCB)に電子部品を取り付けるチップマウンター(表面実装機)は多くの工場で進出時点から移管されている.
22 セル生産については,都留・伊佐(2001)および白井(2001)が参考になる.
23 セル生産においては,比較的小型で軽量の製品の場合などにおいては,1つのセルラインを1人の労働者で担当するタイプもある.この場合には,労働者が中間製品を手に持って各作業ポイントを移動しながら,1人で組み立てを行うことになる.
24 従来,コンベヤーを利用したラインに基づく生産においては,仮に個々の労働者の技能レベルが平準化されていても,ライン上における個々の作業の難易度に差異があるために,相対的に簡単な作業と相対的に困難な作業とではどうしてもタクトタイムに差異が生じる.他方で,ベルトコンベヤーは一定の速度で動いているために,難易度が異なる作業の間には中間製品が滞留する傾向が生まれてしまう.このような滞留品を「仕掛かり在庫」と呼ぶ.
25 KV7の配布資料による.
26 KV7の配布資料による.この場合においては,1つのセルラインの作業を複数の労働者が分割して行うタイプが採用されている.
27 KV7の配布資料によれば,ラインの長さはトータルで75mから48mに短縮され,部品ストックも1日から2時間へと短縮され,JIT化が進められているという.
28 半導体産業の事例では,シフト勤務などが原因になって離職する労働者が多いという(Lin, 2004).
29 この点にも関連して,しばしば日本企業の現地工場の経営スタッフは,マレー人労働者の労働のあり方に対して批判的である.例えば,5S(整理・整頓・清掃・清潔・しつけ)などの日本においては当然のものとなっている試みを徹底するだけでも,日本と比較して大きな困難をともなうことを嘆く声をしばしば耳にする.とりわけ,「しつけ」の定着が困難であるという.彼らによれば,マレー人労働者は技能向上などへの意欲も乏しいという.通貨危機後に実施された聞き取り調査においても,同様に批判的な評価がみられ,マレーシアへの今後の投資にあたって労働者の「質」(の低さ)が制約条件になるという意見もあったという(Edgington & Hayter, 2001).こうした経営スタッフのマレー人労働者の低評価に関しては,異文化評価に関連した問題として別の機会に検討してみたい.
30 例えば,野原(1999)は自動車産業における「完結工程」を検討するなかで,その「労働の強制進行性」をよりいっそう緩和する試みとして,事実上電機産業におけるセル生産に言及している.

31 一般に，離職者の多くが就職してからわずかの期間で辞めていくことは，こうした判断を裏付けるものといえよう．翻っていえば，2年から3年以上就労している労働者の定着率は比較的高く技能レベルも上昇していく一方で，それとともに賃金も高くなるというジレンマも進出企業は抱えている（例えば，PN3における聞き取りなどによる）．

Ⅲ. 周辺社会における情報化戦略と多国籍企業
―― MSC 計画の現状と展望 ――

1. 課題

　グローバル化が最も進展している経済領域において, その実質的な「推進主体」の1つは多国籍企業であった. 多国籍企業のグローバルな活動を想起するとき, グローバル化をまさに生起させる企業活動を支えているものは「情報化(informationalization)」という過程にほかならない. グローバル化とともに, その背景およびその一環としての「情報化」が進展しつつあることが, 現代を特徴づけるマクロな趨勢であるとするならば, それが先進地域のみならず, 世界システムの周辺に位置する地域においても貫徹されることはいうまでもない.

　一般に, 外国資本によって資本主義発展が主導されてきた周辺社会においては, グローバル化と「情報化」という趨勢のもとでは, 序章でも確認した従来の発展傾向がいっそう強まる可能性がある. それというのも, グローバル化にともなう競争の激化は, コスト削減を追求する中核社会からの多国籍企業の進出を加速するし, 「情報化」によって, 例えばコミュニケーション技術の革新が求められるならば, そうした技術を周辺社会において自生的に(indigenously)あるいは「内部」で(endogenously)に開発できない以上, 中核社会(の資本)への依存を強めることになるからである.

　このように推論を進めるとき, グローバル化と「情報化」という趨勢のもとで自律的な発展条件を模索する作業は, 周辺社会においてはいっそう焦眉の課題として追求される必要があろう. 世界システムを動態化する2つの相

互に連関する趨勢のもとで,こうした条件を見極めることができれば,当該周辺社会はハイアラキカルな世界システムにおける上昇移動を達成できるかもしれない.この移動は,上昇という過程に一定の時間を要するならば,ひとまずは半周辺化という変動として把握できよう.本章では,周辺社会のなかでも,とりわけ独自の発展戦略を提示してきているマレーシアを事例として,「情報化」との関連で注目されるマルチメディア・スーパー・コリドー(Multimedia Super Corridor, MSC)計画を検討することを通じて,このような世界システムにおける位置移動の可能性を展望してみたい.

この作業を通じて,MSC計画がマレーシアにおける半周辺化においてもつ意味を確認するとともに,多国籍企業の戦略に関連したこの計画に付随する半周辺化への制約をも含めて,計画の将来を展望することが本章の課題である.まず,「情報化」という概念とその周辺社会における含意を確認することから作業を開始することにしよう.

2. 周辺社会における情報化

(1) 情報化とはなにか

社会学だけをとってみても,「情報化」というタームで括られる現象を扱った夥しい議論が蓄積されてきた.例えば,物的な財の生産に代わって,知識の産出が社会の基礎的な活動に位置づけられるようになることを展望した,ダニエル・ベル(Bell, 1973 = 1975)による「脱工業社会(post-industrial society)」論や,日本において1980年代に隆盛をみたマイクロエレクトロニクス(microelectronics)技術の導入にともなう社会的影響に関する議論(e.g., 剣持, 1983)にも,「情報化」というタームで括られる問題の一環が顕在化していた.

近年において,「情報化」あるいは「情報社会(informational society)」に関する最も包括的な議論を行ったのは,マニュエル・カステル(Castells, 1996)である.彼は「情報的発展様式(informational mode of development)」という概念を提起し,現代の世界がこの「発展様式」によって編成されていることを

III. 周辺社会における情報化戦略と多国籍企業——MSC 計画の現状と展望　67

主張した.「情報的発展様式」とは，労働が生産物を作る材料に働きかける技術的調整の1つのあり方を意味し，この「発展様式」のもとでは知識生成，情報技術，シンボル・コミュニケーションに関する技術が生産力の源泉となっているという.

カステルの議論をパラフレイズするかたちで，本章における情報化概念を提示するならば以下のようになろう.

① 生産システムへのコンピューター技術の全般的な導入
② ①を背景の1つとする(労使関係における)フレクシビリティの追求および(企業組織における)リストラクチュアリング(restructuring)の進展
③ ①に媒介されたコミュニケーション技術の発展，およびそれを通じたコミュニケーションあるいはネットワークの広範化・迅速化
④ ①および②の一環および/あるいは背景としての産業の知識集約化
⑤ ①および③を背景とする時空間(time-space)の縮減とヴァーチャル化(virtualization)
⑥ ⑤を通じたシンボル空間と文化の変容

以上のような包括的な情報化概念のなかで，まさに①と③とはグローバル化の"土台"をなす過程にほかならず，④はとりわけ世界システムの中核においてグローバル化が一定程度進展した際にしばしば要請される産業のあり方といえよう．経済のグローバル化を対象とし，周辺社会に照準する本章においては，いうまでもなく，これらの包括的概念のなかでも①，②，③，および④の過程が重要となる.

(2) 周辺社会における情報化の含意

それでは，周辺社会において上記のように概念化される情報化という過程(①〜④)はどのような含意をもつのであろうか．すでにⅠ章において確認したように，グローバル化(= post-NIDL への転換)のもとでは，多国籍企業の戦略が変化し，周辺社会の一部においては従来とは異なる生産が配置転換(relocation)され，当該周辺社会は半周辺へと上昇する(=半周辺化)可能性がある．情報化と半周辺化とは，最終的に④の過程に媒介されて密接に関連し

ている.

　そもそも,半周辺という位置は中核と周辺というハイアラキーのまさに中間であり,双方の性格を有しているのであった.このことは,世界システムの実体をなす国際分業において重要な意味をもつ産業の性格にも当てはまることはいうまでもない.産業の性格については,周辺が一般に技術レベルが低いことに起因した労働集約的な産業構成をなすのに対して,中核においては一般に技術レベルが高く,その結果資本集約的な産業構成をなすことになる.したがって,周辺から(仰ぎ)みるならば,半周辺における産業構成は周辺とは異なる中間的な位置として,なによりも労働集約的な産業からの乖離,あるいは資本集約度の増大によって特徴づけられる.

　しかし,情報化,とりわけ④の過程としてのそれが進展している現代の世界においては,国際分業のあり方に対する規定力をもつ中核において,どこよりもこの傾向が現れることになろう.半周辺という位置があくまでハイアラキーの中間であるとするならば,この位置においては,情報化の一環としての産業の知識集約化は中核と周辺との中間的な程度において進展することになる.したがって,翻っていえば半周辺化という過程においては,周辺において産業が資本集約化するだけではなく,情報化が進展する状況においては知識集約化もが進展することを意味することになろう.

　いま,産業の性格を知識集約性(knowledge intensity)[1],資本集約性(capital intensity),および労働集約性(labor intensity)として3つに大まかに分類するとするならば,世界システムの各階層的位置における産業総体の性格はいずれの位置においても3つすべての性格を合わせもつにしても,それぞれの性格の程度は各位置に対応してグラデーションを示すことが想定される(表Ⅲ－1).要するに,情報化がグローバル化と軌を一にして進展する以上,半周辺化とは周辺社会がその産業の性格の資本集約性のみならず,知識集約性をも高めることによって,世界システムの中間としての半周辺へと上昇することなのである.

　それでは,以上のような含意をもつ情報化は周辺社会において想定されるように現れるのであろうか.具体的な社会の事例として,マレーシアとそこ

表Ⅲ-1. 世界システムの階層的位置と産業の性格

位置 \ 性格	知識集約性	資本集約性	労働集約性
中核	○	△	×
半周辺	△	○	△
周辺	×	△	○

凡例
○ 大
△ 中
× 小

におけるマルチメディア・スーパー・コリドー計画をとりあげることによって,この点を確認していこう.

3. MSC 計画とはなにか

(1) 概要

　MSC 計画は,1996年の8月にマハティール前首相[2]によって正式に発表された.マレーシアにおいては,1970年代以降の基本的な政策フレームとなってきた新経済政策(New Economic Policy, NEP)が1990年に終了したことをうけて,1991年以降新たな政策とそれをふまえた長期計画が策定された.新経済政策にとって代わる国民発展政策(National Development Policy, NDP)[3]が設定され,そのもとで長期概要計画(Outline Perspective Plan, OPP)[4]とそれをより具体化した5カ年計画(マレーシア計画(Malaysian Plan))[5]が作られてきた.
　こうした計画においては,1991年に発表されたヴィジョン2020(Vision 2020)において2020年までの目標とされた,マレーシアの「先進国化」を実現するための具体的な目標が明示されている.MSC 計画は,このようなマレーシアにおける長期的な発展戦略,とりわけヴィジョン2020の一環に位置づけられるものである.
　さらに,第7次および第8次のマレーシア計画(それぞれ1996年から2000年,2001年から2005年が対象)においては,MSC 計画をうけてマレーシア社会の IT

戦略が明示されている．例えば，2005年現在進行中の第8次マレーシア計画においては，知識主導型の経済への転換が目標とされ，以下のような項目が列挙されている．

① マクロ経済の十全な管理と財政・金融の強化を通じて，知識基盤型の経済への転換を目指す．
② バランスのとれた国民参加を実現するために分配を計画する．
③ R＆D，科学・技術レベルの向上，労働者の知識・技能・経験のカイゼンを通じて，生産性の向上を目指す．
④ 重要経済部門については，効率的生産方法を採用し，高付加価値化を進めることを通じて，生産性の向上を目指す．
⑤ IC技術の利用を拡大する．
⑥ 人的資源の開発を進める．
⑦ 持続可能な発展を進めるため，環境・資源問題への包括的アプローチを採用する．
⑧ 生活の質の向上を目指す．
⑨ 教育，社会・宗教機関，メディアを通じて，マレーシア人の積極的価値・特質を涵養していく．

この項目には，マレーシア社会において懸案とされてきたエスニシティ間の不平等の是正と国民統合とがあらためて目標として確認されているだけでなく，21世紀初頭のマレーシア社会の発展戦略が明示されている．加えて，知識基盤型経済 (K-Economy) については，情報コミュニケーション技術 (information and communication technology, ICT) が重視され，以下の項目が目標とされている．

① 通信インフラの整備促進，具体的にはマルチメディア分野の政策枠組整備，インターネットビジネスの容易化，都市・農村の情報格差の是正を実現する．
② 人材開発を進めるため，小中学校のインターネット接続を完備する．
③ 電子商取引 (E-Commerce) を促進し，そのために個人情報保護法を制定する．

④ MSCの一環として，遠隔医療(Telehealth)，電子政府(Electronic Government)を進めるため，先端技術者の招致と技術移転を促進する．
⑤ ICT関連の中小企業への援助を進める．
⑥ 光ネットワークの開発研究を進める．
⑦ 電子政府を実現し，知識基盤型文化の習熟を図る．

以上の目標にはすでに，MSC計画の一端が言及されていた．次に，この計画の具体像についてみることにしよう．

(2) 基盤

MSC計画の具体像は，ICT開発の拠点作りのための都市計画，企業および研究・教育機関への「MSCステータス」の付与，知識基盤型経済を補完するための「サイバー法(Cyber Law)」の整備，および「フラッグシップ・アプリケーション(Flagship Applications)」というプロジェクトの実行という形式をとっている．ここではまず，都市計画と「フラッグシップ・アプリケーション」について概観しよう．

MSC計画においては，ICT開発の拠点として以下の4つが位置づけられている．

① クアラルンプール・シティ・センター(Kuala Lumpur City Center, KLCC)
② プトラジャヤ(Putrajaya)
③ サイバージャヤ(Cyberjaya)
④ クアラルンプール国際空港(Kuala Lumpur International Airport, KLIA)

これらの4拠点は，ペトロナス・ツイン・タワー(Petronas Twin Tower)に象徴されるKLCCを北端，グローバルな社会への玄関であるKLIAを南端とし，KLCCの東南に，首都機能の移転が計画されるプトラジャヤ，同じく西南に，ソフト開発や通信技術開発を担う企業および研究機関の集積が計画されるサイバージャヤが位置づけられる(南北50キロ，東西15キロ)．これら4拠点は，高速道路および高速鉄道で結ばれるとともに，光通信網によってネットワークを形成することが構想されている．

それでは，「フラッグシップ・アプリケーション」とはどのようなプロジ

ェクトであろうか．このプロジェクトは，マルチメディアとコミュニケーションネットワークを基盤に推進される．具体的には，以下の7つのプロジェクトからなっている(http://www.mdc.com.my/msc/flagships.asp)．

① 「電子政府(Electronic Government)」は，運転免許証の発行や公共料金支払いなどの手続きや政府のオフィスのペーパーレス化などマルチメディア技術による政府活動の効率化を志向している．

② 「多目的カード(Multipurpose Card)」(というプロジェクト)は，身分証明書，運転免許証，出入国管理，ヘルス・カード，および電子取引を統合したカードを発行し，カードを用いた公共および民間のサービス供給の効率化を志向している．

③ 「スマート・スクール(Smart School)」は，マレーシアの全学校をマルチメディアに対応したものに改革することを志向している．

④ 「遠隔医療(Telehealth)」は，健康情報の提供サービス，持続的な医療教育，遠隔医療，および生涯健康計画を通じて，医療の改革を志向している．

⑤ 「R＆Dクラスター(R & D Cluster)」は，マルチメディア大学(Multi-media University)による人的資源開発などを通じて，MSCを次世代のマルチメディア技術開発の場にすることを志向している．

⑥ 「E－ビジネス(E-Business)」は，主要な経済パワーと競争しうる電子ビジネス環境を形成し，将来の経済成長の駆動力になりうる潜在的市場を提供するとともに，コミュニティに効率的で良質のサービスを提供し，企業とコミュニティにとって電子ビジネスが日常生活の一部になることを目的としている．

⑦ 「テクノ企業家開発(Technopreneur Development)」は，ICTに関連した中小企業(Small and Medium Enterprises, SMEs)を育成することを目的としている．

以上のような空間的基盤と政策的プロジェクトを背景に，マルチメディア技術に基づく知識基盤型経済が構想される．以下では，知識基盤型経済における企業活動とそれを支える法制度を概観しよう．

(3) 制度

MSC 計画においては,一定の要件を満たす企業と教育・研究機関に「MSC ステータス(MSC Status)」を付与し,一連のインセンティブを与えている.「MSC ステータス」は,マルチメディア開発公社(Multimedia Development Corporation, MDC)を通じてマレーシア政府によって認定されるもので,MSC において ICT 活動に参加し,それを実行する企業および研究・教育機関が付与の対象となる.

MDC はマレーシア政府によって1996年に設立された法人で,MSC の開発と実行の先頭に立つ機関として位置づけられている.その主たる業務は,多国籍企業あるいはローカル企業による,MSC への拠点配置あるいは再配置に関するあらゆる申し込みを進めるとともに,マレーシア国内および世界を対象とした MSC の情報宣伝(marketing)を担当することとされている.さらに,MDC はマレーシア政府への助言を通じて,MSC を対象とする法律,政策,実践を形作り,MSC の情報インフラストラクチュアと都市開発の標準化を目指している.

それでは,MSC ステータスを獲得するための資格要件にはどのような項目が設定されているのであろうか.資格要件としては,以下の項目があげられている[6](http://www.mdc.com.my/msc/mscstatus.asp).

① マルチメディア製品およびサービスのヘビー・ユーザーであること.
② 相当数の知識労働者(knowledge worker)を雇用していること.
③ 技術移転および/あるいは MSC の発展に寄与すること,あるいはマレーシアの知識基盤型経済のイニシアティブを支えること.
④ MSC が資格要件としたマルチメディアビジネスおよび活動のために,独立した(separate)法人を設立すること.
⑤ MSC が指定するサイバーシティ(Cybercity)[7]に立地すること.
⑥ 環境ガイドラインに従うこと.

以上の要件を満たし,MSC ステータスを獲得した企業には以下のインセンティブが提示される[8](http://www.mdc.com.my/msc/whymsc.asp).まず,金融面に関しては,4項目が提示されている.

① パイオニア・ステータスが付与され，5年間にわたって所得税が免除される．
② 投資税が100%免除される．
③ R＆D活動を行う認可資格が与えられる．
④ グローバルおよびローカルを問わず，資金調達と基金借り入れがどこからでも自由に行える．

さらに，非金融面に関しては，以下の8項目が提示されている．
① マルチメディア資材の輸入関税を免除する．
② 知的財産を保護し，サイバー法の適用対象とする．
③ インターネットが検閲(censorship)を受けずに利用できる．
④ 包括的に業務を担当するMDCによる効率的な手続きを享受できる．
⑤ MSCに立地する場合には，競争力のあるテレコミュニケーション料金とサービスが保証される．
⑥ MSCに立地する場合には，都市計画に基づくインフラストラクチュアが享受できる．
⑦ マルチメディア大学を含むR＆D施設が利用できる．
⑧ MSCに立地する場合には，緑豊かな環境が提供される．

こうしたMSCステータスを獲得した企業・機関の事業活動を支えるものが，知的財産保護の法律と「サイバー法」にほかならない(http://www.mdc.com.my/msc/whymsc.asp?link=1#cyber1)および(http://www.mdc.com.my/msc/whymsc.asp?link=2#cyber2)．知的財産保護のための法律としてあげられているものは，商標法(Trade Marks Act, 1976年制定, 1983年発効)，特許法(Patents Act, 1983年制定, 1986年発効)，著作権法(Copyright Act, 1987年制定・発効)，工業デザイン法(Industrial Design Act, 1996年制定, 1999年発効)，レイアウトデザイン法(Layout Designs Act, 2000年制定・発効)，産地明示法(Geographical Indication Act, 2000年制定, 2001年発効)，光ディスク法(Optical Discs Act, 2000年制定・発効)である．

さらに，「サイバー法」としては，デジタル署名法(Digital Signature Act, 1997年制定, 1998年発効)，コミュニケーションおよびマルチメディア法

(Communication and Multimedia Act, 1998年制定, 1999年発効), 著作権(修正)法 (Copyright (Amendment) Act, 1997年制定), コンピューター犯罪法(Computer Crimes Act, 1997年制定, 2000年発効)が整備されている[9].

それでは, すでに検討したような基盤と制度に基づいて, 1996年に実行が宣言されたMSC計画はどのような現状にあるのであろうか.

(4) 現状

ここでは, MSC計画の基盤である都市計画とフラッグシップ・アプリケーションの現状を簡単に確認したうえで, 世界システムにおけるマレーシア社会の半周辺化を展望するにあたって, 実質的に重要な意味をもつMSCにおけるステータス企業の動向について検討しよう. まず, 都市計画の進捗状況はどうであろうか. 計画発表後の1998年にはKLIAが開港し, 同年にKLCCにペトロナス・ツイン・タワーが完成するなど, 建設計画は順調に進捗しているように思われる.

プトラジャヤとサイバージャヤという2つの拠点についても, 基盤の造成についてみる限り, 計画は概ね進展しているようにみえる. プトラジャヤには, 2005年までに政府機関が完全移転することになっているし, サイバージャヤは2011年までに約5万人の労働人口と12万人以上の住民を支える都市になることが目標とされている(http://www.mdc.com.my/msc/cybercities_cyber.asp)[10]. フラッグシップ・アプリケーションについても, 例えば政府が発行する「多目的カード」に2002年の11月以来64キロバイトのチップが埋め込まれるようになったり, 電子政府の実現に向けて電子手続きの促進やデータベース化などのプロジェクトも進められたりしている(http://www.mdc.com.my/msc/flagships.asp.).

それでは, MSCステータスを獲得した企業および研究・教育機関の現状はどうであろうか. 2003年10月20日現在, MSCステータスを獲得した企業などの総数は944であり, その内訳は企業が905, 研究・教育機関が30, インキュベーターを担う企業が9となっている(http://www.mdc.com.my/). MSC計画が開始された1997年の時点では, ステータスを獲得した企業などの総数は

94にとどまっていたが，毎年着実に獲得数は上昇している．ここでは，905社に上るステータス企業の属性について詳しく検討しよう．

まず，ステータス企業はいかなる資本から構成されているのであろうか．全944の企業および機関のなかで，外国資本が51％以上の出資比率を占めるものは277(33%)であり，そのほかのものはマレーシアに自生したローカル企業(67%)である[11](http://www.mdc.com.my/cs/company/default.asp)．さらに，合弁も含めた外国資本の出自については，ヨーロッパが9％，北アメリカ(カナダを含む)が4％，日本が2％，シンガポールが4％，インドが4％，その他のアジアが2％[12]，オーストラリアが2％，その他が6％となっている[13]．これらのデータから明らかなように，ステータス企業の多くは多国籍企業ではなくマレーシア社会の自生的企業によって占められている．

それでは，ステータス企業はどのような産業に進出しているのであろうか．全944の企業および機関のうち，最も多いものが「事業用ソフトウエア開発(Software Development-Business Applications)」で192を占めている．次いで，「工業・専門用ソフトウエア開発(Software Development-Engineering/Specialized Applications)」が148，「インターネットに基づく事業(Internet Based Business-E-Commerce Service/Solution Provider)」が104，「コンテンツ開発(Content Development)」が96などとなっている．

この傾向は外国資本だけをとってみてもほぼ同様であり，全277の企業あるいは機関のうち，やはり「事業用ソフトウエア開発(Software Development-Business Applications)」が最も多く68を占め，「工業・専門用ソフトウエア開発(Software Development-Engineering/Specialized Applications)」が42，「システム・インテグレーション(System Integration)」が22，「インターネットに基づく事業(Internet Based Business-E-Commerce Service/Solution Provider)」と「コンテンツ開発(Content Development)」とが21となっている．

それでは，このようなMSCステータスを獲得した企業および機関によって，どのような社会的効果がもたらされているであろうか．直接的な効果として，雇用の増大が考えられる．2003年の時点でMSCによって創出された雇用は21270人で，そのうちの86％が知識労働者(knowledge Worker)とされて

III. 周辺社会における情報化戦略と多国籍企業——MSC 計画の現状と展望　77

いる(この数字は,2004年には22398人に増加することが推計されている).

以上のように,MSC 計画の開始以来,インフラストラクチュアとそれを基盤とする制度が整備され,そのうえでステータス企業の数が着実に増加し,効果が確認されてきている.こうした現状において,課題はどこに求められるであろうか.

(5) 課題

ここでは,MSC 計画の実施において追求されている情報産業の育成を中心に課題を探っていこう.

①多国籍企業

現代において情報産業が先端産業であることはいうまでもなく,先に指摘したように,そうした先端産業は概ね世界システムの中核に集積していることも周知の事実であろう.したがって,情報産業を周辺社会で育成しようとすれば,多国籍企業の誘致を進めなければならない.マレーシアの MSC 計画においても,従来エレクトロニクス産業などの「パイオニア産業(Pioneer Industry)」に対して認定してきたものに加えて,ステータス企業に対しては知識労働者であれば外国人労働者を無制限に雇用してもかまわないという大胆なインセンティブを提示している.

しかし,すでに確認したようにステータス企業の過半数は自生的企業で占められており,多国籍企業の比率は低くなっている.とりわけ,電機産業およびエレクトロニクス(半導体)産業においては,ほぼ一貫して投資を拡大してきた日本企業がわずか2％にとどまっていることは注目に値しよう[14].こうした現状を理解するためには,日本企業をはじめとする多国籍企業の戦略とマレーシア社会のそれにおける位置づけとをあらためて分析してみる必要があろう.

②労働力

確認したように,MSC 計画の結果,知識労働者の雇用はかなり増大してきている.しかし,他方ではソフトウエア開発などの情報産業において重要な知識労働者の不足とその育成が急務として指摘されている(Mazelan et al.,

1999).この点は,情報産業の問題にとどまらず,マレーシア社会が単なる労働集約的工業の集積地ではなく,高付加価値生産を志向し,産業の多様化を進めていく過程で技能労働者の不足として指摘されてきた問題と通底している (e.g., Asian Strategy & Leadership Institute ed., 1995). つまり,周辺社会マレーシアが産業の多様化を進め,その結果として世界システムにおける位置移動を志向するときに直面している問題が MSC 計画においても露呈しているといえよう.

翻っていえば,MSC 計画におけるフラッグシップ・アプリケーションの一環として追求されている「スマート・スクール」の実現は,そうした問題の解決策の1つでもあるわけだ.ここには,計画の一環が計画それ自体の基礎補強を兼ねるという脆弱性が垣間見られるのではなかろうか.

③デジタル・デヴァイド(digital divide)

MSC 計画においては,MSC に高速光ファイバー回線を整備することが謳われていた.その目標は,MSC を世界的な情報拠点として整備し,マレーシア社会を情報化のハブにすることにある.しかし,このような計画が構想・実行されている一方では,必ずしもマレーシア社会における情報化が進展していないという実態がある.例えば,インターネットの普及率についていえば,1999年では6.7%にすぎず,その後急速に伸びて2002年では25%近く(570万人)に達したばかりである.この普及率は,日本や韓国などのアジア社会と比べてもかなり低い.こうした事態は,あらゆる学校においてインターネット環境を整備しようとする「スマート・スクール」構想に反映しているように思われる.

すなわち,ここにおいても MSC 計画の一環をなす個別計画それ自体が計画総体を進めるための要件を整えるという性格をもっており,一般には通時的に生起する事象が共時的に起こる,いわゆる「圧縮された発展 (compressed development)」という後発社会の特性を考慮しても,計画の脆弱性は否定できないように思われる.ステータス企業の活動によってインターネット事業が拡大し,その普及率が上昇しなければ,インターネット環境が整備された MSC とそれ以外の地域とのデジタル・デヴァイドが拡大するお

④開発問題

　MSC 計画はなによりも，その都市基盤整備を中核としていたのだった．概観してきたように，計画においては KLCC と新たな国際空港とを結ぶ地域を MSC として位置づけ，そこにサイバージャヤとプトラジャヤという2つの都市を新たに建設した．しかし，この2つの都市が建設される以前には，これらの地域はどのような状況にあったのであろうか．この点を考慮に入れるとき，MSC 計画の新たな課題が明らかになる．

　あらためて確認するまでもなく，マレーシアにおいては都市以外の開発地区は，稲作を生業とする農村，あるいはヤシまたはゴムのプランテーションにほかならない．したがって，上記の2都市が建設されるにあたっては，耕地あるいはプランテーションから都市基盤が整備された経緯があることになる．具体的には，プトラジャヤの都市基盤が整備される過程で，当該地域のヤシのプランテーションが伐採され，その地域に居住していたプランテーション労働者が移住 (resettlement) を要請されている．さらに，その移住をめぐっては，住宅と雇用保証の問題が起こっている (Bunnell, 2002a)[15]．

　MSC 計画の実行にあたっては，マハティール前首相の強い指導力がポジティブな効果を与えていることが指摘されてきた (e.g., 熊谷, 2000)．しかし，上記のような問題は，そうした指導力とともにしばしば指摘されてきたマレーシア国家の権威主義的な性格を明らかにしているともいえよう．情報化戦略がマレーシアの社会発展の一環として構想され，結果として世界システムにおける上昇移動を模索する処方箋であるならば，そうした戦略の効果として社会の「富裕化」が進展し，それとともに民衆に「権利意識」が浸透し「民主化」を希求する傾向が発生することが想定されよう．こうした想定に依拠するとき，上記のような開発問題は，MSC 計画の帰結として社会的対立が起こることを示唆している．

　以上，MSC 計画について，その経緯，基盤，および制度を概観したうえで，計画が直面する課題について検討してきた．最後に，グローバル化とその一環としての情報化が進展するなかで，MSC 計画が周辺社会マレーシア

の将来に提示する可能性について，半周辺化という趨勢との関連で若干の考察を試みよう．

4. MSC計画にみる半周辺化——展望と制約

ここでは，MSC計画の影響を社会の各領域に分類したうえで，理論的な考察を加えることを通じて，半周辺化という文脈からみたMSC計画がもつ含意を明示することにしよう．

(1) 経済

周辺社会のほかならぬ「周辺性(peripherality)」は，外国資本，とりわけ現代的な文脈においては，多国籍企業によって資本主義発展が主導されることによって規定されるのであった．1980年代後半以降，日本企業の本格的な多国籍化を一因とするグローバル化が進展するにつれて，グローバル化の原因であり結果でもある競争の激化によって，多国籍企業の戦略が変化し，グローバルなレベルでは国際分業が変容するとともに(post-NIDLへの転換)，ローカルなレベルでは周辺社会(の少なくとも一部)において半周辺化という社会変動が生起することが想定される(e.g., 山田, 2003b)．この際，半周辺化という一連の変動には，資本主義発展の担い手として自生的資本の関与が想定される．

このような理論的想定に立つとき，MSC計画においてMSCステータスを獲得している企業の67%が自生的企業であることは，まさに半周辺化の現れといえるかもしれない．しかし，すでに確認したように，ステータス企業の多くが従事しているソフトウエア開発事業のような知識集約産業は，一般に世界システムの中核において集積している産業であり，半周辺化において進展する産業転換はなによりもまず製造業における資本集約化(あるいは労働集約的アセンブリーからの転換)である．

そのことを裏書きするように，MSCステータスを獲得している企業のな

かで，多国籍企業が占める割合は33%にとどまっている．なかでも，ソフトウエア開発事業においてイニシアティブを把握しているアメリカ合州国からの企業進出が極めて少ないことは注目されよう[16]．このことは，グローバル化のもとでの多国籍企業の戦略において，"周辺社会"マレーシアは情報産業の拠点としての評価が必ずしも高くないことを示唆している．指摘したような知識労働者の不足に代表される「周辺性」が，MSC計画の実行においても制約となっているのである．

(2) 政治

半周辺化が進展するためには，国家の政策的イニシアティブが重要であった．とりわけ，自生的企業の育成と，労働者をはじめとする社会勢力の(「排除」にとって代わる)「統合」とが，政策として求められることが理論的に想定される．こうした想定に依拠するならば，MSC計画それ自体がまさにそうした国家のイニシアティブとして把握されよう．例えば，フラッグシップ・アプリケーションに明示された「テクノ企業家開発」は，情報コミュニケーション産業における自生的企業の育成を企図したものであった．

しかし，MSC計画における都市基盤の整備においては，従来の「権威主義的国家」としての性格が垣間見られ，国家の「周辺性」が露呈している．すなわち，「統合」よりも「排除」を基調とする政策がそれである．指摘されてきたように，マハティール前首相の退任後においても国家の政策的スタンスが基本的には維持されるとするならば，とりあえずMSC計画は推し進められることになろう．しかし，計画を進めることによって「周辺性」が露になるのであれば，ここにはまさに，半周辺化を進める計画それ自体がまさに半周辺化の制約にもなっているという逆説が露呈しているのである．

(3) 文化・イデオロギー

グローバル化のもとでは，個々のローカルな社会の文化的「固有性」が多かれ少なかれ失われ，それに代わるものとしてグローバルな文化の創出が期待されてきた[17]．MSC計画が提供するインフラストラクチュアと制度とは，

マレーシア社会の情報化を促進するとともに，グローバルな文化情報をマレーシア社会によりいっそう提供することになろう．他方で，1970年代以降の工業化の進展とそれを受けた半周辺化傾向のもとで成長してきた，マレー人新中間階級に代表される「ニュー・リッチ(the New Rich)」が，他のエスニシティとの対抗のなかで，イスラム教徒であることに自らのアイデンティティを確保する手段を求める傾向が強まっていることも指摘されている(e.g., 山田, 2002; 2004)．

なるほど，MSC 計画というプロジェクトそれ自体は，マレーシアにおけるグローバル化の象徴でありながら，他方では国家主導で展開されるプロジェクトであることに由来する「ナショナリズム(nationalism)」をも体現し，KLIA の建築物に具現されるようなローカルな要素を強調するものであるといわれている(e.g., Mee, 2002; Boey, 2002; Bunnell, 2002b)．しかし，MSC 計画が一方において担うグローバル化のもとで，進展する情報化によって文化の「普遍性」が現れるのならば，「ニュー・リッチ」がコミットするイスラム教という，マレーシア文化(あるいはマレー文化)の「固有性」との相剋が顕在化しよう[18]．

この相剋は，先に指摘した「周辺性」を顕在化させる方法をも1つの選択肢とする，国家の政策によって回収されなければ，MSC 計画をめぐる新たな社会対立に進展する可能性があるかもしれない．このようなシナリオに沿って，社会対立が現れ，その対策がとられるならば，そこには結果的に社会運動を通じた利害関心の追求が容認される「半周辺性」と，運動の「排除」に現れる「周辺性」とが共存するマレーシア社会の現状を見てとることができよう．

以上のように，MSC 計画においてはグローバル化のもとで半周辺化を模索しているマレーシア社会の問題状況が集約されているように思われる．多国籍企業に依存しながら，同時にそうした依存からの脱却を志向するという半周辺化における困難は，MSC 計画の基底をなす特徴となっている．とりわけ，従来マレーシアの資本主義発展において重要な役割を担ってきた，アメリカ合州国および日本の多国籍企業の戦略と，マレーシアの情報化戦略と

の関係が，この困難を解決するための政策課題を明らかにするためにも解明される必要があろう[19].

5. まとめ

　本章において，われわれはグローバル化(= post-NIDL への転換)と周辺社会の半周辺化という社会変動において，情報化がもつ含意を検討してきた．まず，情報化概念を特定したうえで，広範な内包をもつこの概念のなかでも，産業の知識集約化というそれが，周辺社会にとって「中核性」を追求することを媒介にした半周辺化という過程と通底することを確認した．そのうえで，本書において具体的な社会における事例として選択されたマレーシアをとりあげ，マレーシアにおいて実行されているMSC計画の現状と展望について，半周辺化の一環としての情報化という観点から検討した．

　その結果，経済，政治，および文化・イデオロギーといういずれの領域においても，MSC計画は半周辺化の可能性と制約を顕在させていることが明らかとなった．すなわち，「中核性」を媒介とした「半周辺性」を体現する傾向が確認される一方で，とりわけMSC計画にともなう問題の解決の仕方には「周辺性」の現れが確認できるのである．このことは，本書の他の章(例えば，Ⅷ章など)においても確認されるように，半周辺化をめぐる様々な社会事象に共通してみられる傾向であり，事例としてのマレーシアが半周辺へと上昇する展望と制約とを示唆しているのである．とりわけ，グローバル化を生起させるにあたって大きな役割を演じ，マレーシアにおける資本主義発展においてもかなりの「貢献」をしてきた日本企業が，必ずしもMSC計画に積極的に関与していないことは，少なくとも情報化戦略を通じた半周辺化が困難に直面していることを示すといえよう．

注

1 知識集約性をもつ産業としては,典型的にはコンピューターに関するハードおよびソフトの開発などが該当しよう.開発されたコンピューターが機械設備として生産過程に投入されることを考慮するならば,知識集約的な産業は資本集約的な産業と表裏をなしている.世界システムの各位置における産業の性格がグラデーションをなしているというのは,まさにこのような事態を想定している.
2 マハティールは1981年に首相に就任し,20年以上にわたってマレーシア社会の発展戦略に強い指導力を発揮したが,2003年10月末で勇退した.
3 この政策は,1991年から2010年までを対象にしている.
4 「長期概要計画」は,政策を具体化することを目的として,1971年以降3回にわたって策定されており,第1次が1971年から1990年まで(NEPに対応),第2次が1991年から2000年まで,第3次が2001年から2010年までの期間(第2次とともにNDPに対応)をそれぞれ対象にしている.この計画フレームのもとで,5カ年計画が作られる.マレーシアの計画行政については,V章においても検討している.
5 5カ年計画は,1966年以降策定・実施されてきており,2005年現在は第8次の計画が実行されている.
6 ちなみに,MSCステータスの資格要件に該当しないものとしては,製造業,コンサルタント,商業(trading)に携わる企業があげられている.
7 サイバーシティとは,サイバージャヤ,テクノロジー・パーク・マレーシア(Technology Park Malaysia),UPM-MTDC(Universitti Putra Malaysia-Malaysia Technology Development Corporation),KLCC,KLタワーの5つを指している.
8 これらのインセンティブの多くは,MSC計画の実施にあたって公約(Bill of Guarantees)として公表された10項目と重複している.これらの項目には,外国人の知識労働者の無制限な雇用や,ローカル企業との合弁を前提としない単独出資の保証も含まれている(http://www.mdc.com.my/cs/ihl/incentives.asp).
9 このほかにも,遠隔医療法(Telemedicine Act)が1997年に制定されているが,2003年の時点ではまだ発効していない.
10 もっとも現状においては,居住地域の開発よりも企業用地のそれのほうが進展しているうえに,それほど多数の企業が進出してきているようにはみえない.
11 このうち,合弁(joint venture)の形式をとっているものは243で,外国資本同士の合弁が18,外国資本とローカル資本との合弁が200,ローカル資本同士の合弁が23となっている.
12 その他のアジア企業の内訳は,総数15のうち,ホンコンが最も多く5,次いで台湾が

III. 周辺社会における情報化戦略と多国籍企業——MSC 計画の現状と展望

3, 韓国が2, ブルネイ, タイ, フィリピンがそれぞれ1である.

13　ヨーロッパを出自とする資本の国別の内訳は, 全91の企業あるいは機関のうち, イギリス (UK) が最も多く27を占めている. そのほかには, オランダ (Netherlands) が15, ドイツが13, スウェーデンが11, フィンランドが9, フランスが4, イタリアが3などとなっている. イギリスからの進出が多いことは, 植民地時代以来のマレーシア社会とイギリス企業との深い関係を窺わせる.

14　日本企業のなかでも, 「ワールド・クラス (World Class)」の企業として数えられているものは, NTT と富士通の現地法人だけである. われわれの調査においても, ある日系半導体メーカーのディレクターからは, MSC ステータスを獲得しても「旨みがない」という声が聞かれた.

15　さらに, 従来からマレーシアにおいてはプランテーション労働者の多くをインド系住民が占めてきたことは, この移住問題にエスニシティ問題という性格も付与している.

16　アメリカ合州国にもまして, 日本企業の進出は少ない. このことは, R&D 活動を規定する, 2つの社会における (企業内の) 社会関係の差異を反映しているかもしれない. この論点については, さらなる検討が必要とされよう.

17　このような文化はさしあたり, 「マクドナルド化 (McDonaldization)」という現象が文化のグローバル化の象徴となるのであれば, アメリカ文化であるかもしれない. そのような意味では, グローバル化は「アメリカナイゼーション (Americanization)」ということになろう.

18　もちろん, 第8次マレーシア計画に明言されているように, 情報化とイスラム教を背景とするマレー文化とは矛盾しないことが想定されてはいる.

19　従来, 多国籍企業の「ナショナリティ」に関する議論の一環として, アメリカ合州国の多国籍企業に比べて日本のそれは「ローカル化 (localization)」の程度が低いことが指摘されてきた. すなわち, 資材の現地調達率はいうに及ばず, 現地法人の経営者へのローカルスタッフの登用などの割合が低いことが指摘されてきたのである. このような「ローカル化」の程度の低さは, 当該の多国籍企業にとって枢要な活動であればあるほど, いっそうその傾向が強まることになる. MSC ステータスを獲得し, コンピュータ・ソフトの開発などの重要な活動をマレーシアで行う日本企業が, わずかにせよ合州国のそれよりも少ないことは, こうした傾向が現れているのかもしれない.

Ⅳ. 半周辺化における国家
―― 比較 NIEs 形成論の試み ――

1. 課題

　世界システムの周辺に位置する社会が資本主義発展を志向するとき，一般に当該社会の国家には大きな役割が付与されることになる．中核に位置する社会とは異なり，周辺社会においては資本主義的社会関係の形成が自生的(indigenous)には進まなかったために，資本主義の発展には外国資本の進出に俟たなければならなかった．いわば「発展」の担い手を外国資本に「委託」したことへの"対価"として，その「支配」を甘受せざるをえなくなり，その結果としてこれらの社会は周辺に位置づけられることになったのである．このことを顧みるならば，周辺社会においては国家が社会における関係の形成をいわば社会の「外側」から幇助する必要がよりいっそう求められているといえよう．

　Ⅰ章においても言及したように，とりわけ近年においては，グローバル化の進展にともない，グローバルな資本活動に対するガヴァナンス(governance)能力の低下を根拠の1つとして「国家の退場(retreat of the state)」が喧伝されているものの，他方では発展途上の社会において工業化を推進するものとしての国家の役割があらためて注目されてきている．こうした国家の役割は，例えば「後発性(backwardness)」や「開発国家(developmental state)」に関連した問題群を構成している．

　この問題群においては，「後発性」とはなによりもまず，より後発に資本主義発展を開始した社会において，国家が工業化に関与する程度が相対的に

大きくなる性向として把握される．とりわけ，この性向はより先発の資本主義社会によってイニシァティブを行使される世界システムにおいて，資本主義発展を相対的に成功裡に進めている発展途上社会において注目されてきた(e.g., Amsden, 1989).

さらに，「開発国家」とは，あくまで厳密な理論的なモデルとして把握するならば，あらゆる社会勢力から自立して資本主義発展を志向する国家として概念化される．日本，韓国，および台湾などをモデルとして整備されてきた「開発国家」概念を操作的なツールとして利用しながら，様々な発展途上の社会における国家の資本主義発展への寄与能力を分析する可能性も生まれてきている．すなわち，「開発国家」の種差的な(specific)形成度を比較する試みがそれである(e.g., Evans,1995).

上記のような発展途上の社会における国家の役割をめぐる一連の試みを念頭におきながら[1]，本章では，グローバル化のもとで進行する国際分業の変化(= post-NIDL への転換)というグローバルな過程と軌を一にして，半周辺化(=周辺社会の一部における半周辺への上昇)というローカルな過程が進展しつつあるという認識に基づいて(e.g., 山田, 2004)，半周辺化過程における国家の役割を考察する．この課題は，世界システムにおける半周辺という位置を占める社会が，従来 NIEs(Newly Industrialized Economies)と呼ばれるそれであったことに鑑みれば，NIEs 形成における国家の役割とそれを規定する社会的差異に照準して，既存の NIEs と半周辺化しつつある新たな NIEs 社会とを比較する試みにほかならない．

この際，NIEs 社会の一部において確認される，資本主義発展を主導する資本の転換(=外国資本から自生的資本へ転換)，あるいは資本主義発展の類型転換と，そのことによって可能になる資本主義発展における自律性(autonomy)拡大が，重要な論点となる．以下では，半周辺化しつつある周辺社会の事例として，われわれが選択しているマレーシアをとりあげて，NIEs 形成における国家の役割を確認することからこの作業を開始することにしよう．

2. NIEs 形成における国家——自律性獲得との関連で

(1) NIEs 形成が意味するもの

NIEs という名称は,発展途上の社会のなかで相対的に工業化が進展しているものの,先進社会の水準には到達していない社会を特徴づけるタームとして,1980年代に入るころから用いられるようになった.周知のように,こうした社会を表すものとして,当初は NICs (Newly Industrializing Countries) というタームが使用されていたが,主として政治的な理由[2]から現在では NIEs という名称が一般化している.

ひと括りに NICs あるいは NIEs として総称されてはいても,この名称で括られる社会は多様である.例えば,社会主義圏に属していた当時のユーゴスラビアもそうした社会に含まれていたし,ヨーロッパにおけるスペインとギリシャ,ブラジルやメキシコといったラテンアメリカ諸国や,韓国,台湾,香港,シンガポールといういわゆるアジア NIEs が含まれていることは指摘するまでもない (平川, 1992: 5-6).

NIEs 形成が社会変動に関する議論においてもつ意味は,なによりもまずかつての従属理論へのアンチテーゼとして,この事象が捉えられてきたことに求められる.従属理論が提起した「低開発の発展 (development of underdevelopment)」という宿命論的なテーゼへの経験的な反証として,とりわけアジア NIEs における1970年代以降の発展は,外国資本,すなわち多国籍企業の進出が工業化を進めうることの証左として捉えられたのである (e.g., Barret & Whyte, 1982).アジア NIEs は,輸出志向型工業化というタイプの工業化を通じた資本主義発展のモデルケースとしての意味をもったというわけだ.

しかし,NIEs 形成が従属理論における「低開発の発展」への経験的アンチテーゼであるとするならば,その中核的主張は外国資本によらない資本主義発展への転換を遂げた事例が NIEs 社会のなかに現れたことにこそ求められよう.そもそも,従属理論は,その経験的な事例としてラテンアメリカ社

会に依拠することが多かったし,従属理論のヴァリアントとしての「従属的発展(dependent development)」論においては,ほかでもない NIEs 社会の1つであるブラジルが事例に設定されていた(Evans, 1979). つまり,ブラジルが事例に設定されていることに示されるように,外国資本,すなわち多国籍企業による資本主義発展が NIEs を形成することは,パラダイムとしての従属理論とは論理的に抵触しないし,発展途上の社会のなかから NIEs が形成されたからといって,そのことがただちに従属パラダイムを反駁することを意味しないのである.

従属パラダイムにおける「低開発の発展」および/あるいは「従属的発展」という概念は,あくまで「(真の)発展」とは異なる「歪められた発展」として措定されている[3]. それでは,2つの「相異なる」概念が提示されうる根拠は,あえて求めるとすれば,どこに求められるのであろうか. 2つの「相異なる」概念が措定されている根拠は,突き詰めていえば当該社会における資本主義発展を主導する資本の差異に帰着するように思われる.

すなわち,多くの発展途上の社会においては,その社会における自生的な資本が充分に形成されず,外国資本によって資本主義発展が主導されてきたという経験的事実が,従属パラダイムの諸概念を生み出したというわけだ. 換言すれば,資本主義発展における自律性の欠如とその直接的な効果こそが,従属パラダイム,あるいは従属論という「科学的研究プログラム(scientific research program)」のハード・コア(hard core)を構成しているといえよう.

したがって,NIEs 形成の社会学的な意味は,少なくともその一部に自生的な資本による資本主義発展を実現した社会が現れたことに求められるべきであり,なによりも資本主義発展の類型転換[4]を通じた,発展における自律性の拡大に注目する必要があるのである. そもそも,世界システムの中核に位置する社会がシステム総体へのイニシァティブを行使しえるのは,これらの社会に自生的な資本が集積していることに求められる. 個々の社会に当該社会から自生した資本が集積することによって発展の自律性が担保され[5],他の社会への影響力の行使も可能になるというわけだ. 言葉を換えていえば,世界システムにおける「中核性(coreness)」の1つは,当該社会の資本主

発展が自生的な資本によって担われることによって可能になる自律性として了解されよう.

それでは,そのような自律性を可能にする要因はどこに求められるであろうか.すでに別のところで考察したように(山田, 1998a: Ⅷ章),ひとたび外国資本に市場を支配された社会において,外国資本と競争しながら自生的資本が成長することは不可能といってよい.したがって,本章の冒頭で指摘したように,社会(市場あるいは"経済"といってもよい)の「外側」から自生的資本が成長できるような関係の形成を幇助する担い手として,国家(あるいは"政治")が"形成"されている必要があろう.すなわち,資本主義的関係の形成を幇助し,資本主義発展を支援する能力を獲得した「強い国家(strong state)」としての国家形成が求められるのである.

一般に,国家は社会(あるいは"経済")からインプットされる様々な社会勢力の利害関心に対処しなければならない.上記の意味における「強い国家」とは,インプットされる利害関心の具体的な政策への変換(transformation)のあり方が資本主義発展を促進するだけではなく,結果的に自生的資本の成長にも寄与するものでなければならない[6].それでは,そのような国家は個々の社会勢力とどのような関係をとり結ぶ必要があろうか.

(2) NIEs 形成における国家の機能

ローカルあるいはナショナルなレベルに依拠するならば,資本主義への発展を開始したばかりの周辺社会においては,一般には資本主義以前の(前資本主義的な)社会関係が根強く存続している.こうした社会に外国資本(家)が進出することで,資本主義的社会関係が"移植"され,資本主義への発展が開始される.したがって,周辺社会において,国家が関係をとり結ぶ社会勢力としては,当該社会において存続している土地所有階級(landowning class)[7]に代表される前資本主義的な勢力と,新たに参入した外国資本(家),脆弱な自生的資本家,および誕生しつつある労働者階級などの資本主義的な勢力を想定できよう.

周辺社会における国家が資本主義的に形成されているということは,これ

IV. 半周辺化における国家——比較 NIEs 形成論の試み

らの社会勢力による利害関心のインプットに対して必ずしも対等に政策への変換が行われるのではなく、資本主義的な社会勢力、とりわけ資本からのインプットが優先的に[8]政策へと変換されアウトプットが行われるということを意味する。加えて、ここでの文脈では、単に外国資本(家)の利害関心を満たすだけではなく、自生的資本の成長を促進するという課題が国家に賦課されているわけだ。それでは、前記の課題に照らして、国家と個々の社会勢力との間に求められる関係を特定していこう。この点に関しては、すでに別のところでアジア NIEs とラテンアメリカのそれとを比較する作業を通じて考察したことがある(山田, 1998a: VIII章)。いま、この作業を必要な限りで振り返ることによって、求められる関係の性格を明示しよう。

まず、周辺社会において、資本主義発展を主導する担い手である外国資本(家)と国家との関係の性格を考えよう。言及したように、自生的資本を成長させ資本主義発展における自律性を獲得するためには、外国資本(家)に対しては、これを「統制(control)」する関係をとり結ぶ必要がある。資本主義の発展を達成するためには、外国資本(家)の進出があくまで必要ではあるものの、その自由な活動を容認していては自生的資本の成長は期待できないからである。このことと表裏をなして、自生的資本に対しては、これを「育成(fostering)」する関係をとり結ぶ必要があることは議論の余地がなかろう。

それでは、前資本主義的な勢力である土地所有階級[9]、とりわけ大土地所有者に対しては、どのような関係をとり結ぶ必要があろうか。こうした社会勢力は、前資本主義社会におけるシステムから利益を享受してきた。したがって、資本主義へと社会関係が編成替えされることは、自らの利益の源泉を失うことにつながるため、こうした事態に抵抗する可能性が大きい。それゆえ、資本主義発展を促進し自生的資本家を育成するためには、前資本主義的な社会勢力に対しては、これを「根絶(extinction)」する関係をとり結ぶことが国家に求められる。

最後に、労働者階級についてはどうであろうか。賃上げその他の要求を容認し、様々な労働条件の改善を政策的に追求することは、ナショナルあるいはローカルなレベルに定位してとらえるならば、資本主義発展の初期局面に

位置している周辺社会においては，外国資本(家)を含めた資本の成長を阻害することになろう．したがって，労働者階級に対しては，これを「排除(exclusion)」する関係をとり結ぶことが必要となろう[10]．

以上，われわれは資本主義発展を促進するだけでなく，自生的な資本の成長を促すことを通じて，資本主義発展における自律性を獲得するために，周辺社会における国家が主要な社会勢力ととり結ぶべき関係を理論的に特定してきた．これらの関係はあくまで理論的に想定されるものであり，具体的な社会において実現することは必ずしも容易ではない．例えば，当該の周辺社会において資本主義発展を外国資本(家)に依存しながら，同時にそれを「統制」することは困難を極めよう．さらに，大規模土地所有者が前資本主義的社会勢力として大きな影響力を保持している場合には，当然のことながらこれを「根絶」することを語っても机上の空論となりかねない．

(3) NIEs 形成における差異

アジアにおける NIEs である韓国や台湾とラテンアメリカにおけるそれであるブラジルとを比較した際にも，この点は明らかであった．試みに，第2次世界大戦後において拡大した外国資本の形式である多国籍企業を例として，これらの社会における外国資本への「統制」関係を概観してみよう．I章において国際分業を類型化したときに言及したように，多国籍企業の発展途上の社会への進出は，進出要因に照準すると一定程度段階的に把握できる．1950年代までに多くの社会で輸入代替工業化が開始される以前の最初の段階は，原料や食料などの一次産品の獲得を進出要因としているといえよう．

一般的にいえば，その後輸入代替工業化が進められる1950年代には市場確保を，輸出志向型工業化が進められる1960年代の半ばからは低廉で従順な労働力の確保を，それぞれ進出要因として多国籍企業は発展途上社会へ進出したと捉えることができよう．韓国や台湾は，天然資源に乏しかったうえに市場規模も小さかったので，多国籍企業の進出がかなり後になるまで本格化しなかった[11]．このことは，豊富な資源と相対的に大きな市場に恵まれていたブラジルと大きく社会的基礎が異なっていた．結果的に，韓国や台湾におけ

る主要な外国資本の形式が，グローバルな視野をもって活動する多国籍企業ではなく，援助や借款[12]という「統制」することが容易なものとなったことは，ブラジルの場合の形式と大きく異なる．

　前資本主義的な社会勢力についても，韓国においては日本による植民地支配の過程で支配的な地主勢力(両班)が弾圧されたり，台湾においては国民党政権による占領権力によって農村が収奪されたりしたことは[13]，大土地所有が存続しているブラジルとは大きく異なっていた．韓国と台湾においては，その資本主義発展の初期に，前資本主義的な土地所有階級がコンティンジェントな(contingent)要因によってすでに「根絶」されており，農地改革も容易に行うことができたのである．

　以上のように，既存の NIEs 社会のなかでも，自生的な資本を「育成」し，資本主義発展における自律性を獲得している韓国と台湾においては，コンティンジェントな要因がかなりの程度関与している．そのことに照らしていえば，本来であれば周辺社会において自律性の確保はやはり容易ではないことが窺えるのである[14]．それでは，post-NIDL への転換のもとで半周辺化が期待されるマレーシアにおいては，国家の資本主義的な形成と自律性の確保はどの程度可能なのであろうか．

3. マレーシアにおける国家形成——マレーシア国家は「強い国家」か

　競争の激化を原因と結果とする経済のグローバル化が進行するにつれて，多国籍企業の戦略が変化するために，グローバルなレベルでは NIDL から post-NIDL へと国際分業が転換し，ローカルなレベルでは周辺社会の一部が半周辺へと上昇することが想定される．多国籍企業は，コスト競争を優位に展開するために資材の調達を本国ではなく進出先のローカルな社会の自生的企業に依頼するようになることが想定されるし，その結果企業関係を通じて自生的企業の成長も期待されるのである．その際，国家が多国籍企業を的確に「統制」し，自生的企業を「育成」することができれば，資本主義発展に

おける自律性も高まるというわけだ．

　それでは，マレーシアにおいては国家と様々な社会勢力との関係はどのようにとり結ばれてきたのであろうか．グローバル化の1つの起源を日本企業の本格的な多国籍的展開に求めるとするならば，その一環としての半周辺化の過程も1980年代後半以降に進展することになる．しかし，1957年の政治的独立以降，マレーシアにおいても資本主義発展が模索されていた以上，例えば前資本主義的社会勢力との関係はそれ以降一貫して懸案事項となっていたはずである．したがって，ここでは政治的独立以降のタイムスパンのなかで，国家の政策的アウトプットに目配せしながら，主として1980年代後半以降のアウトプットに照準していこう．

(1)　「統制」

　まず，外国資本(家)に対する関係はどうであろうか．イギリスによる植民地支配の過程で，錫とゴムとを主要な産物に設定されてきたマレーシアにあっては，政治的独立以降の工業化過程においてもイギリスなどからの外国資本(家)が工業化を担い，資本主義発展を主導することに変わりはなかった．もっとも，1957年の独立から1960年代を通じて，工業化が政策目標に掲げられてはいても，マレーシア国家による工業化の推進策は実質的には必ずしも積極的なものではなく，「自由放任」を基本的な性格としていた．

　1968年になってようやく投資刺激法(Investment Incentives Act)が制定されて，多国籍企業の誘致が開始されたが，その本格的な展開は1971年に制定された自由貿易区法(Free Trade Zone Act)に俟たなければならなかった．この法律を受けて，1972年にはペナン州に初めての自由貿易区(Free Trade Zone, FTZ)が設置されて，輸出志向型工業化が開始される．

　このタイプの工業化は，多国籍企業に依存して資本主義的な工業化を推進しようとするものであり，多国籍企業を誘致するために，関税の免除をはじめとする様々なインセンティブが提示された．さらに，半導体産業などの多国籍企業が集中している電子・電機産業は「パイオニア産業(pioneer industry)」に指定され，税の免除や出資比率などの点でさらなる優遇措置が

とられた.要するに,1972年以降マレーシアにおいても,NIDLにおいて想定される過程がローカルなレベルで進行したのである.

それでは,マレーシア国家は多国籍企業を「統制」する関係をとり結ぶことができたのであろうか.後述するように,「統制」関係と表裏をなす「育成」関係の一環として,早くも1970年代には単独出資による進出を制限する政策が提示された.さらに,post-NIDLへの転換と半周辺化過程が進行するようになると,多国籍企業への本格的な「統制」が開始される.

例えば,1988年からは有力な多国籍企業を「アンカー企業(anchor company)」に指定し,自生的企業との関係形成を要請することを通じて技術移転や経営体質の強化[15]を図るヴェンダー育成プログラム(Vendor Development Program)が開始された[16].さらに1991年には,「パイオニア産業」に属する企業においても現地調達率が30％以上に設定され,自由な資材調達に制限が課せられるようになった.このことは,多国籍企業の戦略に合致するとともに,自生的企業の成長を促進する効果をもたらすことになる.

しかし,このような関係も多国籍企業がグローバル化の進展にともなってその戦略を変化させたことによって可能になっていることは否めないし[17],1980代半ばの景気後退の対策としての投資促進法(Promotion of Investment Act)においては単独出資での進出を容認する政策が提示されている.このことは,多国籍企業との「統制」関係の形成が曲折をともなうものであり,ひとたび外国資本に資本主義発展を主導された社会においては,その「統制」が容易ではないことを示唆している.

(2) 「育成」

次に,自生的企業に対する関係はどうであろうか.よく知られているように,マレーシアにおける自生的企業の積極的「育成」の開始は,1971年に開始された新経済政策(New Economic Policy, NEP)に求められる.社会全般における貧困の除去と個々のエスニシティに特化した職業構成の是正を目標とするこの政策は,実質的には貧困が農村地域のマレー人に集中していたことから,マレー人に対するアファーマティブ・アクションという性格をもってい

た．その目標は，1990年の政策終了時点までにマレー人の資本所有比率を30％にすることに設定された．このように，1970年代の輸出志向型工業化の本格的な展開は，他方ではマレー人資本家の「育成」とともに進行したのである．

　マレー人による資本所有率を高めるために，すでに言及したように，1975年には産業調整法(Industrial Coordination Act)が制定され，(事実上，輸出志向型工業化を担う多国籍企業を除いた)従業員25人以上の企業においてはマレー人を共同経営者として参加させることが義務化された．さらに，1970年代後半からインフラストラクチュアの整備に関連した企業や，1980年代からの重工業化(第2次輸入代替工業化)にともなってつくられた企業は，国営として設立されマレー人が経営者に名を連ねた．こうして，NEPの終了時点でマレー人の資本所有率は20％を超えるに至り，少なくとも量的には自生的企業の「育成」は大きく進展したといえよう．

　しかし，質的な「育成」に関しては評価が分かれよう．指摘されてきたように，マレーシアにおける自生的企業は華人によって所有されるものが多くを占めてきた．マレー人に対するアファーマティブ・アクションの意味をもったNEPのもとでは，華人企業は相対的に冷遇されてきた．先に述べた産業調整法は，家族・同族による経営を基本スタイルとする華人企業の自由な経営活動を制約してきた[18]．このことは，有力な自生的企業を「育成」するというより，その活動を阻害する効果をもたらしたといえよう．

　さらに，形式的に役員会に名を連ねていても，経営者となったマレー人が経営ノウハウを的確に身につけていたかどうかは疑わしい．例えば，1983年から開始された「プライヴァタイゼーション(privatization)」を通じて，国営企業や公営事業が民間に移管されるようになった際にも，移管の理由として経営の非効率や業績不振があげられていたことは(Jomo et al. eds., 1995)，NEPの結果，実質的な経営能力をもたないマレー人経営者が"粗製濫造"されたことを示唆していた．そのうえ，1990年代になるまで，多国籍企業との関係形成を通じた技術力と，経営ノウハウおよび人的資源管理を含めた組織力などの向上が必ずしも政策的に追求されなかったことに鑑みれば，自生的企業の質的な「育成」はまだ緒についたばかりだといえよう．

(3)「根絶」

それでは，土地所有階級などの前資本主義的社会勢力との関係についてはどうであろうか．マレーシアにおいては，20世紀になる頃からゴムのプランテーションが発達し，その後はヤシ油生産のためのそれも発達した．商品作物生産のためのプランテーションは大規模な土地を利用するものの，マレーシアにおいてはその担い手はイギリス資本であり，そこにおいて雇用される労働者もインドから調達された移民であった[19]．したがって，とりわけ植民地期には，プランテーション産業における労使関係は前資本主義的な関係によって代替されていたが[20]，政治的独立後のマレーシア社会には"自生的な"大規模な土地所有階級は存在しなかった[21]．

もっとも，マレーシアの農村社会に地主－小作関係が存在しなかったわけではない．資本主義的な社会関係の浸透とともに，土地を失う農民が増え，その結果地主－小作関係も拡大した[22]．しかし，マレーシアの稲作農村における地主と小作との関係は親子関係に媒介されていることが多く（地主＝親，小作＝子），血縁的な相互扶助関係の性格をもっており，地主も大土地所有者ではなかった．したがって，マレーシア国家はあえて前資本主義的な社会勢力に対して，これを「根絶」する関係をとり結ぶ必要はなく，国家の農村における政策は農地改革を経ることなく，"自作農"の創出に向かうことができたのである．

具体的にいえば，早くも1950年代から連邦土地開発局(Federal Land Development Authority, FELDA)によって，土地をもたない農民を動員して未開地を開墾させ，開墾費用が回収された後でそれに従事した農民に農地と居住地（「屋敷地」）を譲渡する事業が開始された[23]．こうして，創出された"自作農"が1970年代からの輸出志向型工業化が進展する際に，労働者の供給源になったことは想像に難くない．マレーシアにおいては，既存のアジアNIEsと同様に，この関係の形成は容易であったといえよう．

(4)「排除」

最後に，労働者階級との関係を検討しよう．一般に，資本主義発展の初期

においては，労働者階級は組織化も進んでおらず，社会勢力として弱体であることが多い．そのため，周辺社会においても国家が労働者階級に対して，「排除」という関係をとり結ぶことは容易である．マレーシアにおいても，独立以前からマラヤ共産党(Malayan Communist Party)という共産主義勢力の母体となることが警戒されて，労働組合活動には大きな制限が加えられてきた．マレーシアの政治的独立に反対するインドネシアとの紛争に関連して，1963年に緊急令(Emergency Act)が施行されたことも，労働運動をはじめとする市民活動への制限を強める契機になったといわれている(Balakrishnan, 2004: 39-40)．

例えば，Ⅶ章においても言及するように，1967年に制定され修正が繰り返されてきている労使関係法(Industrial Relations Act)においては，労働組合はすべて政府機関への登録が義務づけられ，組合としての認可は国家の自由裁量に委ねられている．その結果，マレーシアにおける労働組合のナショナルセンターであるマレーシア労働組合会議(Malaysia Trade Union Congress, MTUC)も，「友愛団体(society)」として認知されるだけで，組合であれば認められる団体交渉権などをもっていない．

さらに，1970年代において輸出志向型工業化が進められるに際しては，NIDL論において想定されるように，FTZに進出した多国籍企業においては労働組合の結成が制限され，電子産業に関しては1988年に至るまで労働組合を組織することが認められてこなかった．多国籍企業における労使関係だけではなく，1978年から79年にかけて起こったマレーシア航空(Malaysian Airlines System)の労働争議に対して，国内治安法(Internal Security Act)を適用して組合指導者を逮捕するなど，自生的企業の労使関係についても「排除」を継続していた[24]．

もっとも，1980年代の後半からグローバル化とともに半周辺化の傾向が現れてくると[25]，その一環として労働者階級ととり結んでいた「排除」という関係にも変化が確認できる．すでに言及したように，労働組合の結成が認められていなかった電子産業においても，企業内組合(in-house union)であれば，それが容認されるようになった．労働者に対する技能訓練を積極的に推奨し

表Ⅳ－1. 国家形成の比較

	韓国	マレーシア
「統制」	多国籍企業の進出が少なく容易．コンティンジェントな要因が関与．	多国籍企業に主導された工業化のため困難．1980年代後半以降も同一傾向．
「育成」	厳しい目標管理による補助金支給．「財閥」の成長．	NEPによるマレー人経営者の増加と実質的な経営能力の欠如．華人資本家への冷遇．
「根絶」	日本の植民地政策によって，両班がほぼ壊滅．	大土地所有者は存在せず．FELDAによる自作農創設．
「排除」	1980年まで労働運動禁止．1980年代後半から「民主化」．	「労使関係法」などを通じた組合活動の規制．「半周辺化」とともに「統合」への胎動．
自律性の程度	大	小
「開発国家」の形成度	「財閥」の影響力が拡大するまで実質的に「開発国家」として存立．	多国籍企業が資本主義発展の初期から存在し，「開発国家」として存立しえず．

[26]，そのための制度作りを進めていることにも現れているように，労働者を単に「排除」するのではなく，積極的に「統合(involvement)」することを通じて労働者の技能・知識・創意を生かして生産性をあげることが追求されている．

こうした国家の政策における変化には，資本の利害関心が反映されているとともに[27]，post-NIDLのもとでの半周辺化の一環として把握できよう．要するに，マレーシアにおいては，国家と労働者階級との関係は1970年代以降の「排除」の成功をふまえて，「統合」へと関係が変化する傾向が現れてきているといえよう．

以上，われわれは半周辺化過程にあるマレーシアにおける国家と社会勢力との関係を検討してきた．資本主義発展における自律性の実現度や「開発国家」としての形成度も含めて，韓国を事例として既存のNIEs社会との比較を試みるならば，表Ⅳ－1を得ることができよう．韓国においては，1970年代に「財閥」の影響力が拡大し，国家に対して利害関心のインプットを行うようになるまで，理論的に想定される実質的な「開発国家」が成立していた

のに対して，マレーシアにおいては当初から多国籍企業の存在が大きく，国家は資本主義的に形成されてはいても「開発国家」として存立することは困難であった．この表からも明らかなように，発展途上の社会において自律性を高めたり，「開発国家」が存立したりするためには，コンティンジェントな要因の関与が重要であり，通常は大きな困難をともなうことが確認されるのである．

4. まとめ

　本章において，われわれはグローバル化のもとで半周辺化を進める周辺社会における国家の機能について，様々な社会勢力との関係を想定することによって理論的に措定し，マレーシアという具体的な社会における事例において，想定した関係の現れを検討してきた．半周辺化というローカルな過程においては，アジアNIEsの一部においてみられるように，自生的資本の成長とそれによって主導される資本主義発展への転換，およびそのことを通じた自律性の拡大が期待される．

　しかし，「統制」，「育成」，「根絶」，および「排除」という国家がとり結ぶことが期待される関係のなかで，マレーシアにおいて充分に可能だったのは「根絶」と「排除」の2つの関係にとどまることが明らかとなった．韓国および台湾においても，上記の関係の完成はコンティンジェントな要因に依存しており，資本主義発展における自律性の拡大と類型転換には大きな困難をともなうことが明らかとなった．

　さらに，半周辺化が進展するとともに，労働者階級との関係は「排除」からの転換を迫られており，この点もアジアNIEsとの類似性が確認できる．このように，マレーシア社会は半周辺化を確かに進展させながらも，半周辺社会の一部が享受している自律性は充分には達成しえない点で，その過程への制約も顕著に示しているといえよう．

注

1 こうした研究の系譜は，世界システムに照準した分析が，それらのユニットである個々の「国民国家」のローカルな過程をともすれば軽視する傾向があることへの反省，あるいは批判の試みとして位置づけられる．この系譜は，グローバルなシステムによる「外部」からの制約を意識しつつ，ローカルな「内部」過程の差異を分析対象とする「国民的発展論（national development theory）」として概括されよう．Ⅰ章において確認したように，post-NIDL と半周辺化過程の分析においては，とりわけこうした理論的パースペクティブが求められよう．

2 例えば，これらの社会に含まれる台湾や香港を主権国家（country）と呼ぶことは，事実認識として誤っているし，国際政治における立場によっては賛同しがたいというわけだ．ちなみに，NIEs に関しても，当初は Newly **Industrializing** Economies という表記が一般的であったが，工業化の進展により現在では **Industrialized** という表記が用いられることが多くなっている．

3 従属パラダイムにおける「発展」概念を検討したものとして，山田（1996: Ⅱ章）を参照．結論からいえば，世界システムの位置に関わりなく資本主義は「同一の効果をもたらす（homoficient）」ことを否定する根拠は存在しない．したがって，「（真の）発展」と「歪められた発展」とを区別することはできない．

4 個々のナショナルな社会における資本主義発展は，発展を主導する資本のタイプによって 3 つに類型化することができる（山田, 1996: Ⅳ章）．一般に，発展途上の社会は外国資本によって資本主義発展が主導される類型（類型Ⅲ）に分類される．

5 経済のグローバル化が進展するにつれて，その担い手である多国籍企業は自らの出自である社会の「国籍」をしだいに喪失して，厳密な意味でのグローバル企業へと変貌することがまことしやかに語られている．しかし他方では，多国籍企業は依然としてその出身国を第 1 の拠点として設定しており，個々の国籍の制約を払拭するには至っていないことが指摘されている（Hirst & Thomson, 1996: 95-98）．NIEs 形成にともなって一部に確認される自律性拡大は，資本の国籍というグローバル化のもとで軽視されがちな論点にあらためて注意を喚起しているといえよう．

6 理論的なモデルとしての「開発国家」は，資本主義発展を遂行する高い能力を保持している点では「強い国家」であるものの，必ずしも自生的資本の利害関心を優先的に政策へと変換する国家ではない．むしろ，この国家の特徴はあらゆる社会勢力からの利害関心のインプットから自立していることに求められ，仮に自生的資本の成長を促進したとしても，そのことはコンティンジェントな帰結にすぎない．

7 このとき，土地所有階級としては，いわゆる大規模土地所有者と小農（peasantry）

とが想定される．いうまでもなく，利害関心のインプットに関していえば，国家への影響力が大きい勢力は大土地所有者である．

8　念のため断っておけば，こういったからといって，われわれは資本主義国家に関する「道具主義（instrumentalism）」的な見解に与しているわけではない．資本主義社会においては，"経済"と"政治"とが分離していることが種差的な（specific）構造をなしている．したがって，"政治"が特定の社会勢力の利害関心を排他的に実現する回路は閉ざされている．資本主義的な国家形成をめぐる本章の課題に則していえば，こうした国家形成はまさに"経済"と"政治"との分離という種差の構造を備えることと軌を一にしている．一般に，前資本主義社会においては，"経済"と"政治"とが不分離であり，領主が搾取する年貢が領主自らの私的な財産であるとともに領地の公的な財源でもある封建制の例にみられるように，国家は特定の階級の利害関心を排他的に実現しようとする．しばしば，資本主義への移行が完成していない周辺社会においては，このような意味で国家が前資本主義的な性格を保持するならば，こうした国家は他方で発展し始めた資本主義がもたらす物的な富を収奪する「略奪国家（predatory state）」として現れる可能性がある（Evans, 1995）．

9　もちろんこの際，土地所有階級としては小農（peasantry）も含まれよう．しかし，種差的な条件をともなわなければ，この勢力は資本主義発展とともに分解し，労働者階級を構成することが想定される．NIEs形成において重要な影響を与える社会勢力は，小作制度などの前資本主義的社会関係を再生産することによって，資本主義発展を疎外する可能性が大きい大土地所有者にほかならない．

10　労働者階級をはじめとする民衆に対して，このような関係がとり結ばれた場合には，当該国家は権威主義的な性格をもつことになる．いわゆる「権威主義国家（authoritarian state）」と「開発国家」との差異は，後者が少なくとも理論的に設定されたモデルとしては，労働者階級に限らずあらゆる社会勢力からの利害関心のインプットから自立している点に求められよう．もとより，国家それ自体が資本活動を行うのでなければ，利害関心のインプットがなくとも，「開発国家」も資本に対しては親和的な（benign）関係をとり結ぶことにはなる．

11　例えば，台湾においては，1962年から1975年までの期間で平均して資本形成に外国企業は5.5%しか寄与していないことが指摘されている（Amsden, 1990）．したがって，台湾においては，とりわけ工業化の初期には国家資本の形成が進み，主要な産業は国営企業によって占められることになった．韓国においても，銀行を国営化し補助金の使用を国家が統制したうえで，輸出の義務づけ，製品価格の統制，外国への資金流用の制限などの規律を課して，その達成を補助金支給の条件にしていた．こうして，1970年代には「財閥（chaebol）」といわれる自生的な大企業が成長してきたのである．

12　このような援助や借款の多くは，アメリカ合州国から提供された．このことの背景には，北朝鮮や中国本土の共産主義政権に対する橋頭堡として韓国および台湾が位置

づけられてことがあった．まさに，第 2 次世界大戦後における冷戦状況にあって，これらの社会の地政学的な（geopolitical）位置というコンティンジェントな要因が資本主義発展に都合よく働いたのである．

13　農村から収奪された富は，都市において工業化のために投資された．国民党政権が農村に対して厳しい政策をとったのは，中国本土において共産主義が胚胎した原因の 1 つとして農村の貧困があり，農民の貧困は地主の搾取に起因したという認識をもっていたからである．国民党政権は，共産主義の胚胎を恐れて地主勢力を弾圧し，1953 年には農地改革を断行した（Amsden, 1979）．

14　このように述べるとき，われわれは，少なくとも NIEs となる以前には韓国および台湾が周辺に位置していたことを前提していることになる．一般に半周辺に位置づけられる NIEs 社会の発展は，半周辺という世界システムにおいて占める位置（「外部」要因）に起因するものか（いい換えれば，そもそもはじめから半周辺に位置していたことに起因するのか），それとも当該社会における「内部」要因の関与が大きく，NIEs 社会は周辺から上昇したものなのかという問題は別途理論的に検討される必要がある．

15　例えば，サプライヤー（supplier）としては，直接的な技術力に依存した高い品質（quality）だけではなく，コスト（cost）を極小化し納期（delivery）を遵守することが求められる．

16　「アンカー企業」に指定された最初の企業は，三菱自動車と国営の HICOM（Heavy Industry of Malaysia）との合弁であるプロトン（Proton）社であった．周知のように，プロトン社はマレーシアにおける「国民車（national car）」を生産するために設立された会社である．VDP のモデルは，日本の下請制にみられる「系列」であるといわれる．1988 年には「プロトン部品スキーム（Proton Component Scheme）」が開始され，その後，1992 年には日系合弁企業のシャープ・ロキシー（Sharp-Roxy）社などの電機メーカーも「アンカー企業」に指定されて，「電子部品スキーム（Electronics Component Scheme）」も開始されている．1994 年の時点では，20 社の大企業と 6 つの金融機関が VDP に参加している．とりわけ，プロトン社のヴェンダーは「プロトン・ヴェンダー協会（Proton Vendor Association）」を結成し，セミナー，研究会，および研修旅行などを行っている（穴沢，1995; Kondo, 1999）．

17　グローバル化によって激化するコスト競争のもとでは，少しでも輸送にともなう時間的・金銭的コストを節約するために，資材や部品の調達も NIDL において想定されていたような多国籍企業の本国に仰ぐわけにはいかず，現地の自生的企業にも依存せざるをえない傾向が発生する．現地調達が開始される当初においては，多国籍企業の本国において関係をとり結んでいたサプライヤーの進出に依存するものの，進出先における出向者の手当などを勘案すると，純粋にコストだけを比較するならば，自生的企業への外注のほうが競争力をもつことになる．

18　こういったからといって，華人企業が現在でも指摘したような制約に甘んじている

わけではない.現在でもマレーシアにおけるエスニシティごとの資本所有率は,華人のそれが40％以上を占めており,最も高くなっている.1990年のNEP終了後に新たに策定された国民発展政策（National Development Policy, NDP）のもとでも,いったんはマレー人への優遇を緩和する方向への政策転換とそれへの反発という曲折を経たうえで,マレー人へのアファーマティブ・アクションは継続しているものの,2020年までに先進国の仲間入りを目指すヴィジョン2020（Vision 2020）のもとでマレー人だけを優遇するのではなく,やはり「マレーシア人」総体の協調のもとで発展を志向することも示唆されている.とりわけ,「プライヴァタイゼーション」が推進される過程において,国営の企業や事業が民間に移管される際には,UMNOの有力マレー人政治家のコネクションが重要になる「利権（rent）」政治（Gomez & Jomo, 1997）が横行するようになると,華人資本家はエスニシティの壁を越えてそうした政治家に接近を試みているといわれる.こうした事態は,華人企業の強かさを示すとともに,post-NIDLのもとでマレーシア国家が半周辺化を進めるに際して,自生的企業としての華人企業の力量を無視しえなくなった現れとして解釈できよう.さらに,このことは,マレーシア国家,多国籍企業,および自生的企業の関係に変化をもたらすかもしれない.この問題は,いわゆる「三者同盟（triple alliance）」論の再検討として,次章において改めて論じることにしたい.

19 周知のように,これ以降に流入した移民労働者がマレーシア社会におけるエスニシティの1つを形成した.

20 イギリスによる移民労働者のリクルート・システムは,「カンガニー制度（Kangany System)」と呼ばれるものだった.このシステムにおいては,イギリス資本から委託された「カンガニー」と呼ばれるリクルーターが,インドへの自由渡航権を与えられて自らの出身村落から労働者を調達し,住居や食糧まで供給して管理した.通常,カンガニーは村の有力者が担当することが多かったという（Parmer, 1954: 68－69）.この制度は,明らかに「内部請負制（internal subcontracting）」などと同型のもので,雇用者であるイギリスのプランターは,直接労働者に統制を行使しているわけではない.すなわち,労使関係を構成する統制－被統制関係は間接的である.そのうえ,当初においては出稼ぎの性格をもつ移民労働者は,出身の村落において生産手段との紐帯を有しているし,そうした労働者の管理は,カンガニーによる温情主義イデオロギーが働いていた.このように,プランテーションにおける労使関係は,前資本主義的な関係によって代替されていたのである.さらにいえば,華人が従事していた錫鉱山開発においても,プランテーションにおける場合と同型の労使関係が成立していた（Stenson, 1970: 5）.

21 もっとも,現在でもペナンやマラッカなどの一部を除くマレーシアの各州にはスルタンが存続しているように,イスラム社会における前資本主義的な社会勢力が存在しないわけではない.この原因は,新たな社会制度の導入にともなって民衆の反発を招

くことを避けるために，既存の社会秩序を温存したイギリスの植民地政策に求めることができる．イギリスは，1913年にマレー人保護法（Malay Reservation Act）を制定し，マレー人が土地の売買に関わることを禁止している．政治的独立以降も，マレー人の多くが農民にとどまっていた原因の一端はこの法律に求められよう．いうまでもなく，立憲君主制に依拠するマレーシア国家においては，スルタンがかつてのように土地を所有し，民衆から税を徴収することは認められていない．その意味で，少なくとも経済的には前資本主義的な社会勢力の基盤となる社会関係は存在しない．しかし，イデオロギー的には1970年代からの「イスラム化（Islamization）」の進展によって，スルタンは間接的な影響力を行使している．この点についても，稿を改めて論じたい．

22 このことには，マレーシアの農村社会においてはイスラムの慣習に基づいて分割相続が行われていることが関連している．分割相続が進行すれば，小農一戸当たりの所有土地面積は減少することになる．

23 このような入植事業は，当初はゴム栽培農地の拡大を目的として行われた．FELDAの事業は農村間の人口移動を喚起し，都市への労働力移動をゆっくりと進展させる効果があったという．FELDAの事業については，堀井編（1991: 337-355）が詳しい．

24 こうした「排除」の傾向は，マレーシア国家が権威主義的な性格をもっていることを意味しているのだった．しかし，マレーシア国家を単純に「権威主義国家」として把握することには困難がともなう．それというのも，この社会では独立以来ほぼ一貫して普通選挙に基づく議会運営が継続しているからである．この限りでは，マレーシアにおいては民主制が営まれていることになる．このようなマレーシア政治の両義的性格については，クローチ（Crouch, 1993）が分析している．本書においては，IX章でこの問題に言及する．

25 韓国における「民主化」の例にみられるように，労働者階級に対する関係が「排除」から「統合」へと転換する時期は，当該社会が半周辺の位置に定着し，NIEs としての自己形成をほぼ完了してからである．韓国においては，NIEs 形成が進んだ1970年を通じて労働組合活動は禁止されていたのだった．これと比較すれば，現在半周辺化しつつあるマレーシアにおいて，すでに関係の転換が起こりつつあるということは，この社会における半周辺化がかなり「圧縮されて（compressed）」進展しているとみなせよう．このことも，「後発性」のもう1つの現れといえるかもしれない．

26 例えば，II章においても言及し，VII章において再度ふれるように，マレーシアにおいては「人的資源開発基金（Human Resource Development Fund）」が制度化されている．この制度は，あらかじめ各企業が人件費の1％を拠出して基金を作り，従業員にあらかじめ定められた訓練を実施すれば，その訓練費用をこの基金から回収できるというものである．

27 それというのも，post-NIDL のもとでは，周辺社会の一部においてはより付加価値が高い製品の生産が求められるからである．そのためには，NIDL において想定されてい

た不熟練労働者に依拠した単なるアセンブリーではなく，労働者の技能レベルの向上とそれに基づく生産システムへの転換が必要となろう．

V. エスニシティ関係と国家政策
――「三者同盟」論再考――

1. 課題

　先進社会を事例として，資本主義国家の性格をめぐって様々な議論が展開されてから久しい．そうした議論の1つの到達点は，資本主義国家は決して資本の「道具(instrument)」ではなく，様々な社会勢力による利害関心のインプットが可能であり，階級をはじめとする諸勢力によるせめぎ合いの場であるという認識であろう(Poulantzas, 1978=1984; Jessop, 1985=1987; 1995; Carnoy, 1984=1992). しかし，世界システムの周辺に目を向けるならば，こうした理論的想定の妥当性を疑いたくなるような光景をしばしば目の当たりにすることになる．すなわち，国家による民衆の「排除(exclusion)」がそれである．

　しばしば，国家が権威主義的な(authoritarian)な様相を呈する周辺社会は，ローカルなレベルに定位してみるならば，資本主義発展の初期に位置しており，世界システムの中核に位置する，今日の先進社会が資本主義の初期に呈していた状況と実は類似している[1]．資本主義発展の初期においては，労働者階級をはじめとする民衆勢力は一般に弱体であり，これらの勢力は利害関心をインプットするための制度形成にまず着手しなければならない．こうした制度形成それ自体に向けた利害関心のインプットに対して制約を加える支配的勢力は，しばしば利害関心の共通性を背景に「同盟(alliance)」を形成する．

　発展途上の社会が資本主義発展を開始するときに，発展を主導する資本は

一般に外国資本である．ひとたび資本主義発展を開始することに成功したあとであれば[2]，様々な社会勢力が拮抗する場合においても[3]，この勢力は当該社会の国家に対する利害関心のインプットを実現し，ひいてはその「政策」への変換(transformation)も達成される可能性が大きい．かつて，エヴァンス(Evans, 1979; 1982)は，こうした外国資本と利害関心を共有する現地資本(local capital)との「同盟」関係を，「同盟」を媒介する担い手である国家を含めた「三者同盟(triple alliance)」として概念化した．

エヴァンスによる概念化において，分析の対象とされた社会はブラジルであった．一般に，NIEs社会として半周辺に位置づけられるブラジルに照準して，輸入代替工業化というタイプの工業化のもとで，石油化学工業や銅の精錬業といった産業における多国籍企業との合弁企業を事例として，「三者同盟」論は展開された．その後，エヴァンスによる概念化をふまえて，その他の発展途上の社会に対して「三者同盟」という概念を適用する試みも現れてきている(e.g., 朴, 1992)．

しかし，1970年代という時期，輸入代替工業化というタイプの工業化，さらにはすでに半周辺に位置する社会を対象にしている点など，エヴァンスの議論が様々な制約条件のもとで展開されていることには留意しなければならない．発展途上の社会という文脈で，国家と(外国)資本との関係というポレミカルな問題を，汎用性をもつかたちで概念化しているものの，異なる時期，社会，工業化のタイプにおいては，「三者同盟」が異なる関係として体現することは容易に想定されよう．

本章では，エヴァンスによる「三者同盟」論を概観したうえで，主として時期あるいはそれに関連した国際分業に対応させるかたちで，この概念の類型化を試みる．この際，グローバル化の進展とそれに対応した国際分業の変化(= post-NIDLへの転換)，およびそのもとでの半周辺化の進展というローカルな過程の双方に注目し[4]，こうした相互に連関する社会変動のもとで，「三者同盟」がどのようなかたちをとって現れるかを明らかにすることが課題となる．半周辺化しつつある周辺社会として，ここでもマレーシアを事例として選択し，マレーシアにおける個別要因であるエスニシティ関係が「三者同

盟」に与えた影響と，グローバル化のなかで，この社会におけるエスニシティ関係がどのように変化するのかを展望することにしたい．

2. 「三者同盟」とはなにか

(1) 周辺国家の特性と「同盟」関係

ひとたび資本主義発展を開始したのであれば，周辺社会における国家にも資本主義国家としての構造的特性を保持する傾向が発生する．外国資本によって資本主義的関係が移植される以前においては，周辺国家は前資本主義的な特性を保持するため[5]，(私的な)"経済"と(公的な)"政治"とは構造的に分離されず，国家は支配的な社会勢力による(私的な)利害関心を排他的に実現するように振る舞う．資本主義発展が開始されることによって，こうした構造は解体され，資本主義的な構造が形成されよう．

この際，外国資本が当該社会における社会関係を編成替えしていく過程で，編成替えされつつある社会関係が資本主義発展を「強く」推し進めることを可能にする場合には[6]，周辺国家は，本来的には構造として開かれている，利害関心をインプットする回路を資本以外の社会勢力に対しては閉ざしてしまう[7]．周辺社会において，民衆に対する「排除」という関係が現れる事態の１つはこのような場合にほかならない．

もっとも，民衆が「排除」されているからといって，周辺国家が「強い国家」として形成されていることにはならない．資本蓄積を進める際に，外国資本が前資本主義的な社会勢力と利害関心を共有する場合には[8]，周辺国家にこれらの社会勢力の利害関心が強くインプットされるであろう．これらの社会勢力の利害関心は前資本主義的な社会関係を再生産することに向けられる以上，その限りでは資本主義発展を停滞させることになる．

このように，利害関心を共有することにともなう「同盟」関係は様々な形式をとる可能性がある．エヴァンスが概念化した「三者同盟」は，こうした「同盟」関係の１つにすぎない．しかも，エヴァンスによる「三者同盟」は

階級間の「同盟」関係ではなく，階級内あるいは階級分派(class fraction)間の「同盟」である．あらためて，こうした概念化を試みることで，われわれは結果的には資本内部の利害関心が必ずしも一枚岩ではないことを確認するとともに，外国資本(多国籍企業)の社会的異質性を明示できるといえよう．

それというのも，他の社会に出自をもつ外国資本(多国籍企業)が対象でなければ，あえて資本内あるいは資本間の利害関心の共通性を「同盟」関係として語る必要はないからである．言葉を換えていえば，資本という階級においても，例えば規模，所属産業などに関連して利害関心が異なる可能性があるものの[9]，他方ではあくまで同一の階級としての利害関心の共通性は自明であるからである．エヴァンスによる「三者同盟」論は，外国資本(多国籍企業)が資本蓄積を進める際には，自生的資本であれば必要ないかもしれない「同盟」関係を必要とすることを明示するとともに，この資本が国家ならびに現地資本と自己の利害関心に即した関係をとり結ぶことによって，当該周辺社会の自律的発展が剥奪される過程に焦点を当てたものといえよう．このことは，この概念が従属(dependency)という問題構制(problematique)のもとで形成されたことにも示唆されていたはずである．

(2) 「三者同盟」の類型論
①エヴァンスによる「三者同盟」概念

それでは，エヴァンスは「三者同盟」をどのように概念化しているであろうか．彼はブラジルにおいて展開されている石油化学工業や銅の精錬業などを事例として，多国籍企業を当事者の1つとする半国営合弁企業を存立させている利害関心のトレード・オフ関係を把握している．まず，進出した多国籍企業は，資本主義の"発展"に寄与する見返り[10]として，国家から様々の特典を認めてもらうというかたちで保護を獲得するとともに，現地資本には技術・ノウハウを提供する見返りとして，現地の市場情報を獲得するトレード・オフ関係をとり結ぶ．同様に，現地資本も「正当性(legitimacy)」を提供し，少なくともポテンシャルとして「抵抗」を担保している見返りとして，国家から保護を獲得するのである．こうした「三者同盟」は，あくまで進出

した多国籍企業が資本蓄積を効率的に進めるためのものであり，そこには民衆の利益が実現されることを保証する回路は存在しない．

　もっとも，すでに言及したように，エヴァンスによる概念化は様々な所与の条件を前提としている．まず，事例とされている社会は長い工業化の歴史をもつブラジルだし，対象とされている産業は資本集約的な装置産業である．こうした産業を事例として選択することの妥当性は，この社会が豊富な資源と広い市場をもっていたために，輸入代替工業化というタイプの工業化が相対的に長期にわたり継続したことに求められよう．しかし，Ⅰ章で言及しⅦ章でもみるように，多くの発展途上社会においては，市場の狭隘性を一因として輸入代替工業化は限界に直面して，輸出志向型工業化へと工業化のタイプを変化させたし，そのようなタイプの工業化においては，一般に労働集約的産業が基幹的産業となる．

　さらには，民衆勢力との関係においても，長期に及ぶ工業化の歴史をもつブラジル社会はいうまでもなく，工業化の経験が乏しく労働者の技能形成が充分に進展していない社会においても，輸入代替工業化のもとでは装置の管理に習熟した，そのような意味での熟練労働者を雇用することが求められる．国際分業のあり方がNIDLへと転換することにともなって追求される輸出志向型工業化においては，こうした事態は一変するであろう．このタイプの工業化においては，さしあたり従順な不熟練労働者を確保できればよく，それに対応して労使関係も異なったかたちで現れることにつながろう．

　加えて，そもそも「同盟」関係の一角をなす多国籍企業と現地資本との関係においてさえ，工業化のタイプが異なることによって変化する可能性がある．輸入代替工業化においては，多国籍企業の主たる進出目的が現地市場の確保であるのに対して，輸出志向型工業化においては，従順で低廉な労働力の確保に利害関心が向けられている．このように，時期あるいは国際分業のあり方，および工業化のタイプとそれに関連した産業といった要因によって，「三者同盟」のあり方は変化することが想定される．以下では，グローバル化の進展にともなって，国際分業のあり方がNIDLからpost-NIDLへと転換しつつあることも含めて，指摘した要因を操作することによって「三者同

盟」を類型化してみよう．

②類型論の提示

エヴァンスによる概念化は，ブラジルという具体的な社会に依拠していたのだった．いま，もう少しこの概念の一般化(抽象化)を進めて類型化作業の出発点とすることにしよう．まず，この事例の背景として設定されている国際分業，産業，および工業化のタイプといった要因を，それらが発展途上社会の多くで確認できる時期に対応するものとして一般化することを通じて，エヴァンスによる概念の射程を延長しよう．すなわち，エヴァンスによる概念化は，一般化するならば1960年代前半までの(旧)国際分業のもとで，あくまで半周辺(の一部)の社会において[11]形成されるタイプの「三者同盟」を把握したものと了解されよう．

この時期においては，一般的には輸入代替工業化は成功しなかったし，そのことを背景として従属パラダイムが一定程度説得力をもっていた．労使関係についていえば，熟練労働者を確保するために「高賃金」政策が展開されるなど，相対的に寛容な関係がとり結ばれていたにもかかわらず(e.g., Kuruvilla, 1996)，民衆に対する「排除」ばかりが強調されたのはそうした文脈においてであったといえよう．

1960年代の後半から，世界システムの中核における労使関係対策の一環として，従順で低賃金の労働力を確保するために，多国籍企業は労働集約的な工程を発展途上社会に配置転換(relocation)した．このことを背景として，半周辺・周辺に位置する発展途上社会から工業製品が(再)輸出されるようになった．こうして，発展途上社会においては輸出志向型工業化が進展することになった．こうした国際分業のそれまでとは異なるあり方を把握するために提起された概念が，"新"国際分業というそれにほかならない．それでは，NIDLにおいて「三者同盟」はどのようなかたちで形成されるのであろうか．

NIDLのもとでは，一般的に発展途上社会に進出した多国籍企業は，部品・資材はすべてその本国をはじめとする先進社会から調達することが想定されていた．したがって，自由貿易区あるいは輸出加工区に進出した多国籍企業が現地資本に部品・資材の調達を求めるために関係をとり結ぶ傾向は乏

しい.このことは,「三者同盟」それ自体が決して強固ではなく,ともに資本であることにともなう一般的な利害関心の共有を除けば,多国籍企業と現地資本との関係は極めて希薄であることを示している.国家についても,多国籍企業には誘致を促進するためのインセンティブを提示するものの,現地資本には一般的な保護を与えるにとどまるであろう.したがって,仮に(旧)国際分業から NIDL へと時系列的な変化を確認できるとすれば,「三者同盟」についても形成(formation)から弛緩(looseness)へと変化するものと把握できよう.

それでは,グローバル化のもとで,1980年代後半から形成されつつある新たな国際分業(= post-NIDL)のもとでは,「三者同盟」はどのようなかたちをとるであろうか.グローバル化は競争の激化をともなうから,部品・資材の調達に関しても低コスト・短納期が求められる.その結果,NIDL においては先進社会から調達していた部品・資材も進出先の発展途上の社会で調達される傾向が生まれよう.この傾向のもとで,多国籍企業と現地資本との関係形成も(再び)強化される可能性がある.この際,すでにⅣ章において確認したように,多国籍企業を「統制」し,現地資本(自生的資本)を「育成」するように,国家が両者の関係を媒介すれば,そのような形式での「三者同盟」が(再)形成される可能性があろう.

すなわち,多国籍企業は国家による「統制」のもとで現地資本とサプライヤーとしての関係をとり結び,低コスト・短納期の部品・資材調達を実現するのに対して,現地資本は国家による「育成」のもとで多国籍企業からサプライヤーとして技術指導・経営ノウハウの提供を享受する.両者を媒介する国家は,自律的な資本主義発展のための条件を整備できるというわけだ.この点は,エヴァンスによる概念化が従属パラダイムという問題構制に制約されているのとは大きく異なっている.

こうした「三者同盟」の(再)形成は,post-NIDL のもとで工業化パタンの「複合化」[12]およびそれにともなう産業の多様化と軌を一にして進むことになろう.周辺(の一部)において,この関係が形成される過程は半周辺化という社会変動の一環をなしている.以上の理論的・一般的検討は,表Ⅴ-1

表Ⅴ-1. 国際分業と「三者同盟」の類型論

国際分業	世界システムの位置	工業化のタイプ	産業のタイプ	多国籍企業	国家	現地資本	強さ	様態	時期
(旧)国際分業	半周辺	輸入代替工業化	資本集約的産業	国家への"発展"と現地資本への技術移転	資本への保護	多国籍企業への市場情報の提供と国家への正当性	強い	形成	1960年代前半まで
新国際分業	半周辺・周辺	輸出志向型工業化	労働集約的産業	国家への発展	多国籍企業へのインセンティブと現地資本への一般的保護	(国家への正当性)	弱い	弛緩	1960年代後半から1980年代前半まで
ポスト新国際分業	半周辺・周辺	「複合的」工業化	多様な産業	国家への自律的発展と現地資本とのサプライヤー関係	多国籍企業への「統制」と現地資本への「育成」	多国籍企業への部材供給と国家への自律的発展	強い	(再)形成	1980年代後半以降

(p.114)にまとめられよう．それでは，以上のような類型化の作業をふまえるとき，事例としてのマレーシア社会において「三者同盟」はどのようなかたちをとって現れるのであろうか．この社会の特性であるエスニシティ関係を考慮に入れながら検討していこう．

3. マレーシアにおける「三者同盟」——エスニシティ関係による媒介

(1) グローバル化という背景

　グローバル化が進展する過程で，マレーシア社会においては半周辺化過程が進展しつつあるようにみえる．グローバル化の起点は，日本企業の多国籍企業としての本格的展開に求められる．しかも，1980年代後半以降の日本企

業による対外直接投資の多くがマレーシアに向けられていたことは注目に値する．グローバル化の帰結である競争の激化によって，マレーシアに進出した日本企業の現地工場にも低コスト・短納期に対応するため，現地資本をサプライヤーとして位置づけようとする傾向が生まれるであろう．

グローバル化を推進する日本企業にみられる傾向は，これと競争するその他の多国籍企業においても共有されよう．国家が多国籍企業と現地企業（自生的企業）との関係を媒介するならば，「三者同盟」の形成は促進される．マレーシアはホスト社会としてグローバル化の契機となった日本企業の本格的多国籍化を"幇助した"社会であるとともに[13]，日本企業の戦略のあり方は「三者同盟」を形成し，この社会の半周辺化を促進することになろう．

(2) エスニシティ関係と「三者同盟」

それでは，そもそもこの社会において「三者同盟」はどのようなかたちで存在してきたのであろうか．これまでの経緯を概観したうえで，現在の傾向を把握することにしよう．**表V－2**(p.116)は，政治的独立以降のマレーシアにおける「政策(policy)」と「計画(plan)」との時系列的な変化を，そのもとでの制度形成と合わせてまとめたものである．周知のように，政治的独立以降のマレーシアにおいてはマレーシア計画(Malaysia Plan)と銘打たれた5カ年計画が現在まで継起的に実行されてきている．

とりわけ，1971年以降においては，10年以上のスパンをもった長期的なヴィジョンを体現する「政策(policy)」がまず提示され，それに合わせて「長期概要計画(Outline Perspective Plan)」が策定され，そのもとで5年ごとにマレーシア計画が実行されて，各「計画」の具体的施策としての，立法を通じた制度形成が進められてきている．2005年現在，マレーシア計画は第8次のそれが遂行されている．このような「政策」と「計画」との変遷を国家と資本との関係として読み解くことを通じて，マレーシアにおける「三者同盟」のあり方の変遷をも把握できよう．

①独立から1960年代まで

よく知られているように，1957年の独立から1960年代までのマレーシアに

表V-2. マレーシアにおける政策・計画・制度

政策（Policy）	長期概要計画（Outline Perspective Plan, OPP）	マレーシア計画（Malaysia Plan）	制度形成	備考(事件および首相)
		第1次5カ年計画（1956〜1960）	パイオニア法例（1958） 国内治安法（1960）	Tunku Abdul Rahman（1957〜1970）
		第2次5カ年計画（1961〜1965）		
		第1次（1966〜1970）	労使関係法（1967） 投資奨励法（1968）	人種暴動（1969）
New Economic Policy（1971〜1990）	OPP 1（1971〜1990）	第2次（1971〜1975）	自由貿易区法（1971） 産業調整法（1975）	Tunku Abdul Razak（1971〜1976） Tun Hussein Onn（1977〜1980） Mahathir Mohamad（1981〜2003） UMNO 分裂（1988）
		第3次（1976〜1980）	HICOM の設立（1981）	
		第4次（1981〜1985）	プロトン社の設立（1983） プライヴァタイゼーション 投資促進法（1986）	
		第5次（1986〜1990）		
National Development Policy（1991〜2000）	OPP 2（1991〜2000）	第6次（1991〜1995）	ヴィジョン2020（1991） 人的資源開発法（1992） プロデュア社の設立（1994）	通貨危機（1998） Anwar 副首相解任（1999） Abdullha Badawi（2003〜）
		第7次（1996〜2000）	MSC 計画（1996）	
National Vision Policy（2001〜2010）	OPP 3（2001〜2010）	第8次（2001〜2005）		

おいては，輸入代替工業化というタイプの工業化が追求されてきたものの，国家による政策は実質的にはレッセフェールにほかならなかった．それというのも，首相となったラーマン(Rahman)はもともと王族の出身であって資本を含めた他の社会勢力の利害関心への配慮が相対的に乏しいうえに，「同盟(Alliance)」政権[14]において多数を占める UMNO はマレー人の政党として農村に支持基盤があったから，産業に対する国家支出としては圧倒的に農業に対する額が大きかったためである(e.g.,Jesudason,1989:51)[15]．

なるほど，1958年には「パイオニア製品(Pioneer Product)」を生産する企業には「パイオニア法例(Pioneer Ordinance)」に基づいて法人税が投資額に応じて最大40％免除されるなどの優遇策は採用されていた．しかし，輸入関税に対処するためにイギリスやアメリカ合州国から直接投資が増加し，進出

してきた多国籍企業がこうした優遇策を享受することになった(Jesudason, 1989: 57). すなわち，多くの周辺社会と同様に，輸入代替工業化の結果，自生的資本による工業化ではなく工業化のイニシァティブを多国籍企業に奪われるとともに，主として華人資本(Chinese capital)から構成される自生的資本への「保護」あるいは「育成」は必ずしも積極的には推進されなかったのである[16]. 換言すれば，多国籍企業には「寛容」であるのに対して，現地資本には「冷淡」な国家のスタンスがみて取れよう.

独立以前の1956年から早くも開始された第1次「5カ年計画(Five-Year Plan)」から第1次マレーシア計画を通じて，こうした傾向が確認されよう. 「同盟」関係を媒介するものとしての国家の政策的スタンスがこのようなものである以上，資本間の利害関心を媒介することは困難となる. したがって，輸入代替工業化が展開されていた時期においては，マレーシアでは「三者同盟」はエヴァンスによって概念化されたようなかたちでは形成されなかったといえよう[17]. そもそも，概念化の基盤となった社会が半周辺に位置する社会であったことに鑑みれば，政治的独立後間もない周辺社会マレーシアにおいては，多国籍企業のパートナーとなる現地資本はほとんど存在しなかったといえよう.

さらに，イギリスやアメリカ合州国から進出した多国籍企業が資本集約的な装置産業に属していたことは雇用創出効果が乏しく(Wheelwright, 1967: 72)[18]，マレー人の多くが農民にとどまっていたマレーシアを農業社会から転換させることは困難であった. このことは，当時のマレーシア社会が世界システム(あるいはその実質としての国際分業)において依然として従来からのゴムや錫などの一次産品・原料供給を担うことになっただけでなく，圧倒的多数が農民から構成されていたマレー人の経済的上昇を阻害し，結果的に華人との経済的格差を拡大したのである. 周知のように，これが「人種暴動(racial riot)」(1969年)の社会的背景であった[19]. この問題の解決が，1970年代以降の政策課題となったことはいうまでもない.

②1970年代から1980年代前半まで

1971年からは，初めて長期的なタイムスパンをもった「政策」および「長

期概要計画」が策定され，国家による社会介入が拡大することになった．すなわち，1969年5月の総選挙後に起こったいわゆる「人種暴動」を契機として，1971年から新経済政策(New Economic Policy, NEP)が推進され，それをうけて第1次「長期概要計画」が策定され，そのもとで第2次から第5次までのマレーシア計画が実行された．NEPにおいては，貧困の廃絶という普遍的な目標に加えて，事実上マレー人の資本所有比率を高めることが追求された(1991年までに30％が目標)．さらに，1960年代を通じて明らかになった輸入代替工業化の限界をうけて，多国籍企業を本格的に誘致する輸出志向型工業化が展開されてきた．このことは，マレーシアが1970年代以降NIDLの一端を担うようになったことを意味している．

もっとも，1970年代になってからも，マレーシアにおいては，強固な「同盟」関係は必ずしも形成されなかったといえよう．それというのも，自由貿易区法(Free Trade Zone Act)(1971年)[20]に基づいて，その翌年ペナン州に自由貿易区(Free Trade Zone, FTZ)が設置されたことを嚆矢として，その後各地に設置されたFTZに進出した多国籍企業にとっては，とりたてて現地資本との関係を構築する必要は存在しなかったからである．まさにNIDLにおける想定に沿うかたちで，進出した多国籍企業は全くといっていいほど現地資本との関係をとり結ぶことはなかった[21]．

一般に輸出志向型工業化においては，多国籍企業にとってはホスト社会における従順で低廉な労働力の獲得がほぼ唯一の進出目的であり，部品・資材の調達は，ほとんどすべてマレーシア以外の(主として)先進社会から調達されていた．翻っていえば，現地資本には多国籍企業の要請に応えられる水準に達した企業がほとんど存在しなかったのである．したがって，この時期においても資本であることにともなう利害関心の共有を除いては，多国籍企業と現地資本との関係は存在しなかった．さらには，1960年代から引き続いて国家においても，FTZに進出した企業が属していた半導体生産などのエレクトロニクス産業を「パイオニア産業」に指定して出資比率の制約を解除するなど，積極的に多国籍企業と現地資本との関係を形成しようとする政策は展開されなかった．

V. エスニシティ関係と国家政策――「三者同盟」論再考

　かつて，ジェスダーソン(Jesudason, 1989)がエヴァンスによる「三者同盟」概念に触発されながら，マレーシアにおける現地資本の特性を検討したとき，実をいえばそうした特性というコンティンジェントな要因を加味するまでもなく，「三者同盟」は極めて弛緩したものとしてしか想定しえなかったのである．ジェスダーソンの議論は，本来「三者同盟」の一角をなすべき現地資本がエスニシティ関係によって媒介されることによって，国家によって必ずしも十全な保護を得られないことを指摘したものである．周知のように，現在に至るまでマレーシアにおける現地資本は華人資本がその多くを占めている．「人種暴動」を契機として，その社会的背景を是正するために遂行されたNEPにおいては，結果的に様々なかたちで華人資本の活動が制約されることになったのである．

　例えば，NEPのもとでマレー人の資本所有率を増やすために，Pernas (*Perbadanan Nasional*, National Corporation)，PNB(*Permodalan Nasional Berhad*, National Equity Corporation)，SEDCs(State Economic Development Corporations)といった主として株式を管理する国営会社が設立され，その子会社として多様な産業にわたる国営企業が作られた．これらの企業の経営者には，そのトップにUMNOの有力政治家が就任するなどマレー人が配置された．さらに，これらの企業によって，主としてプランテーションや鉱業といった第1次産業における企業買収が進み，これらの部門がマレー資本となっていった[22]．加えて，NEPの文脈で制定された産業調整法(Industrial Coordination Act)においては，資本金が10万リンギ以上で従業員25人以上の企業においては，活動にあたって政府の認可が必要とされ，事実上マレー人を経営者として加えることが義務化された[23]．

　ジェスダーソンによれば，こうしたNEPによる華人資本に対する冷遇[24]は，この資本を短期的な観点からの不動産投資に走らせたり，国外に流出させたりするなど効率的な資本主義発展を阻害する効果をもたらしたという(Jesudason, 1989: 150-151)．要するに，1970年代におけるマレーシアにおいては，国家が多国籍企業と現地資本との関係を媒介することはなかったし，ほかならぬ国家それ自体がエスニシティ関係を動員することによって現地資

本に内在する利害関心の差異を顕在化させ, よりいっそう「三者同盟」を「弱い」ものにしたのである.

早くも1980年代前半に提唱され1991年から本格化する, 国営企業の経営悪化に対処するために開始された「プライヴァタイゼーション (privatization)」においても, 基本的には国営企業や公共事業がマレー人に売却・譲渡されるなどマレー人の資本所有率を高めようとする政策は継続した (Jomo et al. eds., 1995). こうしたエスニシティ関係の傾向に対して, グローバル化という趨勢が「三者同盟」のあり方に変化をもたらすことになる.

(3) 「三者同盟」の形成とエスニシティ関係の変化——1980年代後半以降

1980年代後半以降のグローバル化のもとで, すでに指摘したように多国籍企業による現地資本との関係構築の必要性が高まるとともに, 国家がそれぞれの資本と「統制」と「育成」という関係をとり結ぶことによって,「三者同盟」が強固に形成される傾向が生まれてきている. 例えば, 当時のマハティール (Mahathir) 首相のもとで推進された重工業化 (第2次輸入代替工業化) の一環として設立されたプロトン (Proton) 社やプロデュア (Perodua) 社は実質的に「三者同盟」を体現するものといえよう.

さらには, 1970年代から輸出志向型工業化の担い手としてFTZに進出していた多国籍企業と現地資本との関係形成についても, 1986年の投資促進法 (Promotion of Investment Act) に基づいて, 多国籍企業に対して100％の出資比率が容認され, その限りでNEPの制約が緩和される一方で, 1991年には新たに「パイオニア産業」の適用をうける企業に対しては, 30％以上の現地調達が義務づけられ資本間関係の形成が促進されるにいたった. こうした動向のなかから, 以下ではまず「国民車」計画を検討してみよう.

周知のように, プロトン社とプロデュア社とは, 「国民車 (national car)」を製造するために, 日本企業とマレーシア国営企業との合弁として設立されたものである. それぞれ三菱自動車とHICOM (Heavy Industry Corporation of Malaysia), およびダイハツ工業とPNBという合弁から成立している[25]. アジア地域で資本主義発展に成功した社会として, 日本や韓国に範を仰ごうとす

V. エスニシティ関係と国家政策——「三者同盟」論再考

る「ルック・イースト(Look East)」政策の一環として，日系自動車メーカーとの合弁が追求され，国家は第2次輸入代替工業化の重要事業として関税保護を施して経営をサポートした．合弁を形成した日本の自動車メーカーはいずれも，その他のメーカーと比べて海外戦略に遅れをとった企業であり，マレーシアにおける国内市場を確保する意味で「国民車」事業に参入することに大きな利益を見出していた(e.g., Jayasankaran, 1993; Jomo, 1994; Machado, 1994)．

日本の自動車メーカーにとって，この事業の直接的なパートナーは国営企業だったが，プロトン社においては1988年から現地資本を積極的に「育成」する計画が推進され，国家を媒介とする多国籍企業と現地資本との関係形成が追求された．すなわち，現地資本をプロトン社に部品・材料を供給するサプライヤーとして成長させようとするヴェンダー育成プログラム(Vendor Development Program, VDP)がそれである．この計画においては，あらかじめその育成基金が設定され，その基金をもとに現地企業との取引関係が構築されてきた．この計画の実施によって，「三者同盟」は実質的に形成されたといえよう．

さらに，「三者同盟」の実質的形成を体現するものとして，中小企業育成公社(Small and Medium Industries Development Corporation, SMIDEC)の設立とその活動を指摘できよう．SMIDECは1996年に設立された公社で，中小企業に対して様々なアドバイスや資金援助を通じてその「育成」を図ることを目的としている[26]．SMIDECが実施している事業は中小企業育成計画(SME Development Programmes)と総称され，主として以下の6つのものからなっている．

すなわち，①産業リンケージ計画(Industrial Linkage Programme, ILP)，②グローバル・サプライヤー計画(Global Supplier Programme, GSP)，③中小企業の専門家によるアドバイス(SME Expert Advisory Panel)，④技能向上プログラム(Skills Upgrade Programme)，⑤「企業50(Enterprise 50)」という表彰制度，および⑥インフラストラクチュアの整備の6つである．

これらの事業のなかで，「三者同盟」の形成を体現するものは①と②との事業にほかならない．ILP事業おいては，「産業リンケージ」を促進するた

めに多国籍企業と中小企業の双方に対してインセンティブが提示される．すなわち，多国籍企業に対しては，ヴェンダーの製品の品質を確保するために費やされる(中小企業の)従業員の訓練費用，製品開発および検査，さらに工場監査の費用が所得税の計算から控除される一方で，多国籍企業が指定する製品を作りうることによって，ヴェンダーとなる中小企業は「パイオニア・ステータス」(法定所得からの5年間にわたる100％の税控除)および投資に対する60％の税控除(5年間)を認められることになっている[27]．GSP 事業は，ILP 事業の延長としてマレーシアの中小企業の世界的競争力を向上させ，マレーシアのみならず，グローバルな活動に対応するサプライヤーとして成長させることを目的としている．

ILP 事業が実施されることによって，2003年の12月現在で総計999社の中小企業が ILP に登録され，そのうちの215社が多国籍企業などと「リンケージ」を形成している．産業としては，電子・電機および機械といった産業の中小企業が多くを占めている．さらに，自動車産業についても「国民車」メーカーとは異なる，ホンダなどの日系企業[28]との「リンケージ」形成も進められ，2003年度は合計9社が新たなサプライヤーとして位置づけられるに至っている(SMIDEC, 2003: 23–24)．

もっとも，こうした「三者同盟」の実質的形成が確認されても，「同盟」の実効性を懸念する事実もある．例えば，VDP の実行においてもエスニシティ関係が影響を与えているといわれる．この計画において，プロトン社のサプライヤーには華人企業よりもマレー人企業のほうが選好される傾向があるといわれている(Leutert & Sudhoff, 1999)．現地資本のなかでも，華人企業のほうが量的に多く質的に力量があるとすれば，このことは，ジェスダーソンがかつて指摘したように，NEP という制約のもとでエスニシティ関係が「同盟」の効率性を低下させている事態が継続していることを明示しているといえよう．

しかし，華人資本の戦略は既存のエスニシティ関係を超える傾向も示している．つまり，先に言及した「プライヴァタイゼーション」が進められる過程において，(主として)マレー人大資本家による「利権(rent)」の追求が横行

する一方で，華人の有力資本家のなかにも，有力なマレー人政治家と個別に関係を構築し，国営企業あるいは事業の売却・譲渡を獲得するものも現れてきたのである(Gomez & Jomo, 1996: 137-138; Gomez, 1999: 186-187)[29]．このような華人資本とマレー人政治家との関係形成にみられるようなエスニシティ関係の変化は，NEPの制約を超えて「三者同盟」を「強い」ものにすることはないのであろうか．

(4) エスニシティ関係と国家——展望

1990年にNEPが終了したことにともなって，2001年まで継続する政策として国民発展政策(National Development Policy, NDP)が策定され，その後2010年までを射程に入れた国民ヴィジョン政策(National Vision Policy, NVP)が作られた．NEPが事実上マレー人へのアファーマティヴ・アクションの性格をもっていたのに対して，NDPおよびNVPは「国民(National)」と銘打たれていることから窺えるように，少なくともその当初においては，自由主義的な競争原理が重視され，マレー人への"優遇"を打ち切ることが示唆されていた．しかし，政権を担当してきた「国民戦線(Barisan Nasional, National Front, BN)」を牽引するUMNO内部で意見の対立があり，結果的にはNEPの政策が継続されることになった[30]．

それでは，グローバル化と軌を一にして進展するpost-NIDLへの趨勢のなかにあっても，マレーシアにおいては半周辺化の一環としての「強い」「三者同盟」は形成されないのであろうか．この可能性については，「同盟」を構成する各当事者の利害関心を再度確認することによって明らかとなろう．まず，厳しい競争に直面している多国籍企業においては，現地資本をサプライヤーとして位置づけ，低コスト・短納期で部品・資材の調達を行おうとする傾向が弱まる可能性は少ない[31]．

さらに，現地資本においても，少なくとも華人資本には顕著なように，少しでもビジネスチャンスがあれば，それを有効に利用しようとするし，多国籍企業と関係をとり結んで技術指導や経営ノウハウを取得しようとする傾向は強いのである．要するに，多国籍企業と現地資本の双方に関しては，「同

盟」関係を形成しようとする性向は強まっているのである．

それでは，両者の関係を媒介する国家の志向性はどうであろうか．これについては，マハティール前首相の発言にも窺えるように(Mahathir, 1998: 108)，国家においてもマレー人を優遇するのではなく，エスニシティ間の対立を解消し，「マレーシア国民(*Bangsa Malaysia*, Malaysian Nation)」，すなわち「充分に統一され，民族的に(ethnically)統合されたマレーシア国民」の形成を唱える姿勢に示唆されているといえるのではなかろうか．自律的な資本主義発展を志向するのであれば，外国資本(多国籍企業)にその担い手を委託するのではなく，自生的資本を「育成」しなければならない．マレーシア国家は，マレー人優遇というバイアスを帯びていたとはいえ，多国籍企業に対して結果的にはVDPの実施や現地調達比率を高めるかたちでの「統制」を行使してきた．

グローバル化のもとで進展するpost-NIDLという契機を生かし，資本主義発展における相対的自律性を獲得し，半周辺へと確実に上昇するためには，エスニシティ関係による制約を突破しなければならない．さらに，1990年代以降中国が「改革・開放」政策によって多国籍企業の誘致を進めるとともに，オリジナル・ブランドをもった自生的企業の成長を成し遂げてきているとき[32]，いまなお多国籍企業に資本主義発展を主導されざるをえないマレーシアにおいては，自生的資本の育成はとりわけ焦眉の課題となろう．

1998年にタイから波及した「通貨危機」を契機にして，外国資本による投機的な投資に対してとりわけ批判を強めてきたマハティール前首相に代表されるように，UMNOの政治家を含めた国家成員(state personnel)のなかにも上記の認識は共有されているのではなかろうか．この認識は，グローバル化という趨勢は所与であるものの，他方でナショナリズムが動員されマルチメディア・スーパー・コリドー(Multimedia Super Corridor, MSC)計画[33]などの様々な大規模プロジェクトが推進される背景とも通底しよう．

周辺における半周辺への上昇をめぐる競争を優位に進めるためには，マレーシアにおいては1970年代以降の制約のもとでさえ成長を遂げてきた華人資本をも，育成の対象にせざるをえないのである．2020年までに先進国の水準

にまで発展することを目標とするヴィジョン2020(Vision 2020)というスローガンは, 国民的な協力によって達成可能であることも明記されている. このように, エスニシティ関係の桎梏を超えて「強い」「三者同盟」が形成される回路は開かれているといえよう[34].

4. まとめ

本章において, われわれはかつてエヴァンスが提起した「三者同盟」概念に注目し, この概念を周辺国家の特性と結びつけて把握したうえで, 時期(あるいは国際分業のあり方), 工業化のタイプ, 産業などを変数として, その類型化を試みた. グローバル化にともなって, 世界システムの実体をなしている国際分業のあり方がNIDLからpost-NIDLへと転換する傾向を示し, その過程でローカルな社会変動として周辺の一部で半周辺化の傾向が発生する. 新たに類型化され一般化された「三者同盟」概念は, 半周辺化における国家-資本関係を把握する有効なツールとして再生するのである.

マレーシアは, 半周辺化を進める周辺社会の事例である. マレーシアにおいては, エスニシティ関係が社会変動に様々な影響を与えてきた. 「三者同盟」のあり方に照準してみても, 1971年以降のマレー人が経済的に優遇される政策のもとでは, 「同盟」を「弱く」弛緩させる効果があったといえよう. しかし, 1980年代後半以降においては, 「三者同盟」のあり方にも変化の兆しが見られる.

post-NIDLへの転換にともなう自生的資本の「育成」を迫る趨勢と, NIDLのもとで進展した工業化によって生み出された, 民衆を「排除」する傾向への対抗運動と軌を一にした, 既存のエスニシティの壁を突き崩す政治状況は, 華人資本の活動に制約を加え続けてきたNEPの伝統を払拭する可能性がある[35]. この可能性の大小が, 「強い」「三者同盟」を形成する試金石になるとともに, マレーシアが半周辺へと上昇する可能性を一定程度規定することになろう.

注

1　このことは，世界システムにおける位置にかかわりなく，資本主義というシステムの「効果は同一である（homoficient）」ことの1つの証左となろう．
2　例えば，外国資本によって資本主義的関係が移植される以前には，周辺社会においては前資本主義的な社会勢力が大きな影響力を行使している．これらの勢力が存在するにもかかわらず，資本主義発展が開始されたことは，外国資本が当該社会に社会勢力としての影響力を行使し始めたことを意味している．
3　確認しておけば，ここにおいて問題になるのは，前資本主義的な社会勢力，例えば土地所有階級などのそれである．
4　さしあたり，こうした国際分業の変容と半周辺化というローカルな過程については，山田（1999a; 2002; 2004）を参照．この論点は，本書においてはIX章で考察される．
5　厳密にいえば，この文脈では当該の国家は"周辺"に位置する社会の国家（＝周辺国家）ではない．それというのも，周辺という世界システムにおける位置が付与されるためには，世界システムの中核を出自とする外国資本が進出し，その結果当該の発展途上社会が世界システムに包摂されていなければならないからである．図式化していえば，外国資本の進出による資本主義的社会関係の移植をもって，資本主義社会の形成（資本主義発展）が開始されるとすれば，それ以前の状態の社会（＝前資本主義社会）の様相を呈する当該社会は，未だ世界システムに包摂されておらず，システム内の位置を付与されていない．
6　このとき，周辺国家は「強い国家（strong state）」として形成されている．
7　このとき，労働者階級をはじめとする民衆だけではなく，前資本主義的な土地所有階級に対しても，利害関心をインプットする回路は当然閉ざされている．前資本主義的な社会勢力に対しては，「根絶（extinction）」という関係がとり結ばれる．
8　例えば，当該社会における前資本主義的な社会認識によって民衆をイデオロギー的に統合することが可能であれば，外国資本は国家を媒介にして前資本主義的な支配階級と「同盟」し，この階級が依拠している社会制度が存続することを容認する可能性がある．
9　こうした内的差異を背景として，階級分派が形成されるわけだ．階級分派という概念をキーとして，階級関係とエスニシティ関係やジェンダー関係とが交錯する過程を理論化したものとして，山田（1998a: I章）がある．
10　このことは，「三者同盟」が形成される場となる産業は，工業でなければならないことを意味している．それというのも，国家が資本間の利害関心を媒介するのは，それが当該社会の"発展"に寄与し，国家成員（state personnel）の利害関心に合致してい

11 もっとも，エヴァンス（Evans, 1979: 290-297）も「三者同盟」による"発展"を「ブラジル・モデル（Brazilian Model）」と呼んでいるように，想定される時期に他の社会において同一の「同盟」形成の進展を確認することは難しいかもしれない．例えば，朴（1992: 126-158）は，エヴァンスの概念を用いて1950年代以降の韓国の事例を分析しているが，この事例で登場する外国資本はアメリカ合州国からの借款であり，多国籍企業ではない．

12 ここでいう「複合化」とは，輸出志向型工業化の進展にともなって所得の向上が実現され，一定程度市場が拡大することを背景に，NIDLにおいて展開された輸出志向型工業化に加えて，再び輸入代替工業化が志向されること（第2次輸入代替工業化）を指している．さらに，輸出品目がしだいに付加価値の高いハイテク製品などにシフトすることを指して，第2次輸出志向型工業化と呼ぶこともある．

13 1985年以降，本格的な多国籍化を開始した日本企業の投資先として，アジア地域はアメリカ合州国およびヨーロッパに次いで多かった．そのうえ，日本はマレーシアへの直接投資額において1989年に第1位になっている．

14 確認しておけば，「同盟」政権はマレーシアにおける主要なエスニシティの「エリート層」の利害関心を実現するための政党から構成されていた．すなわち，マレー人による「統一マレー人民族組織（United Malays National Organization, UMNO）」，華人による「マレーシア華人協会（Malaysian Chinese Association, MCA）」，インド人による「マレーシアインド人会議（Malaysian Indian Congress, MIC）」がそれである．エスニシティを支持基盤として政党が組織されている以上，マレーシア社会におけるエスニシティ構成が概ね各政党の得票数などに反映されることになり，当然のことながら多数派エスニシティを支持基盤とするUMNOが最大与党となる．こうした政党システムは，「同盟」政権が1970年代にさらに拡大し「国民戦線」となっても基本的には維持されている．

15 それとともに，灌漑設備などのインフラストラクチュアへの支出が巨額に上っている．

16 しばしば指摘されているように，こうした国家による華人資本へのスタンスには，エスニシティ関係が影響を与えているといわれている．要するに，独立以降，経済的優位を維持する華人に対してさらなる「保護」・「育成」を試みることに対して，マレー人がヘゲモニーを掌握する国家が消極的であったというわけだ．そもそも，政治的独立に際して，当初からすべてのエスニシティに対して平等な市民権を付与しようとするイギリスの独立案（「マラヤ連合（Malayan Union）」案）に反対し，あくまでマレー人の政治的・文化的優位（スルタン制の存続とイスラム教への保護）を確保するために組織された政党がUMNOであった．UMNOの反対運動をうけて作られた修正独立案（「マラヤ連邦（Federation of Malaya）」案）においては，マレー人の政治的優位あ

るいは「特権」と華人の経済的優位とがトレード・オフとして相互承認されることになった.

17　念のため断っておけば，早くも1960年には国内治安法（Internal Security Act）が施行され，今日に至るまで継続するマレーシア国家の権威主義的な様相が整ってきている．この法律は，インドネシアとの紛争に直面して，当時国内において未だに勢力を保持していたマラヤ共産党による反政府運動を意識して制定されたもので，政府が「反社会的」であると判断した団体あるいは個人を一方的に逮捕することを認めている．この法律によって，多くの労働運動の活動家などが逮捕されてきた．要するに，「三者同盟」は形成されなかったけれども，その一環である国家による民衆「排除」のスタンスは成立していたのである．加えて，労働組合の認可を政府が行うことで組合活動を制約する労使関係法（Industrial Relations Act）もこの時期に制定されている．

18　ちなみに，1960年代を通じてマレーシアに進出したイギリスおよびアメリカ合州国の多国籍企業は，シェル（Shell），カストロール（Castrol），ダンロップ（Dunlop），ブリティシュ・オキシジェン（British Oxygen），ギネス（Guinness），エッソ（Esso），ユニオン・カーバイド（Union Carbide）などで，石油化学，ゴム精製，化学，製薬などの部門に属する企業が多かった（Jesudason, 1989: 57-58）．これらは，いずれも大規模な機械装置に依存して生産を行う資本集約的な産業にほかならない．この時期に，日本からは早くも松下電器が進出している．

19　「人種暴動」の詳細な報告については，コンバー（Comber, 1983）を参照．

20　早くも1968年には投資奨励法（Investment Incentive Act）が制定されているが，多国籍企業の本格的な誘致は1971年の自由貿易区法の制定とそれにともなうFTZの設置に求められよう．

21　1980年代になっても，自由貿易区の多国籍企業と現地資本との関係が希薄であることは多くの論者によって指摘されてきた（e.g., 青木, 1990: 120-121; 小林, 1992: 150）．

22　このほかにも，民間のマレー人企業に対して資金援助が行われた．

23　もっとも，輸出志向型工業化を担う多国籍企業に関しては，例外措置がとられ，輸出量や現地調達率に応じて，その出資比率は100％でもよいとされていた．しかし，1970年代に進出したものは必ずしも独資による進出が認められず，II章において対象とした企業のなかにも，そうした企業が含まれていた．

24　周知のように，華人資本は同族あるいは家族による経営を行うことが一般的で，広範な血縁ネットワークに基づいて事業活動を展開している．このような経営スタイルにおいて，マレー人を経営に加えることは事業遂行の大きな障害となる可能性がある．

25　正確にいえば，出資企業はもう少し多く，例えばプロトン社においては三菱商事，プロデュア社においては三井物産がそれぞれ資本参加していた．もっとも，三菱自動車は自らの経営状態の悪化のため，2003年に出資を基本的に解消している．

26　ここでの中小企業とは，製造業，製造関連サービス業，および農業に基づく産業に

おいては，従業員が150人未満で年間売り上げが2500万リンギ未満の企業を，サービス業，農業，および情報コミュニケーション技術産業においては，従業員が50人未満で年間売り上げが500万リンギ未満の企業をそれぞれ指している（http://www.smidec.gov.my）.

27　さらに，こうしたヴェンダーが世界的に競争力をもつ製品を提供しえた場合には，「パイオニア・ステータス」の期間は10年に延長され，投資に対する税控除は100％に拡大される.

28　Ⅱ章においても言及したように，SMIDECのILP事業には多数の日本企業が関与している.

29　この背景には，BNにおいてMCAの政治的影響力が低下していることが指摘されている.

30　言及したように，UMNOはもともとマレー人が多かった農村部を基盤とする政党であったものの，1970年代以降の工業化の過程で拡大したマレー人新中間階級が新たな党員として増加してきた．こうした新しい党員は，従来党員の多数を占めていた農民・官僚・王族とは利害関心を異にしている．それをうけて，1980年代以降UMNOの内部でしばしば政治的対立が起こるようになっている（Crouch, 1996:115）. 1988年には，UMNOは分裂を経験している.

31　マレーシアにおける主要な産業集積地（ペナン，クラン・ヴァレー，マラッカ，ジョホール）において日本企業を対象にして，われわれが2002年から継続している調査においてもこの傾向は顕著である．この調査の詳細については，本書のⅡ章を参照.

32　賃金の水準に注目するならば，中国は未だに低賃金をニッチとして多国籍企業を誘致している周辺社会であるといわなければならない．しかし他方では，ハイアール（Haier）やTCLといった電機メーカーにみられるようなオリジナル・ブランドをもつ自生的企業を生み出した社会が，そのほかにはNIEs社会の一部にしか存在しないことは，この社会の自律性獲得のポテンシャルが極めて高いことも示している.

33　このプロジェクトの概要と評価については，さしあたり山田（2003a）を参照．本書におけるⅢ章は，情報化概念の理論的考察を加味してMSCについて考察している.

34　この点に関連して，BNにおけるUMNOの勢力が極めて高くなったことをうけて，その内部での動向が政治状況を直接に規定するようになってきたことと，マハティール前首相の後継者と目されていたアンワル副首相の解任・逮捕に端を発する政局の動揺が「改革派（Reformasi）」というエスニシティの障壁を越えた政治同盟を生み出したこととは，マレーシアにおける政治の動因がマレー人と華人とのエスニシティ間の対抗ではなく，マレー人内の対立，あるいは既存のエスニシティの枠を超えた広範な連帯に基づく政治運動の誕生によって駆動されていることを示している（e.g., Hilley, 2001）．このような政治状況と経済におけるエスニシティ関係という桎梏の克服とは，共鳴する可能性があるものといえよう.

35 もっとも，2005年の8月現在，2006年から開始される第9次マレーシア計画において，UMNO の若手党員のなかに NEP の理念をより明示的に復活させようという意向があり，メディアを賑わせている（*New Strait Times*, 2005年8月2日）。マレーシアにおいて，従来のエスニシティを超えた利益調整の枠組みを作るためには，なお曲折をたどるかもしれない．

VI. エスニシティとインフォーマル化
——リンケージ形成における媒介——

1. 確認と課題

　本書における議論もようやく半ばまで到達した．ここで，これまでの議論を確認しておこう．本書の主題の1つは，グローバル化という現象であった．近年の社会学における主要な議論の1つであるグローバル化という変動過程を一般的に把握するならば，それは（「国民」）社会や地域の"境界"を越えて社会関係がとり結ばれる傾向が一般化していくこととして概念化されよう．様々な領域で進展しているこの長期的趨勢のなかでも，経済的な領域におけるそれが最も進展していることは疑いえない．いうまでもなく，経済におけるグローバル化を象徴するものは，労働者の移動とならんで多国籍企業の活動にほかならない．

　概念的な問題に加えて，グローバル化の起源についても様々な議論が蓄積されてきていた．経済の水準に照準して，この問題に対する回答の1つを提示するならば，1980年代後半以降における日本企業の本格的多国籍化にその起源を求めることができるのであった（山田，近刊）．1970年代を通じた日本の良好な経済的パフォーマンスによって引き起こされた競争に起因する貿易摩擦と円高とによって，製品輸出を基本とする従来の海外戦略が限界に直面した日本企業は，1985年のプラザ合意を契機として本格的な多国籍化を進展させてきた．

　すでに，アメリカ合州国に次ぐGNPを達成していながら，海外生産比率に示されるように，日本における企業の多国籍化の程度は他の社会のそれと

比べても著しく低かった．巨大な経済力を担う企業の本格的多国籍化は，さらなる競争を惹起し，それへの対処として各社会の企業は最適な生産拠点を確保するために，多国籍化を量的に拡大するだけではなく質的に深化させたのである．まさに，経済のグローバル化は競争を原因として生起し，その結果として競争をもたらしたのであり，その実質的な牽引者は日本企業であったといえよう．

このように，経済のグローバル化は多国籍企業による生産拠点の再編成・再確保をもたらすことになろう．すなわち，競争の激化をうけて，多国籍企業はコスト削減への志向を強化するとともに，各地域・社会の"特性"を勘案したうえで，それに最もふさわしい(生産)活動を当該地域・社会で実践することになる．こうした傾向は，世界システムの周辺に位置する社会においても貫徹することはいうまでもない．

さらに，多国籍企業の戦略の変化にともなって，一部の周辺社会においては，1980年代前半までの時期を特徴づけてきた労働集約的なアセンブリーにとって代わる，資本集約的な高付加価値製品の生産が(再)配置されるとともに，徹底したコスト削減のために部品・資材の現地調達(local procurement)が追求され，その結果として各地域・社会におけるローカル資本あるいは自生的資本との関係形成が模索されることが想定されるのだった．

以上のように，I章において提示した理論的想定が妥当するならば，世界システムの実体をなす国際分業は，周辺への労働集約的な工程の配置転換(relocation)によって特徴づけられるNIDLから周辺における高付加価値生産の移転を特徴(の1つ)とするpost-NIDLへと転換し，その背景としての周辺社会におけるローカルな過程においては，自生的資本の成長にともなう(一定程度の)自律的発展とそのことを一環とする半周辺化とが進展することになるのであった．

この際，確認しておくならば，当該社会の資本主義発展における自律性に関連した問題構制からみると，半周辺化において重要な役割を演じるものは，多国籍企業，国家，そして自生的資本にほかならない(e.g., 山田, 1999a; 2001b; 2002)．とりわけ，自生的資本に対しては，それが資本主義発展への関与を

高めることを通じて，発展における当該社会の自律性を拡大し，究極的には多国籍企業に代わって資本主義発展を主導することも期待されているのである．

Ⅳ章とⅤ章とにおける考察によって，半周辺化を担う「主体」のなかでも多国籍企業および国家においては，一定の制約はともなうものの，自生的資本との関係形成を促進しようとする共通の構えを確認できるように思われる．もちろん，自生的資本においても，自らの成長につながる企業間関係を形成することは大きな利害関心となろう．しかし，単に利害関心として関係形成の意向を保持しているからといって，自生的資本においては，他の「主体」の関係形成の構えに実質的に応えられるだけの「力量」が備わっているのであろうか．

本章では，以上の背景をふまえてマレーシアを事例として，半周辺化の一環としての多国籍企業と自生的資本との関係形成のあり方について考察する．その際，自生的企業の発生メカニズムとして「インフォーマル化 (informalization)」という現象に注目し，この現象に内在する社会関係がエスニシティ関係によって補完されることによって，(とりわけ華人企業において)企業間関係の形成が促進されることを明らかにする．次いで，マルチエスニックな (multiethnic) マレーシア社会におけるその意味を検討してみたい．まず，周辺社会において，自生的企業が形成されるメカニズムを「インフォーマル化」として定式化する試みを確認することから，この作業を開始することにしよう．

2. 自生的企業の成長とインフォーマル化

(1) 周辺社会と「インフォーマル・セクター」

発展途上の社会から構成される周辺社会においては，工業化の進展とそれにともなう雇用の増加が長年にわたって政策課題とされてきた．それというのも，多くの場合植民地化された経験をもち，一般的に産業が原料・一次産

品生産に特化していた周辺社会においては，安定した成長と貧困解消のためには工業化を通じた雇用の増加が焦眉の課題だったからである．しかしながら，結果的に多くの社会においては工業化が必ずしも急速には進まず，製造業の成長を通じた充分な雇用は確保されなかった[1]．

したがって，周辺社会において資本主義的関係が浸透するにつれて，農村から都市に排出された労働者に対して充分な(正規の)雇用は提供されず，彼(彼女)らは結果的に"非正規の(informal)"職に就労してきた．いわゆる「インフォーマル・セクター(informal sector)」における就労がそれである[2]．このような「インフォーマル・セクター」は，様々な産業および職から構成されることがわかってきている(e.g., Portes & Walton, 1981)．例えば，サービス業(第3次産業)に分類される，街頭における露天商・物売り，さらには観光客相手のガイドなどにとどまらず，第1次産業に分類される養豚や，機械修理なども含めた製造業(第2次産業)に属する活動も，「インフォーマル・セクター」と総称される活動には含まれている．

従来，このような多様な活動を含む「インフォーマル・セクター」に関しては，その政策的評価だけではなく[3]，どのようにこれを概念的に把握するかをめぐって議論が行われてきた．さらに，概念的把握のあり方をめぐる議論は「インフォーマル・セクター」の消長とその原因についての議論をともなっていた[4]．要するに，「フォーマル・セクター」と比較して，「インフォーマル・セクター」の特徴を単に列挙・記述するだけではなく[5]，「インフォーマル・セクター」の形成過程，およびそれが資本主義のシステムに対してもたらす効果と意味とに関する一貫した理論が求められていたのである．

このような状況をうけて，われわれはかつて，「インフォーマル・セクター」に含まれるものにとどまらず，(製造業の)小規模企業を対象として，そこにおいてとり結ばれる社会関係に注目して「経済のインフォーマル化」の理論を提起したことがある．いま必要な限りで，この理論を振り返ってみよう．この理論によれば，

　インフォーマル化とは，資本主義社会における経営体の一部について，そ

れ自体に，あるいはそこにおいてとり結ばれる労資関係および労使関係[6]に前資本主義性を生産あるいは再生産することであり，インフォーマル企業とは，その結果(あるいはインフォーマル化を目的として)生成する企業である(山田, 1996: 111).

いま周辺社会に議論を限定することにしよう．すでに言及したように，農村から排出された労働者は，いったんは生産手段から切り離されたにもかかわらず，正規の雇用からも排除されてしまうのであった．そのような場合，「生き残り戦略(survival strategy)」(Mingione, 1985)の一環として，彼(彼女)らは再び生産手段をなんらかの手立てを通じて獲得することによって生産を行う可能性がある．さらには，そのような"経営体"における社会関係は，しばしば家族あるいは親族関係から構成される小規模な組織であることを背景として，資本主義社会における労使関係とは異なる人格的な(personalistic)関係としてとり結ばれることになろう．しかも，生産活動が定常的ではない(sporadic)ために，雇主による"労働者"の統制もルール化されないアドホックなものになることが想定される．

加えて，この"経営体"における社会関係は，親－子関係あるいはパトロン－クライアント関係として表象され，関係の当事者によって温情主義イデオロギーに基づいて把握されることになる．このように，インフォーマル企業(あるいは「インフォーマル・セクター」)は，拡大再生産を通じて成長し，企業規模を拡大していく可能性がある一方で，そこにおいてとり結ばれている社会関係は，利害関心を異にする当事者によってとり結ばれ，非人格的でルール化された官僚制的統制と物質主義・業績主義的なイデオロギーによって特徴づけられる資本主義的な労使関係とは異なり，その一部は人格的統制関係と温情主義イデオロギーとを特徴とする前資本主義的な社会関係によって代替されている．

こういったからといって，インフォーマル企業が伝統的で解体されていく存在であると主張しているわけではない．述べたような社会関係によって成立しているインフォーマル企業は，まさに現代資本主義が要請するフレクシ

ブルな労働力の利用を体現しているのであり，指摘されてきたように下請関係(subcontracting)をとり結ぶことによって，(そもそも労働者の対抗に起因した)厳しいコスト競争に直面する多国籍企業に寄与しているのである(Castells, Portes & Benton eds., 1989; Portes & Sassen-Koob, 1987)[7].

それでは，周辺社会において多国籍企業による下請あるいはソーシング(sourcing)が行われる際に，どのような部品あるいは工程が外注されるのであろうか.「経済のインフォーマル化」の理論においては，外注される部品あるいは工程としては，当該企業にとって相対的に重要でない周辺的で「2次的な(secondary)」ものが想定されていた．当該企業にとってあくまで中核的で「1次的な(primary)」部品あるいは工程は，当該企業において担保され続けるというわけだ.

以上，われわれは「経済のインフォーマル化」の理論を簡単に振り返ってきた．この理論においては，まず周辺社会に照準したローカルあるいはナショナルな資本主義発展が背景として設定され，「生産様式の節合(articulation)」を通じた前資本主義的生産様式の解体と資本主義的生産様式の拡大過程において，インフォーマル企業が生成するメカニズム(「自律的インフォーマル化」)と，生成したインフォーマル企業が世界システムにおいて労働力のフレクシブルな利用が追求されるなかで，主として中核社会から進出した多国籍企業と下請関係がとり結ばれる可能性とについて，一般的な説明が提示されていた.

このようなインフォーマル企業は，多国籍企業との下請関係を通じて「フォーマルな」[8]企業に成長する可能性がある．しかし，インフォーマル企業が「フォーマルな」企業に成長し，当該周辺社会における一定程度自律的な発展に関与するためには，いくつかの要因が整備される必要があろう．以下では，これらの要因を確認し，「経済のインフォーマル化」の理論を修正あるいは補完する試みを展開してみよう.

(2) インフォーマル企業の成長

下請などの企業間関係を通じてインフォーマル企業が成長するとともに，

Ⅵ. エスニシティとインフォーマル化——リンケージ形成における媒介　137

それらの企業が当該周辺社会の自律的な発展に関与するためには，なによりもそうした企業が増加し，一定の規模をもった集積(cluster)が形成されなければならないであろう．それでは，産業集積が形成されるためには，どのような要因が整備される必要があろうか．想定される要因としては，以下のものがあげられよう．すなわち，垂直的な関係を促進する要因と水平的な関係を促進するそれである．

① 垂直的な関係

垂直的な関係とは，いうまでもなく多国籍企業との下請などの企業間関係を意味している．一般に，周辺社会においては，主として世界システムの中核から進出した多国籍企業によって資本主義発展が主導されることになる．その結果，当該社会にとって基幹的な産業は多国籍企業に占められ，しばしば相対的に小規模な自生的企業は多国籍企業と競争することは困難であるため，そうした産業において主導的な役割を担えない可能性が大きくなろう．

このように推論を進めるならば，インフォーマル企業が成長して当該社会における自律的発展に関与するためには，多国籍企業との関係を通じて技術移転などを経験し，企業としての「力量」を高める必要があろう．しかし，そのような関係形成には多くの困難がともなうことも想定される．例えば，インフォーマル企業は，指摘したような"労使関係"に依拠したフレクシビリティを実現できるため，サプライヤーの評価基準として重要なQCDのなかでCの水準は多国籍企業が期待する水準に到達できるものの，QとDとのそれは満たすことができない可能性が大きい．すなわち，品質(Quality, Q)，コスト(Cost, C)，および納期(Delivery, D)の水準のなかで，コスト以外のそれは達成できないということだ．

こうした事態が起こるということは，インフォーマル企業が品質を作りこむ生産技術のみならず，製品出荷に至るまでの工程を管理する能力をもたないことを意味している．翻っていえば，こうした事態は，インフォーマル企業が多国籍企業による技術移転を必要としながら，その必要性ゆえにかえって技術移転の機会を獲得できない逆説として現れていることになる[9]．この逆説的事態を解消するためには，両者間の関係形成を促進する媒介が必要と

されよう.

② 水平的な関係

垂直的な関係がさしあたり,多国籍企業にとってのサプライヤーとしてとり結ばれる関係であるとすれば,水平的な関係はインフォーマル企業相互の(協力)関係である.インフォーマル企業の一般的な形成プロセスを念頭におくならば,こうした企業が大都市の内部および／あるいは周辺において地域的なまとまりを作ることは容易に想定される[10].しかし,インフォーマル企業が成長するためには,当該周辺社会の資本主義発展を主導する多国籍企業との関係が形成されるだけではなく,それらが単なるまとまりにとどまらないネットワークを形成し,例えば1つの産業分野において協力(cooperation)関係を形作ることが求められよう.

しかし,インフォーマル企業がサプライヤーとして多国籍企業との関係に大きく依存しており,多国籍企業との取引が当該インフォーマル企業の存続にとって重要なものであるならば,空間的に近接しているからといって,必ずしもインフォーマル企業相互の協力関係形成が促進されるとは限らない.むしろ,多国籍企業からの受注を獲得するために競争関係が強化されるかもしれない.もっとも,あらかじめ空間的にまとまっているインフォーマル企業に対して,特定の産業分野に属する多国籍企業が下請関係をとり結ぶ傾向が発生するならば,関係を結んでいるインフォーマル企業も同一の産業分野に特化する可能性がある[11].

そのような特化が起こるのであれば,例えば受注量が生産能力を超えた場合にオーバーフローを他の企業に委託したり,過剰な競争を回避するために細かな部門ごとに各企業が棲み分けを行ったりすることを通じて,協力関係が形成される「土台」が形作られる可能性はある.こうした協力関係は,情報や技術の共有,さらには労働力の移動などを通じて,関係をとり結んでいるインフォーマル企業相互の成長に寄与することになるかもしれない[12].しかし,周辺社会におけるインフォーマル企業にとって,なによりも多国籍企業との関係が決定的に重要である.したがって,多国籍企業との垂直的関係に規定される競争関係にとどまらず,それに加えて,インフォーマル企業が

相互に，このような「土台」に依拠した協力関係の形成を促進するためには，なんらかの媒介が必要になるように思われる[13]．

以上，われわれは，多国籍企業によって資本主義発展が主導される周辺社会において自生したインフォーマル企業が成長する可能性について，一般的に確認してきた．インフォーマル企業の成長にとって重要な垂直的関係と水平的関係（あるいは協力関係）は双方ともに，それが形成されるに際しては，一定の制約をともなっているのであった．こうした制約を突破するためには，関係形成を媒介する要因が必要となる．post-NIDLのもとで半周辺化が進展するためには，インフォーマル企業に端を発する自生的企業の成長が求められる．それでは，こうした制約を突破する媒介はどこに見出せるであろうか．

3. post-NIDLとインフォーマル化

(1) 多国籍企業の戦略変化

グローバル化の進展にともなって成立する可能性があるpost-NIDLのもとでは，すでに確認してきた関係形成における制約は存在するものの，ほかならぬ多国籍企業の側でそのような制約を積極的に克服しようとする志向性が生まれる可能性がある．何度も指摘してきたように，コスト競争が激化するなかで，進出した社会あるいは地域に存在する自生的企業から資材・部品を現地調達しようとする志向性は強化されつつある．

1980年代の前半までを特徴づけていたNIDLにおいては，周辺における輸出志向型工業化戦略のもとで輸出加工区（Export Processing Zone, EPZ）や自由貿易区（Free Trade Zone, FTZ）が設置され，そこに進出した多国籍企業は輸入関税が免除されるというインセンティブのもとで，生産にあたって使用する資材・部品は一般に当該企業の本国あるいはその他の先進社会から調達することが想定されていた．

一般に「フォード主義」の危機[14]として把握される状況を克服するために，従順で低廉な労働力を求めて1960年代の後半から始まった多国籍企業による

周辺への生産の配置転換(relocation of production)は、上記のような周辺社会における工業化戦略とパラレルに進行した。NIDLはこのようにして形成された国際分業であり、その際多国籍企業のホストとなる周辺社会においては、進出してくる多国籍企業に工業化のイニシァティブが委ねられるとともに、そもそも多国籍企業をサポートする自生的企業が未発達あるいは「力量」不足であったために、言及したように企業間関係がとり結ばれない状況が生まれたのであった。

NIDLからpost-NIDLへの転換が進むのであれば、周辺社会における企業間関係のあり方は大きく変貌する可能性がある。多国籍企業の戦略が自生的企業との関係形成を志向する方向に変化しつつあるとき、この傾向を強化する媒介が存在するのであれば、いっそう関係形成は進むことになる。以下では、マレーシアを事例として、具体的な社会のレベルにおいて、この媒介要因を特定する作業を試みよう。

(2) 関係を媒介するもの——マレーシアの種差性
① 経緯と差異

まず、事例となるマレーシアの工業化過程についてあらためて簡単に確認しておこう。マレーシアにおいて、本格的に工業化が開始されたのは1970年代である。1971年に制定された自由貿易区法(Free Trade Zone Act)に基づいて、1972年にペナン(Penang)島にマレーシアにおいては初めてのFTZ[15]が設置され、NIDLに組み込まれるかたちで輸出志向型工業化が開始された。その後の30年以上にわたる工業化過程を経て、マレーシアにおいては一定程度の工業集積が形成されてきている。その結果、産業構成および雇用構成についても、製造業比率が着実に上昇した[16]。製造業についても、労働集約的な産業だけではなく、1980年代に入ってからは重工業の育成[17]もあらためて開始されている。

現在、マレーシアにおける産業は、FTZが設置された4地区を中心に集積している。ジョホール・バル(Johor Bharu)(とその周辺)、マラッカ(Malacca)(とその周辺)、クラン・ヴァレー(Klang Valley)[18]、およびペナン州(とその周辺)

VI. エスニシティとインフォーマル化——リンケージ形成における媒介

表VI-1. 産業集積地の製造業事業所数(州別)

州	事業所数
ジョホール	3517
マラッカ	959
ペナン	1612
スランゴール	3328
(クアラルンプール)	1607

出所:マレーシア日本人商工会議所(2000:38)から作成

表VI-2. 産業集積地と半導体関連の多国籍企業

産業集積	多国籍企業(合弁も含む)
ペナン(とケダ)	Hitachi (Penang), Hitachi (Kedah), Advanced Micro Devices, Ase Electronics, Fairchild Semiconductor, Hewlett Packard, Intergrade Device Technology, Intel Technology, Liner Semiconductor, Rectron, Shingtek, Thomson Electronic Parts
クラン・ヴァレー	SHE-M, SHE-SA, MEMC, Fujitsu, NEC, ROHM-SA, Toshiba, Chippac, Texas Instruments, Motorola Semiconductor
マラッカ	Toyo Dempa, National Semiconductor, Simens Components (Integrated Circuit), Simens Components (Advanced Technology)
ジョホール	STMICROELECTRONICS

出所:マレーシア日本人商工会議所 (2002:234-235) から作成

の各地区がそれである(II章における実態調査も,これらの地域に進出した企業を対象としていた).産業集積の指標として,単純に製造業事業所数だけを比較するならば,やはり首都クアラルンプールを擁するスランゴール州(クラン・ヴァレーはここに位置する)やシンガポールに隣接するジョホール州が優越していることはいうまでもない(表VI-1).

しかし,マレーシアにおける基幹産業である半導体などの電子産業(electronics industry)についていえば,その集積はペナン州が他の地域を優越している.例えば,半導体産業に属する多国籍企業の進出地域についてみると,ペナン地区(と隣接するケダ地域)に最も多くの企業が集まっていることがわかる(表VI-2).

さらに,これらの集積地域に関する調査研究によれば,多国籍企業が下請

企業として関係をとり結んでいる自生的企業の量と質についても，ペナン地区が優越していることが明らかになっている(Rasiah, 2002a; 2002b; mimeo)[19]．例えば，ペナン地区においては，半導体産業に属する多国籍企業が利用する生産設備の生産と修理などを，下請関係をとり結んだ自生的企業が担うようになっているし，そうした企業と下請関係をとり結んでいる自生的企業が階層(tier)をなして形成されている．そのうえ，自生的企業のなかには，多国籍企業からのOEM(Original Equipment Manufacturing)[20]を通じて成長を遂げる例が報告されている(Rasiah, 1999)[21]．

かつて，マレーシアにおいては基幹産業である半導体産業についても，1980年代までは多国籍企業による下請関係およびそれに基づく産業集積は充分に発達していないと主張されていた(Henderson, 1989: 64, 71)．しかし，1980年代後半以降のグローバル化とpost-NIDLへの転換のもとで，マレーシアにおける自生的企業のあり方も多国籍企業との関係を通じて大きく変貌を遂げつつあることがわかる．

他方で，こうした傾向がマレーシアにおける主要な産業集積のなかでも，さしあたりペナン地区(とその周辺)に限定されていることに留意する必要がある．このことは，インフォーマル企業の成長と企業間関係の形成における媒介要因に地区間の差異があることを示唆している(すでにⅡ章においては，日本企業の活動の地域的差異について検討した)．こうした差異に注目しながら，関係形成の媒介要因を特定する作業を進めよう．

② 媒介としての国家

企業間関係の形成を媒介するものとしてまずあげられるものは，Ⅳ章およびⅤ章で検討した国家の政策的サポートである[22]．post-NIDLのもとで，国家の政策的サポートによる自生的企業の育成は，周辺社会が半周辺化するための要件にほかならない．マレーシアにおいても，1980年代の後半以降現地調達の拡大が義務づけられていることに示されるように，企業間関係などを通じた自生的企業の育成が積極的に進められている．ここでは，ヴェンダー育成プログラム(Vendor Development Program, VDP)と開発公社(Development Corporation)の活動を簡単に振り返ろう．

VDPは1988年に開始されたプロジェクトで，プロトン社などの合弁企業や多国籍企業を「アンカー企業(anchor company)」として位置づけ，自生的企業をそのサプライヤーとして外注先に設定することを通じて育成しようとする計画である．開発公社は，州レベルにおける政策の一環として，企業間の情報交換や労働者の技能育成を主導する組織として主要な州に設置されている．もっとも，こうした政策は言及してきた集積地域の多くに当てはまる媒介要因であり，先に指摘した差異を説明する要因とはならない．それでは，地区間の差異を説明するとともに，関係形成の媒介となる要因はどこに求められるのであろうか．

③ 媒介としてのエスニシティ

ここでわれわれは，マレーシア社会がマルチエスニックな社会であったことを思い起こす必要がある．いうまでもなく，マレーシアは16世紀以降における世界システムへの包摂過程において，ポルトガル人やオランダ人などのヨーロッパ人および華人の流入を経験するとともに，18世紀に始まるイギリスによる植民地化過程において，とりわけ20世紀の初頭以降プランテーション労働に従事するインド人の流入を経験してきた．周知のように，このような過程を経て，職業(したがって階級)に対応して編成されたエスニシティが形成されてきた．

1957年の政治的独立以降も，基本的には上記のようなエスニシティ関係が存続したため，ほとんどが農民であった土着のマレー人(=ブミプトラ, Bumiptra)と資本家の割合が高かった華人との経済的格差が拡大し，このことを一因として両者の関係は1969年に「人種暴動(racial riot)」に発展している．1970年代以降に本格化する工業化は，貧困の除去とこうした格差を是正するために推進された新経済政策(New Economic Policy, NEP)(1971〜1990)のもとで遂行されており，この政策のもとでマレー人に対する各種のアファーマティブ・アクションが実施された．なかでも，各エスニシティの人口比率に職業構成を合致させようとする試みが展開され，マレー人資本家の育成が図られてきた(1990年までに，総資本の30%をマレー人が所有することが目標とされた)．

このように，従来マレーシアにおける自生的企業は，その多くが華人によって経営されていた．このことは，NEPの展開によって実質的にマレー人が優遇されることによって，結果的に華人企業が不利益を被る可能性を意味している．例えば，1975年にはNEPの一環として，産業調整法(Industrial Coordination Act)が制定され，取締役会に必ずマレー人を含めることが義務化され，形式的にせよ華人企業の"自由な"経営を制約してきた．さらに，先に言及したVDPの実施においてもマレー人による企業が「アンカー企業」に指定されている場合には，華人企業をサプライヤーとして利用しない傾向がみられることが指摘されている[23]．

しかし，NEPが終了し，その後の国民発展政策(National Development Policy)においても結局のところはマレー人を優遇することが継続していながら，依然として自生的企業の多くは華人によって経営されている．したがって，1970年代以降の本格的工業化において，不利益を被りながらも主要な産業集積を形成している自生的企業の多くは華人企業にほかならない．すでに確認したように，ナショナルな政策に言及するだけでは各地区の差異は説明できないのであった．それゆえ，自生的企業の多くが華人企業であるということを考慮するならば，主要な産業集積における華人(企業)のあり方の差異が，企業の成長と企業間関係の形成における差異を説明することが想定される．

それでは，4つの主要な産業集積における華人のあり方について，どのような差異がみられるであろうか．そもそも，マレーシアにおける華人は，錫鉱山開発や商業活動を営む移民が定住して形成されてきた経緯があるために，従来から都市にその多くが居住していた．この点は，4つの地域がいずれも都市であることと符合している．しかし，州ごとの人口に華人が占める比率を比較してみると，ペナン州のそれがかなり高いことがわかる（表Ⅵ-3）．このような量的差異が，関係形成における質的差異の根拠になっていることが推察されるのである．ペナン地区における華人の実態を検討することで，この点を明らかにしてみよう．

そもそも，海峡植民地(Strait Settlements)の1つとして植民地化された18世

表Ⅵ-3．州別の華人人口の推移(%)

	1970	1980	1990	2000
ジョホール	39.5	38.4	36.1	35.4
マラッカ	39.7	38	33.7	29.1
ペナン	56.3	54.6	50.1	46.5
スランゴール	38.9	37.4	32.4	30.7

出所：Suryadinata(2002：51)から作成

紀の後半から，経済的な拠点としてペナン島を位置づけるイギリスによって，華人の定住が進められたといわれている．ペナン地区における華人の多くは，福建省出身者(Hokkien)によって構成されていた．福建省という同郷の出身であること，および同一氏族(clan)であることを背景に，華人はさまざまな「協会(association)」を組織し，日常生活および職業における相互扶助のネットワークを形成する(Hallgren, 1984)．このネットワークが，企業内外の社会関係の形成に影響を与えることになるのである．すなわち，祖先，言語(方言)，および文化的背景を共有することに基づく「道徳的共同体(moral community)」が形成され，それを背景に自生的企業の水平的関係形成が促進されるわけだ．

さらに，華人人口が多いことを背景に，ペナン州においてはその知事も華人から選出されている．このように，ペナン州においては華人が「政権」を獲得しているのである[24]．このことは，マレー人を優遇するNEPによってナショナルなレベルにおいては活動が制約されていた華人企業に対して，州レベルにおいてはそれだけいっそう，それらを保護・育成する政策が展開されることを意味する．そのほかの産業集積地域においても設立されている開発公社に比べて，ペナン開発公社(Penang Development Corporation)が，多国籍企業との共同でペナン技能開発センター(Penang Skill Development Centre)を設置して技能労働者を育成し，そのことを通じて垂直的な企業間関係の形成に積極的に寄与していることはその一例といえよう．

加えて，インテル(Intel)など有力な半導体メーカーのペナン州における現地法人の社長(managing director)に華人が任命されていたことは，相互扶助の

ネットワークを通じて垂直的企業間関係が形成されやすくなるとともに、そうした関係を前提として当該企業に雇用されていた華人従業員の独立起業を容易にする効果をもたらすであろう[25]。つまり、華人従業員が独立して起業する際に、華人ネットワークを媒介にして新たに設立される企業がサプライヤーなどとして外注先に指定される傾向が大きくなろう。このとき、新たに形成される垂直的な企業間関係は、新しい経営者が以前にとり結んでいた企業内の労使関係が企業外へと外延化(externalize)したものにほかならない。

このように、華人の人口比率が他の集積地域と比較しても高く、州レベルの政権を獲得していることを背景にしてナショナルな政治状況とは異なって、華人が保護される傾向があるとともに、ペナン地区においては華人によるエスニックなネットワークが濃密に形成され、それを媒介要因として企業間関係の形成が他地域に優越して進展しているのである[26]。ところで、このようなネットワークの結節点となる華人企業は、少なくともそのスタートにおいては極めて小規模な企業にほかならない。このことは、華人企業における"労使関係"がインフォーマル企業におけるそれと相当であること、すなわち「インフォーマル性(informality)」をもつことを示唆している。

④ インフォーマル企業としての華人企業

そもそも、マレーシアにおける華人の多くは都市に居住していたわけだから、農村から排出され、正規の雇用から排除された労働者の大量存在を前提とする「経済のインフォーマル化」の理論的想定は華人企業には必ずしも妥当しない。しかし、1972年にペナン島にFTZが設置され、輸出志向型工業化が開始された時点では、ペナン州の失業率が極めて高く[27]、州知事が自らアメリカ合州国の半導体メーカーに出向いて誘致を行ったことに象徴されるように(Asian Strategy & Leadership Institute ed., 1995: 51)、「自律的インフォーマル化」が進展する背景が存在したことは想像に難くない。正規の雇用から排除された労働者の「生き残り戦略」として生成した華人企業は、インフォーマル企業であったといえよう。

ラジャ(Rasiah, 1999)が指摘するように、現在ではかなりの規模に成長した華人企業も、その生成期においては極めて小規模の「裏庭の工場(backyard factory)」にすぎなかった．このような小規模企業における社会関係は，資本主義的な労使関係とは異なる「インフォーマル性」をもつことが想定されるのであった．すなわち，そうした企業においては人格的な統制関係と温情主義のイデオロギーとを基調とする社会関係がとり結ばれる．さらには，こうした一般的な傾向は，未だ資本主義社会の形成途上にあり[28]，それ以前の社会関係が存続しているマレーシアの社会状況[29]と，華人から構成される「道徳共同体」における社会関係[30]とによって裏書きされることになろう．

「道徳共同体」における社会関係は，富や力をもつ者がそうでない者を庇護するとともに，そうでない者から服従を要求することによって成立する関係である(Hallgren, 1986: 51-53)．さらに，この社会関係は，富や力をもたない者はそうでない者に対して庇護を要求する権利を可能にする関係である．言い換えれば，それはパトロン－クライアント関係として成立している．こうした関係は，雇用という"庇護"の対価として企業内における労働力のフレクシブルな利用を可能にするし，翻って小規模な企業の経営者(＝富や力をもたない者)から多くの賃金を要求することを排除する効果をもたらすことになる．こうした企業内の関係は，華人ネットワークを媒介にして垂直的および水平的な企業関係においても貫徹し[31]，ペナン地区における産業集積を実質的に駆動しているのである．

4．まとめ

本章において，われわれはグローバル化の進展にともなって成立しつつある post-NIDL とそのローカルな過程である半周辺化の一環としての自生的企業の成長要因を検討してきた．まず，かつてわれわれが試みた「経済のインフォーマル化」の理論を補完するかたちで，多国籍企業によって資本主義発展が主導される周辺社会において，垂直的および水平的な企業間関係が形成される可能性について一般的な考察を試みることを通じて，そのような可能性が決して大きくないことを確認した．企業間関係の形成には，なんらかの

(コンティンジェントな)媒介要因が必要だというわけだ．次に，具体的な社会の事例としてのマレーシアに則して，そうした要因を特定する作業を行った．

その結果，国家の政策とエスニシティ関係とが媒介要因として相互補完的に作動しており，なかでもマレーシアの主要な産業集積の1つであるペナン地区においては，華人ネットワークが重要な役割を果たしていることが明らかになった．さらに，そのような媒介要因が，インフォーマル企業としての，華人が経営する自生的企業の内外の関係を裏書きしていることも確認した．

従来，マレーシアにおいては NEP の負の効果として，エスニシティとしての華人企業の活動への制約が指摘されてきた (Jesudason, 1989)．V 章で検討したように，エスニシティ間の潜在的な対立を背景にして，「三者同盟」の形成も阻害される傾向があるのであった．このことは，エスニシティ関係が資本主義発展に対してネガティブな効果をもたらす可能性があることを意味していた．しかし，ペナン地区における産業集積の例にみられるように，マイノリティである華人がマジョリティとして集住する地域においては，ナショナルなレベルにおいてはマイノリティであるがゆえにかえって，州レベルにおいてはエスニシティ関係がポジティブな効果を生んでいるのである．マレーシアにおけるエスニシティ関係は一概に資本主義発展を阻害する要因として把握できるものではなく，その効果はコンティンジェントであり，その意味でニュートラルであることは銘記する必要があろう．

注

1 このことの一因としては，多くの社会において植民地からの独立後に採用された工業化のタイプが輸入代替工業化であり，結果的に資本集約的生産システムに基づく産業が企図されたことがあげられる．このように，製造業が提供する雇用を大きく上回って，農村から労働力が排出される現象は「過剰都市化（overurbanization）」と呼ばれる．

2 念のため断っておけば，こうした「インフォーマル・セクター」がなによりも生計を維持するための活動であるとすれば，それは都市に限定されたものではなく，農村にも存在しうることはいうまでもない．

3 当初においては，「インフォーマル・セクター」は近代化の停滞状況を象徴するものとしていち早く一掃されるべき対象であったのに対して，一般に周辺社会においてその活動があまりにも広範であるために，現在では雇用確保のために存続すべき対象として考えようとする提言も行われている（Hart, 1973; Moser, 1978）．本章の論点にも関連した中小企業（small and medium-sized enterprise, SME）の育成策も，こうしたスタンスの政策と通底している．

4 このことには，1970年代以降顕著になった，世界システムの中核に該当する先進社会においても，周辺社会におけるものと同様の活動が増加してきていることも含まれる（Portes & Sassen-Koob, 1987）．すなわち，これらの社会においては，資本主義の発展にともなって減少していた「インフォーマルな」活動が復活してきていることが確認されている．このような世界システムの中核と周辺とにわたる現象を理論的に一貫して説明することが，求められているのである．

5 ハート（Hart, 1973）によれば，「フォーマル・セクター」は資本集約的で技術レベルが高く，その結果生産性も高く，雇用される労働者の賃金は相対的に高く，労働条件も相対的に恵まれており，国家による規制および保護をうけているのに対して，「インフォーマル・セクター」は労働集約的で技術レベルが低く，その結果生産性も低く，雇用される労働者の賃金は相対的に低く，労働条件も劣悪で，国家による規制および保護をうけていないという．

6 「労資関係（capital-labor relations）」と「労使関係（industrial relations）」とは，議論の抽象度に応じて使い分けられる概念であり，「労資関係」のほうがより具体的な概念である（山田, 1996: 第1章）．

7 「経済のインフォーマル化」の理論においては，当該「国民社会」の資本主義発展のあり方（「類型」）によっては，このような傾向が「循環的に」現れることが提示されていた．近年の議論のなかにも，世界システム総体に照準して同様の主張を試みてい

るものがある (Tabak & Crichlow eds., 2000).

8　念のため断っておけば,「フォーマル」というタームは先に列挙した形式的特性を意味するだけで,必ずしも当該企業における社会関係が指摘したような意味での資本主義的なものであることを意味しない.前資本主義的な関係による代替は,当該周辺社会の状況によっては「長期的に」存続する可能性がある.確認しておくならば,本章で言及しているインフォーマル企業は,当該企業における社会関係に注目した概念であり,必ずしも「インフォーマル・セクター」に属する企業だけを射程としたものではない（もっとも,「インフォーマル・セクター」に属する企業の多くが,本章において規定したインフォーマル企業であることはいうまでもない）.

9　この点に関連して,マレーシアを事例とした議論としては,日本企業との技術レベルの差異に照準して企業間関係（=「リンケージ (linkage)」）形成の可能性について検討した穴沢 (2003) がある.

10　それというのも,インフォーマル化は「過剰都市化」と軌を一にして生起するし,「過剰都市化」は住宅の供給不足に帰結し,いわゆる「スラム街」といわれる不法居住区を生み出すからである.要するに,インフォーマル企業はこうした居住区と近接して誕生するのである.

11　このとき,ベスト (Best, 1999) の理論に依拠していえば,当該多国籍企業は「開発企業 (developmental enterprise)」の役割を担うことになろう.ベストは「産業集積 (industrial cluster)」の動学モデルを提起し,それを4つの要因によるシステムとして把握している.この際,4つの要因とは,特化した企業からなる「クラスター」,技術のスピン・オフをもたらす「開発企業」,産業の多様化に関連した「技術の多様化 (technological speciation)」,および開かれたシステムを構成する「水平的統合と再統合 (horizontal integration and reintegration)」である.

12　この論点は,いうまでもなく「地域における産業集積 (industrial district)」あるいは「産地」が生成する要件に関するものである.世界システムにおける位置に関わらず,「地域における産業集積」の存在と生成に関しては多くの議論が蓄積されてきた (e.g., Pyke & Sengenberger, 1992; Rabellotti, 1997).小規模な企業の集積からなる「地域における産業集積」が注目を集めた背景には,そのような集積を背景とする生産システムが,いわゆる「フォード主義 (Fordism)」にとって代わる「ポスト・フォード主義 (post-Fordism)」の候補の1つとして位置づけられたことがあげられる.ピオリとセイベル (Piore & Sabel, 1984) による「フレクシブルな専門化 (flexible specialization)」論も,この一環として位置づけられる.

13　一般に「地域における産業集積」は,小規模な企業によるネットワークとして存立している.多国籍企業に代表されるような大企業が存在する場合には,上記のようなネットワークに対して官僚制的な統制によって特徴づけられる下請関係が優勢し,「地域における産業集積」の生成は困難であることが指摘されてきた (e.g., Saxenian,

1996). この点に関連して，下請関係が優越する場合に中小企業間のネットワーク形成の可能性について検討したものとして，山田（2001a）を参照．

14　確認しておけば，「フォード主義」の危機とは，世界システムの中核において労使関係が労働者優位なかたちに編成され，そのことを一因として，生産性（上昇）の停滞と生産性を上回る賃金上昇という事態が現れてきたことを指している．

15　自由貿易区（Free Trade Zone）は，1992年に自由工業区（Free Industrial Zone, FIZ）に名称変更されている．現在は，総計17のFTZ（FIZ）が設置されている．州別の内訳数としては，ジョホール州＝1，マラッカ州＝2，スランゴール州＝3，ペラ州＝2，ペナン州＝7，パハン州＝1，およびサラワク州＝1となっている（マレーシア日本人商工会議所，2002: 76）．FTZは近年ではその敷地が不足し，多国籍企業の誘致が困難になってきている．そのことを一因として，地区ではなく工場単位でFTZとほぼ同様の関税特権を付与する「保税倉庫の資格を与えられている工場（Licensed Manufacturing Warehouse, LMW）が認定されるようになっている．LMWの認定は，各地にFTZと並んで存在する工業団地（Industrial Estate）に進出した多国籍企業にはほぼ例外なく付与されていると思われる．

16　GDPに占める製造業の割合は，1980年が約19.6%，1990年が約24.6%，2000年が約32.6%と着実に上昇してきているし，製造業の雇用人口率は，1980年が約15.7%，1990年が約19.9%，2000年が約27.5%と同様に上昇している（マレーシア日本人商工会議所，2000: 3-4, 19-20）．

17　このような試みの一環として，いわゆる「国民車（national car）」の生産計画があげられるのだった．日本企業との合弁によるプロトン（Proton）社およびプロデュア（Perodua）社が設立され，保護関税のもとで（「第2次輸入代替工業化」）自動車生産を行っている．

18　II章で言及したように，クラン・ヴァレーとは，クアラルンプール，およびシャーラム（Shah Alam），バンギ（Bangi），ニライ（Nilai）などのその郊外を中心とする工業集積地域で，クラン川が作り出した渓谷地帯に位置するため，この名称で呼ばれている．

19　ペナン地区の優越性は，その他の発展途上社会から"成功例"として評価されるまでになっている（Lubeck & Eischen, 1998）．

20　OEMは，発注する側が開発・設計を通じてスペックを設定し，発注する側のブランドで製品の生産・加工を外注先に委託するシステムである．マレーシアの自生的企業に対してOEMが実施されるということは，受注した当該企業が多国籍企業によって設定されるQCDの水準に到達していることを意味している．

21　ラジャ（Rasiah, 2002b）によれば，ペナン地区における下請企業は，下請のあり方に関連した5つの段階を経て成長してきているという．現在，多国籍企業と直接の下請関係をとり結んでいる企業（first tier）は，その第3段階から第4段階に位置してい

るという.第3段階とは,サプライヤーが外国製の輸入機械設備を,自己の生産目的のために適用・分解模倣（reverse engineer）するとともに,高度に精密な外国製の部品および機械設備を,マレーシア内外の多国籍企業に販売するために適用・分解模倣する段階であり,第4段階とは,サプライヤーがオリジナルな生産設備を用いて製造する能力を発達させ,マレーシア内外の多国籍企業に精密部品および機械設備を供給する段階である.ちなみに,第1段階は,サプライヤーが多国籍企業から提供された輸入機械,設計,および図面を用いて,単純な研磨,機械加工,溶接,および圧延作業を行って部品を提供する段階であり,1970年代の機械用具企業を特徴づけるものだった.第2段階は,サプライヤーが多国籍企業から提供された輸入機械,設計,および図面を利用して,半オートメーション化された機械と精密器具を組み立てられるレベルに上昇する段階である.最後の第5段階は,サプライヤーがオリジナルな設計を行う段階として位置づけられている.

22 UNCTAD（2000）においても,多国籍企業とSMEとの「リンケージ（linkage）」形成に関して,政府の役割の重要性が強調されている.

23 プロトン社の例では,サプライヤーの53％がSMEであり,その80％がマレー人による企業であるという報告がある（Leutert & Sudhoff, 1999: 268）.

24 ペナン州においては,1969年からゲラカン（Gerakan）が議会の多数派を占めている.周知のように,マレーシアにおいては政党組織もエスニシティごとに編成されている.ゲラカンはもともと,与党であるマレーシア華人協会（Malaysian Chinese Association, MCA）に対抗する華人の「野党」として出発したが,現在ではナショナルレベルにおいては「国民戦線（*Barisan Nasional*, National Front）」という連合政権に参加している.このことは,州レベルにおける政治とナショナルレベルにおけるそれとが,必ずしも対立していないことを意味している.

25 指摘されてきたように,マレーシアにおいてはエスニシティと職業とが対応しており,従来企業における管理職層は華人によって担われる傾向が大きかった.スピン・オフ（spin off）によって独立起業する従業員のほとんどは,この階層に属している.

26 もちろんこういったからといって,ペナン地区における企業間関係の形成が"望ましい"レベルにまで到達しているというわけではない.この地域においても相変わらず,技能労働者不足など関係形成にあたって制約となる要因の克服が政策目標とされている（Asian Strategy & Leadership Institute ed., 1995）.

27 このことの背景には,政治的独立後に首都になったクアラルンプールに商業的な中心が移り,商業的中心であったペナンの地位が相対的に低下したことが指摘されている.

28 念のため断っておけば,これはあくまでマレーシアという「国民社会」について言及したものである.

29 翻っていえば,こうした社会状況はマレー人企業においても述べてきたような「イ

ンフォーマル性」が存在することを意味している．この点に関連して確認しておけば，こうした「インフォーマル性」が存在するからといって，ただちに企業間関係あるいは「リンケージ」形成をもたらすわけではない．「インフォーマル性」は，あくまで媒介要因であるということだ．等しく「インフォーマル性」が存在することが想定されながら，マレー人によって必ずしも自生的に企業が形成されず，下請関係の模索と産業集積の形成に結びつかない要因は別途探求される必要がある．この点に関連して，近年ではマレー人の「企業家精神（entrepreneurship）」の欠如を指摘する議論が展開されている（Shukor, 2003）．

30　こうした関係が，華人固有の"文化"だけに由来すると断定することには慎重であるべきであろう．それというのも，海外で活動する華人が長期にわたって保持している社会関係は，中国社会が明らかに前資本主義社会であった時代から存続してきたものであり，華人が海外活動を行うに際してアイデンティティを確保するために，かえって強化されて継承されてきた関係であると思われるからである．そもそも，華人にとっての父祖の地である中国社会は，未だに資本主義への移行を完了していない．さらに，こうした華人の社会関係のあり方には，儒教の影響がみて取れるかもしれない．儒教のイデオロギーによって編成される関係が資本主義の発展に寄与することを主張する「儒教資本主義（Confucian capitalism）」論は，この限りでマレーシアにおいても妥当するかもしれない．

31　華人にとって，雇用経験はその期間を通じて人的な（personal）関係を拡大し，やがて独立起業するときに役立てるためにあるという（Hallgren, 1986: 89）．このことは，なんらかの企業に従業員として雇用されている期間に，自らの職務遂行を通じて（将来の）取引先との関係を構築していくことを意味している．したがって，企業内の社会関係（＝雇用）と企業間の取引関係（＝垂直的および水平的関係）とは密接に連関しているし，拡大された人的関係は人格的な（personalistic）関係にほかならないのである．

Ⅶ. 労使関係の変容と労働者の技能形成
―― 連続性のなかの変化 ――

1. はじめに

　すでにⅠ章において確認したように，グローバル化のもとでNIDLからpost-NIDLへの転換が進むならば，グローバルな資本活動によって編成される労使関係にも変化が生じるであろう．激しい競争に対処して生産活動を効率的に営むためには，労使の対立を回避し，協調的な労使関係が編成される必要がある．本章ではまず，国際分業の転換にともなって想定される労使関係の変化について，より敷衍した議論を展開しよう．ここでは，世界システムにおける周辺以外の階層的位置との差異もふまえて，想定される変化の一般的な概観を試みることになろう．

　NIDLからpost-NIDLへの転換は，周辺社会の「内部」においては半周辺化という社会変動へと帰結する可能性があるのだった．本章では次に，この可能性を確認する作業の一環として，マレーシアにおける労働者の技能訓練の状況をマクロデータに依拠しながら概観し，半周辺化の展望とそれへの制約を明らかにしよう．続いて，日本からの援助によって設立され運営されている技能養成学校の実態を現地調査に基づいて紹介し，技能訓練のミクロな過程を分析する．

　そのうえで，マレーシアにおけるミクロレベル（企業以下レベル）およびマクロレベル（産業以上レベル）の労使関係の動向を確認しよう．post-NIDLへの転換とともに進展する半周辺化過程においては，NIDLを特徴づけた労使関係のあり方が連続しつつも，それにとって代わる傾向が現れることが想定さ

れている．いわば，"連続性のなかの変化"として，マレーシアにおいても労使関係の新たな編成替えが行われているのであろうか．それを確認することが，本章における最終的な課題となる．

2. post-NIDL における労使関係

(1) NIDL における労使関係と生産システム

このタイプの分業システムについては，すでにⅠ章でも言及した．その成立の背景について，アメリカ合州国の事例などに基づいて，あえて一般的なかたちで規定するならば[1]，第2次世界大戦後における良好な経済状況に起因する「完全雇用」の実現と，労使関係の本格的な「制度化」にともなって，労働組合の活動による賃金上昇が恒常化したことが，この分業システムへの転換の一因となっている．加えて，生産システムにおいても高度に規格化された高密度ライン労働として成立していた，いわゆる「フォード主義 (Fordism)」[2]が極点に達したことによって，1960年代の後半からアブセンティーイズム (absenteeism) が頻発するなど，かつてのような高い生産性上昇を実現できなくなったことが重要である．

こうして，賃金が生産性上昇率を上回って上昇するようになったことによって，世界システムの中核において定着していた「フォード主義」は「危機」に直面することになったといえよう．フレーベルたち (Fröbel et al., 1980) が提起した NIDL 論は，こうした事態を背景に世界システムレベルで，このような「危機」の克服の現れを把握したものと解釈できよう[3]．この分業が成立するためには，半周辺・周辺においても輸出志向型工業化が展開され，多国籍企業の誘致に基づく工業化が積極的に進められる必要があった．つまり，低賃金労働力を求めて「生産の配置転換 (relocation of production)」を行おうとする中核の資本の利害関心と，資本主義的工業化を進める半周辺・周辺の国家の利害関心とが，一致することによって NIDL は成立したのである[4]．

こうして，半周辺・周辺の発展途上社会は労働集約的工業 (あるいは工程)

に由来する製品を世界市場に提供することになり,そのことを根拠として国際分業のシステムはそれ以前とは異なるものに転換したと考えられた.それでは,このようなNIDLの成立によって,世界システムの各位置における労使関係のあり方と生産システムとは,どのように編成されることになったのであろうか.

　この点に関して労使関係については,すでに別のところで確認したことがある(山田,1996:131).すなわち,NIDLの成立と移民労働者の流入とが軌を一にして進展することによって,世界システムの中核および周辺の双方において,労使関係を構成する各レベルおよび各領域の諸関係が,抽象化して把握するならば,雇主優位な関係に編成(替え)されるのであった[5].ここでは,生産システムの変化と合わせて,この編成(替え)に特徴的な様態を例示することにしよう.まず,中核における状況から一般化して確認しよう.

　言及したような状況をうけて,労使関係のあり方も雇主によって転換されることになる.すなわち,労働組合の「力量」を支えてきた「制度」的基礎が掘り崩され,労使関係は雇主優位に編成替えされることになる.まず,ミクロレベルにおいては,例えば賃金決定と組織化の基礎になっていたリジッドな職務編成に見直しが迫られるようになる.さらには,職場レベルにおける労働者への組合の影響力を最終的に排除して,雇主による労働者の組織化が試みられるようになったといえよう.マクロレベルにおいては,第2次世界大戦後に定着した,団体交渉をベースにした労使関係システムの改変が試みられている.ミクロレベルにおける編成替えを1つの基礎として,労働組合のバーゲニング・パワー(bargaining power)が低下し,その結果賃金上昇も滞るようになった.

　このような労使関係の転換は,新しい生産システムへの転換をともなう場合も含めて,既存の生産システムの機能不全を解決する方向を目指すことになろう.このように,中核における生産システムの状況は,一言でいえば「フォード主義」の「危機」として把握できよう.あるいは,「フォード主義」という生産システムからの転換の試みの開始といってもよいかもしれない.

Ⅶ. 労使関係の変容と労働者の技能形成──連続性のなかの変化

次に、半周辺における状況はどのように把握されるのであろうか。NIEs社会に代表される半周辺という位置に特徴的なことは、その中間性と多様性である[6]。したがって、世界システムの論理があくまで貫徹するのであれば、労使関係についても同様にこのことが当てはまることが想定されよう。指摘されてきたように(e.g., Deyo, 1989)、NIDLのもとで選択される輸出志向型工業化戦略においては、多国籍企業が工業化の主たる担い手となるケースが多く、そのために多国籍企業を誘致することが資本主義的工業化を進めるうえで決定的に重要となる。したがって、そうした誘致が進展しやすい、いい換えれば多国籍企業にとって「魅力的な」労使関係が整備されることが想定されよう。すなわち、雇主による「抑圧」や対立を回避するための「統合」によって特徴づけられる労使関係がそれである。

例えば、アジアNIEsに主として多国籍企業を誘致するために設置された自由貿易区(Free Trade Zone, FTZ)や輸出加工区(Export Processing Zone, EPZ)においては、しばしば労働組合の結成が認められなかったり、解雇や昇進などの重要な事項について労働者の意志を反映させる回路がそもそも存在しなかったりする。加えて、このような「制度」は労働組合の要求を無視したり、あるいは労働組合を「統合」したりすることを通じて、国家によって政策的に維持されている。

他方で、ラテンアメリカNIEsにおいては、相対的に長期にわたる輸入代替工業化過程を経て成長した労働組合を「統合」する労使関係がとり結ばれることが多かった(例えば、「ポピュリズム(populism)」などを想起されたい)。要するに、半周辺における労使関係は、ミクロレベルにおいては雇主による「抑圧(repression)」あるいは「専制(despotism)」、マクロレベルにおいては国家による「排除(exclusion)」あるいは「国家コーポラティズム(state corporatism)」として把握することができよう[7]。

このように、NIDLという文脈に相対的によりよく該当するものは、アジアNIEsである[8]。アジアNIEsにおける生産システムは、一方では、1970年代を通じて輸出志向型工業化戦略のもとで、若年女性からなる不熟練労働者を利用した労働集約的工業(あるいは工程)における単純労働からなるシステ

ムであった．しかし他方では，資本集約的な重工業が一定程度成長し，熟練労働者の形成も進展して，上記とは異なるシステムも模索されるようになった．

それに対して，ラテンアメリカNIEsにおいては，ブラジルの例にみられるように輸入代替工業化戦略が相対的に長期にわたって継続し，輸出志向型工業化への転換は遅れることになった．したがって，生産システムとしては，資本集約的な装置産業における機械技術へ適応した，そのような意味で高い熟練を必要とするシステムが基幹的な位置を占めることになった．総じて半周辺では，労働集約的工業(あるいは工程)においては「本源的テーラー化(primitive Taylorization)」が進展するとともに，資本集約的工業(重工業)を基幹産業とする社会においては「周辺フォード主義(peripheral Fordism)」への模索が開始されたといえよう[9]．

最後に，周辺について検討しよう．周辺における労使関係についても，NIDLのもとでの輸出志向型工業化が重要な工業化戦略として位置づけられている以上，半周辺における状況がここでも現れることになる．他方で，生産システムは，半周辺と比べるならば，より資本集約度が低い産業が基幹的であり，多国籍企業によって移植された労働集約的工業(あるいは工程)における，若年女性不熟練労働者に基づく単純労働システムが支配的であったといえよう．つまり，NIDLの成立によって，初めて本格的に「本源的テーラー化」が開始されたというわけだ．

(2) post-NIDLにおける労使関係と生産システム

以上のようなNIDLにも，1980年代の後半以降変化の兆しが現れているように思われる．何度も言及したように，グローバル化にともなうpost-NIDLへの転換の可能性が，それである．さしあたり，この分業システムへの転換は，半周辺・周辺への日本からをはじめとする多国籍企業のいっそうの進出が契機になっている．日本企業に関しては，1985年以降の円高の進展によって，日本国内での生産とそれに基づく製品輸出が困難になり，アジア地域への海外進出を本格化させるとともに，従来は日本などから調達していた部品

などの中間財も現地企業から調達する傾向が強まっている．

　このことを背景として，とりわけ周辺においても(マレーシアについてはⅡ章において，その実態を確認した)，現地企業の成長，技術水準の向上が要請されることにともなう熟練労働者の養成，新しい生産システムが導入されることも1つの根拠とした資本集約的工業の成長(あるいは工業の資本集約化)が徐々に進みつつあるようにみえる．このように，周辺において進展している，自生的資本の工業化過程への本格的関与，熟練労働者の育成，多様な工業の成長に基づく分業システムを post-NIDL と規定したのであった．この際，こうした変化にともなって周辺からも従来とは異なる高付加価値製品が提供されるようになってきていることが，国際分業の転換をなによりも展望するメルクマールとなっている．

　もとより，1980年代後半以降の日本企業の本格的な海外進出は，半周辺・周辺への進出に限定されるわけではない．自動車産業などにみられるように，円高の進展はアメリカ合州国などにおける日本企業の現地生産を急速に進展させてきた．その結果，日本企業による「日本的生産システム」の移植あるいは現地企業によるその「模倣(emulation)」も進みつつある．現地企業による日本的なシステムの「模倣」の原因は，生産性あるは生産効率における日本企業の世界的なプレゼンスの拡大に求められよう．

　post-NIDL への転換は，日本企業の台頭を1つの根拠にした競争の激化のもとで，中核の企業による生産性向上とコスト削減とに向けた戦略が関与しており，その一環が日本的システムの移転・模倣となって現れている．他方ではこの転換は，中核から進出している多国籍企業の戦略変化にともなって，半周辺・周辺においても新しい生産システムの模索が開始されるかたちで現れているのである．要するに，post-NIDL においても，多国籍企業を媒介にした，労使関係の「連動」は継続しているといえる．

　しかも，ジャスト・イン・タイム(just-in-time)に基づく生産システム，チーム編成された労働組織，企業内組合，小集団活動などを通じた広範な「労働者参加」などの労使関係や生産システムに関する，日本における「制度」の「具体的形式」の(少なくとも部分的な)移転や模倣をジャパナイゼーション

(Japanization)と呼ぶならば[10], その過程とpost-NIDLの形成とは重なり合っていることが確認できよう[11]. それでは, ジャパナイゼーションとともに, 形成されつつあるpost-NIDLにおける労使関係と生産システムとはどのように把握されるのであろうか.

まず, 中核における状況から検討しよう. 分業システムの転換をもたらしつつある中核の資本が, 賃金上昇や生産性(上昇率)の低下という"問題"の解決のために労使関係の編成替えを試みているうえに, 日本の台頭のもとでよりいっそうの競争に直面していることを考慮に入れるならば, post-NIDLにおける労使関係の編成は, NIDLにおいて開始された傾向がより徹底されるかたちで現れることが想定されよう.

ミクロレベルにおいては, 例えばジャパナイゼーションの進展と軌を一にしたチーム編成された労働組織が, 労働組合の職場への影響力が低下した状況で導入されているし, 無組合化(deunionization)や企業内組合化も模索されている. マクロレベルにおいては, ミクロレベルの動向と相俟って組織率の低下が定着しているといえよう. 生産システムも, NIDLの効果を突き詰める方向で成立しているといえよう. すなわち, ジャスト・イン・タイム生産の導入などに代表されるフレクシビリティの追求, あるいはそれを一環とする「ポスト・フォード主義(post-Fordism)」[12]への趨勢的転換の定着がそれである.

半周辺については, どのような事態が想定できるのであろうか. このゾーンの社会においては, NIDLのもとで工業化がかなりの程度進展しているのだから, 労働力不足やそれにともなう賃金上昇が起こりうるし, 労働者が量的に蓄積されることによって労働運動も活発化する可能性も大きくなろう. このような状況では, かつてのように低賃金労働力によって多国籍企業を誘致したり, 財の競争力を担保したりすることは困難になろう. したがって, 品質や技術力に基づく競争を行うかたちに, やがて労使関係は編成替えされる必要があろう. post-NIDLにおける労使関係の編成替えは, このようなものとして把握できよう. すなわち, 品質や技術力を上昇するための手段, 例えば労働者の技能訓練などを一方では容認する関係への編成替えがそれであ

る.

　まず,ミクロレベルにおいては,労働者優位の労使関係をとり結ぶまでには労働組合の「力量」が大きくないとするならば,基本的には雇主による「専制」が継続するものの[13],技能訓練などを進めるために労働者からの「協調(compliance)」の調達あるいは「参加」・「関与」が他方で求められることになろう.例えば,熟練度の高い労働者の蓄積によって労働運動が活発化する場合には,アジアNIEsにみられるように「協調的な」労使関係のモデルとして日本的労使関係が高い関心を集め,企業内組合の導入が模索されていることは[14],このような状況を背景にしているといえよう.マクロレベルにおいては,労働者の蓄積を背景に労働運動が活発化し,いわゆる「民主化」と相俟って賃金上昇や労働条件の向上が進展するケースも想定されよう.

　生産システムについていえば,半周辺はNIDLで想定されていたような単なるアセンブリーを行う場ではなくなることが想定されよう.アジアNIEsの事例にみられるように,自生的企業が自動車やコンピューターの「オリジナルブランドの製造」を行うなど[15],一貫した生産工程を整備してきていることは,こうした状況の現れとして解釈できよう.この過程で,広範な下請企業を組織することを通じた[16],そのような意味で日本的なシステムの形成や,熟練労働者の蓄積,R&D能力の育成,コンピューターに依拠したフレクシブルなシステムの導入が進められているのである.こうしたシステムが,労働者階級の一定程度の「力量」のもとで形成されるのであれば,半周辺では「周辺フォード主義」がようやく成立を迎えているといえるのかもしれない.

　最後に,周辺の状況はどうであろうか.競争の激化とそれにともなうコスト削減および生産性上昇を契機とするpost-NIDLへの転換は,周辺に位置する多くの社会にとっては,中核や半周辺から低賃金労働力を求める多国籍企業が進出して,ひとまずは工業化がいっそう進展する過程であったといえよう.労使関係についても,このような分業の性格が反映している.すなわち,ミクロレベルにおいては雇主による「専制」の継続であり,マクロレベルにおいても国家による「排除」に変化はないといえよう.しかし,より工業化

表Ⅶ-1. 国際分業と労使関係

	レベル	新国際分業	ポスト新国際分業
中核	ミクロ	組合による職場規制の排除	組合の影響力の排除 あるいは組合の「協力」に基づく職場組織の再編成, 一部で無組合化への模索
	マクロ	団体交渉システムにおける雇主の攻勢	組織率のいっそうの低下
半周辺	ミクロ	雇主による「専制」	雇主による労働者の「統合」および「専制」のもとでの「協調」の調達, その一環としての企業内組合の導入
	マクロ	国家による「排除」あるいは「国家コーポラティズム」	労働者階級の成長と 一部で国家による「排除」の動揺
周辺	ミクロ	雇主による「専制」	雇主による「専制」, 一部で「専制」のもとでの「協調」の調達, および企業内組合の導入
	マクロ	国家による「排除」	国家による「排除」, 一部で政策的な「統合」の試み

が進展している社会においては,半周辺における場合と同様に,労働者から「協調」や「参加」を調達するために日本的な「制度」の導入が試みられることも想定されよう.

　post-NIDLの周辺における現れを上記のように把握できるとすれば,周辺における生産システムは労働集約的なアセンブリーを主軸とするものとなろう.この意味で,周辺に位置する多くの社会にとっては,post-NIDLはNIDLの単なる継続にすぎない.しかし,一部の社会においては,まさに半周辺化という過程が進展するのであり,半周辺においてみられるような生産システムへの転換が始まることも想定されよう[17].

　以上,国際分業の転換とそれに対応する労使関係・生産システムの変化を,世界システムの各位置について一般化して把握してきた.これまでの議論をまとめるならば,表Ⅶ-1と表Ⅶ-2が得られよう.それでは,われわれの直接の関心である周辺社会マレーシアにおいて,上記のような一般的なスケッチはどのような具体的形式をとって現れるであろうか.まず,労働者の技能形成の状況について検討しよう.

表Ⅶ-2. 国際分業と生産システム

	新国際分業	ポスト新国際分業
中　核	「フォード主義」の「危機」とその克服の試みの開始	「ポスト・フォード主義」への転換の趨勢的傾向の定着あるいはフレクシビリティの追求およびその一環としてのジャパナイゼーションの進展
半周辺	労働集約的工業における不熟練労働者を利用したアセンブリーシステム（いわゆる「本源的テーラー化」）の定着，あるいは「周辺フォード主義」への模索	技能形成の本格的展開とフレクシビリティの模索およびその一環としてのジャパナイゼーション，あるいは「周辺フォード主義」の定着（？）
周　辺	「本源的テーラー化」の開始	「本源的テーラー化」の進展と一部で労働者の本格的技能形成の開始

3. マレーシアにおける技能形成——現状と課題

　ここでは，2つの調査に依拠して上記の課題を果たしていこう．まず，世界銀行，国連開発計画，およびマレーシア政府（経済計画部 Economic Planning Unit）の3者によって1995年に実施された調査のレポート（The World Bank, 1997）に依拠して，本章の課題に照らして，（1）新技術の導入傾向，（2）労働者の技能訓練の実態について確認しよう．このレポートは，「マレーシアにおける産業訓練と生産性に関する研究（Malaysia Industrial Training and Productivity Study, MITP）」というテーマのもとに実施された．

　この研究は，半島部だけではなく東の島嶼部をも含めたマレーシア全土から，所有形式，産業，規模などの点で多様な企業（合計2200社）を対象として，労働者の技能訓練の有無と形式，新たな生産技術の導入状況，品質管理活動の有無と実態，およびそれらと生産性との連関について質問紙調査を試みた結果であり，労働者の技能訓練に関する大規模調査としては初めての試みである[18]．次に，こうしたマクロな技能形成の動向を概観したうえで，われわれが実施した技能養成学校の実態調査に基づいて，（3）技能養成現場の実態

表Ⅶ－3．1992年以降新技術を導入した企業比率

		新技術	コンピューター化	オートメーション	新しい機械
	全企業	42.4	24.5	17.7	57.7
企業規模	零細	13.4	12.1	15.2	66.7
	小	31.5	21.5	11.6	65.9
	中	51.2	24.1	19	55.8
	大	68.9	26.5	23	50.5
所有	自生	35.5	23.3	15.2	60.9
	ジョイント・ベンチャー	53.5	23.6	21.5	51.3
	100％外国	58.3	20	21.1	57.2

出所：The World Bank(1997：76)

についてその一端を垣間見ることにしよう．

(1) 新技術の導入傾向

post-NIDLにおいては，NIDLにおける労働集約的で単純なアセンブリーを超えて，コンピューター・システムなどを導入したフレクシブルな生産システムが模索されることが想定されていた．マレーシアにおいても，こうした傾向が顕著に確認される．1992年以降に新技術を導入した企業を規模と所有形式ごとにみると，全企業の42.4％がなんらかの新技術を導入していることが窺える（表Ⅶ－3）．企業の規模についてみると，予想されるように規模が大きい企業ほど「新技術(new technology)」の導入に積極的であることがわかる[19]．次いで，所有形式についてみると，自国(domestic)企業よりも外国企業とのジョイント・ベンチャー(joint-venture)のほうが，さらにはジョイント・ベンチャーよりも「100％外国資本(100% foreign)」企業のほうが導入傾向は高くなっている．

こうした傾向の原因は，おそらくは企業規模に由来する技術革新のための資金力の差異だけではなく，それぞれの企業が志向する生産システムの差異にも依存しているように思われる．事実，導入された新技術の具体的な項目をみるならば，そのことが窺えよう．例えば，CADやCAMなどの導入を意味する「コンピューター化(computerization)」と「ライン・オートメーショ

ン（line automation）」については，全般的に導入傾向はそれほど際立ってはいないものの，それでもジョイント・ベンチャーや「100％外国資本」のほうが自生的企業よりも「ライン・オートメーション」の導入企業数が多くなっている．

それに対して，「新しい機械（new machine）」を導入した企業の割合は全般的に高くなっている．なかでも，自国企業のほうが，外国資本が出資している企業よりもその導入率が高くなっている．さらに，企業規模についても，「新しい機械」は規模が小さいほど導入率が高くなっている．これらのことは，自国企業における生産のあり方が必ずしもオートメーションなどの統合的なシステムをなしていないことを示唆するといえよう．要するに，技術革新のあり方が多国籍企業においては体系的かつ戦略的であるのに対して，自国企業においては個別的かつ完結的であるということになろうか．

このことに関連して，R＆D，ISO9000シリーズの取得[20]，統計的手法を用いた品質管理の採用などに関しても，外国資本が出資している企業のほうが自生的企業よりも実施率が高くなっており，多国籍企業における生産システムがより体系的であることが窺えよう（p.166表Ⅶ－4および表Ⅶ－5）．とりわけ興味深いことは，R＆Dを実施している企業の割合はジョイント・ベンチャーの「大企業」が最も多く，次いで「100％外国資本」のなかの「大企業」であり，最も少ないのは自国企業における「零細企業」だということである．このことは，マレーシアを「開発拠点」として位置づける多国籍企業が，現在のところそれほど多くはないことを示しているといえよう．

最後に，post-NIDLへの転換という観点から「ライン・オートメーション」の意味を確認しておくならば，オートメーションという生産システムがなによりも省力化という効果をもたらすことを考慮に入れるならば，こうした生産のあり方の変化は産業の資本集約化を意味することになり，NIDLにおいて想定されていた産業の労働集約的性格がまさにNIDLの担い手であった多国籍企業においても少なからず失われてきていることを示すといえよう（こうした傾向は，調査時期が異なるものの，Ⅱ章において判断が留保されていた問題に１つの回答を与えることになろう）．

表Ⅶ-4. マレーシアにおける企業のR&D

		R&Dの実施率(%)
自生	零細	4.4
	小	9.2
	中	23.9
	大	31.4
ジョイント・ベンチャー	小	16.7
	中	23.4
	大	38.8
外国	小	15.4
	中	20.7
	大	26.9

出所：The World Bank(1997:64)から作成

表Ⅶ-5. マレーシアにおける企業のISO取得率(%)

		ISO9000シリーズの認証を受けた企業の割合	ISO9000シリーズの認証を追求している企業の割合	ISO9000シリーズ取得の計画がない企業の割合
企業規模	零細	0.8	6.5	92.7
	小	4.2	26.9	68.9
	中	8.2	48.2	43.5
	大	31.3	43.6	25.1
所有	自生	5.6	29.6	64.8
	ジョイント・ベンチャー	14.3	43.9	41.8
	100%外国	27.8	35.3	36.9

出所：The World Bank(1997：72)

(2) 労働者の技能訓練の実態

既存の生産システムに新たな技術が導入されるに際しては，そのような技術やそれに依拠した新たなシステムに適応させるために，関連する労働者に対して技能訓練が実施される必要があろう．新たな生産システムが導入されてきているマレーシアにおいても，この関連は確認されるであろうか．

表Ⅶ-6から窺えるように，新技術を導入した企業のほうが，1992年以降に訓練を増加したものの割合は企業規模に関わりなく多くなっている．そのことの反面，新技術を導入していない企業のほうが，1992年以降も訓練の量を変えていないものの割合は企業規模に関わりなく多くなっている．したが

表Ⅶ-6. 新技術の導入と訓練の変化（1992年以降）

企業規模	新技術導入			新技術非導入		
	増加	同じ	減少	増加	同じ	減少
全般	50.7	37.6	1.4	21.6	56.6	3.6
零細	33.3	48.5	9.1	7.7	64.6	2.9
小	35.1	48.3	1.7	17	57.8	4.1
中	50.7	38.7	0.7	31.4	55	3.7
大	67.4	25.6	1	48.5	40.8	2.3

出所：The World Bank (1997：77)

表Ⅶ-7. 製造業における訓練率（規模別）

	総数	零細	小	中	大
企業数	2200	247	959	535	454
訓練なし(%)	31.8	33.6	14.8	5.2	3.7
インフォーマルな訓練のみ(%)	47.6	56.3	58.7	43.6	25.6
フォーマルな訓練実施(%)	20.7	10.1	26.5	51.2	70.7
フォーマルな訓練とインフォーマルな訓練(%)	17	6.9	24.5	48.4	66.5

出所：The World Bank (1997：11)

って，この調査からも新技術の導入，さらには新たな生産システムの導入と労働者の訓練の量とは相関していることが窺える[21]．

　それでは，どのようなかたちで訓練が行われているのであろうか．**表Ⅶ-7**は，企業規模と実施されている訓練の形式とをクロスしたものである．この表からまずわかることは，訓練の実施率と企業規模との大きな相関である．すなわち，企業規模が大きいほど訓練の実施率は高くなっている（企業規模が小さいほど，訓練を実施していない企業の割合が高くなっている）．

　次に，訓練の形式に関しては，全般的に「フォーマルな訓練」よりも「インフォーマルな訓練」を実施する企業の割合が大きくなっている．この傾向は，企業規模が小さいほど高くなっている．ここで，「インフォーマルな訓練」とは企業内における OJT (On the Job Training) を指している．このことは，行われている技能訓練の多くが，新規雇用者に企業の設備や作業手順について周知・徹底させるといった，かなり基本的な技能の伝達であるということを示唆している．しかし，新たな生産システムに要求されるハイレベルの問

題解決能力には，むしろ確かな理論に基づいた「フォーマルな訓練」が必要となろう[22].

表Ⅶ-7 (p.167)から明らかなように，「フォーマルな訓練」は20.7%の企業で実施されている．このなかで，自社内でそのような訓練を実施している企業は12.6%，外部で訓練を実施している企業は13.0%だという．この際，"外部"とは「工芸専門学校(polytechnic)」，「職業／技術学校(vocational/technical school)」，「高等技能訓練学院(advanced skills training institutes)」，「技能開発センター(skills development centres)」およびその他の政府機関と，「製品の買い手／資材の提供者(buyer/material suppliers)」，「民間の訓練学院(private training institutes)」などの民間レベルの訓練手段，さらには「海外での訓練(oversea training)」を指している(The World Bank, 1997:12).

これらのなかで，よく利用されている訓練の手段は，政府機関では「技能開発センター」，民間レベルでは「製品の買い手／資材の提供者」および「民間の訓練大学」などで，企業規模に関わりなく20～30%ほどの企業によって利用されている(The World Bank, 1997:13)[23]．これらの数値をみる限り，とりわけ"外部"の訓練手段を用いて労働者の訓練を実施している企業はそれほど多くはない．先に指摘したように，新技術の導入にともなって「フォーマルな訓練」の必要性が高まるとするならば，それに応じて「外部機関」の重要性も高まるはずであり，それに依拠した技能訓練を促進する方途が追求される必要もあろう．

このとき，まず求められるものは国家による政策的促進策であろう．そもそも，確認したように多くの訓練機関が政府系のそれであることは，国家それ自体が労働者の技能訓練を推進していることを裏書きしている．それでは，マレーシアでは国家によってどのような技能訓練の促進策が展開されているのであろうか．マレーシアにおいては，1980年代の後半から，より本格的に労働者の技能形成を意図した政策が展開されるようになっている[24]．具体的には，1986年に制定された投資促進法(Promotion of Investment Act)，次いで1992年の人的資源開発法(Human Resource Development Act)がそれである．

投資促進法は，直接的には1980年代前半のリセッションによる投資の滞り

を解消するために制定された.そのなかで,とりわけ多国籍企業による投資を促進するために[25],これらの企業の戦略に応えられる技能をもった労働者を育成することが目標とされている.これをうけて,1987年から「訓練促進控除倍額(Double Deduction Incentive for Training, DDIT)」計画が実行されている.

DDITは,新しい製品および生産過程に関連した技能の習得や,生産性および品質の改善に向けて,企業に訓練を奨励するための計画であり,雇主たちに認定された訓練にかかった出費額の2倍を税金から控除しようというものである[26].ここで認定された訓練とは,「技能開発センター」などのあらかじめ認定された訓練施設での訓練か,あるいは企業自らがマレーシア工業開発庁(Malaysia Industrial Development Authority)に申請し認定をうけた独自の訓練計画を指している(The World Bank, 1997:48-49).

さて,人的資源開発法をうけて設けられたものは,1994年に作られた人的資源開発基金(Human Resource Development Fund, HRDF)である.この基金は政府の交付金に基づいており,この基金に合わせて人的資源開発協議会(Human Resource Development Council, HRDC)が設立されている.HRDCは,民間企業および政府の責任官庁の代表,ならびにHRDF計画を運営する事務局(Secretariat)から構成される.

HRDFは単なる補助金とは異なり,最低6カ月間にわたってHRDCに拠出して初めて(拠出額は当該企業におけるひと月の賃金総額の1%),企業は認定された訓練のための費用を当該年につき拠出金総額まで請求することができる.マレーシア市民を50人以上雇用している企業であれば,HRDFに登録して給付を受ける資格があることになっている.HRDCは様々な訓練支援計画を実施しているが,1995年から96年にかけて,「小企業」および「中企業」を対象にした計画を実施していることが興味深い(The World Bank, 1997:52-53).

それでは,以上のような技能訓練促進政策の効果はどのくらいあがっているのであろうか.まず,DDITについて.この計画には,いくつかの問題点が指摘されている.列挙するならば,以下の通りである.すなわち,①利用する企業の割合が全般的に小さいこと(調査対象企業の8.3%),②HRDFとの

関連で従業員50人未満の企業を主として対象にしているにもかかわらず,「大企業」の利用率が高くなっていること(ちなみに,「零細企業」は2.61%,「大企業」は19.3%の利用率),③自国企業よりも外国資本が出資している企業のほうが,利用率が高くなっていること(自国企業は6%未満,外資が出資している企業は14%の利用率)がそれである(The World Bank, 1997:49-50).

　DDITの利用率が低い原因としては,以下のような原因が指摘されている.すなわち,①DDITについての情報が周知されていないこと,②そもそも訓練を必要としていない企業が多いこと(特に,小規模企業),③認定をうけるための事務手続きが煩雑であること(申請しても却下されることも多いこと)などがそれである.これらの原因は,いうまでもなくただちに克服されるべき課題として設定されることになる[27].

　HRDFについても,同様の問題点が指摘されている.やはり列挙すれば,以下のようになる.つまり,①HRDFに参加する資格をもちながら,未登録の企業が多いこと(約27.7%),②登録していても資金援助を要求しない企業が存在することがそれである.①に関して補足するならば,人的資源開発法においては,有資格企業はHRDCへの登録が義務となっている(mandatory)にもかかわらず,それが実現していないというわけだ.

　この原因としては,「小企業」と伝統的で国内志向の産業で活動する企業とが登録に応じないこと,こうした企業においては訓練の必要が認識されていないこと,さらには停滞あるいは衰退しつつある企業の登録が少ないことが指摘されている.こうした問題点の克服策としては,①HRDCに登録を強制する法的権限(未登録企業にはペナルティを科すなど)と人員を付与すること,②登録を促進するためのキャンペーンを展開すること,③①に関連して時限つきのアムネスティ・プログラムを実施することが提案されている.

　加えて,上記の②の問題点の原因としては,「インフォーマルな訓練」に依存することが多い「小企業」がHRDFへの助成金申請件数を引き下げていることや,企業側に訓練を実施するための資源がなかったり,成熟した技術に依存していて訓練の必要が特になかったり,他の企業から熟練労働者を雇用する(引き抜く)ことで間に合わせるなどの事態が想定されている.これら

の問題点に対しては,「小企業」がグループを形成することによって共同で技能訓練を実施していくことが提言されている(The World Bank, 1997:53-56).

以上,MITPの調査に依拠して,マレーシアにおける技能訓練の実施状況,促進政策,およびそれらの問題点を概観してきた.要約すれば,以下のようにまとめられよう.①新技術の導入と関連して,マレーシアにおいても技能訓練の実施率が高まっている,②しかし,「インフォーマルな訓練」が多く,「フォーマルな訓練」の実施率は必ずしも高くない,③技能訓練は,規模が大きいほど,さらに外国資本が出資している企業ほど,実施率が高い,④国家は,「フォーマルな訓練」を実施するための制度を政策的に整備してきている,⑤しかし,作られた制度の利用率はあまり高くない,⑥その原因は,③および②と関連して,規模が小さいことによって「フォーマルな訓練」を実施する余裕や必要がない企業が多いこと,依然として成熟した技術に依拠している企業も多いことなどがあげられる.

(3) 技能養成学校の実態

次に,よりミクロなレベルに視点を設定して,具体的な訓練施設における実態を検討してみよう.ここで対象とする施設は,日本の援助によって1998年に設立された職業訓練学校である(先に言及した訓練機関のなかでは,工芸専門学校に該当する).2000年にペナン州に移転したため,Ⅱ章でも利用した略号の規則を用いて,以下ではこの学校をPNI(Penang Institute)と呼ぶことにしよう.それでは,PNIについて,①背景,②運営,③教育,④展望に分けて順次概観することにしよう[28].

① 背景

PNIは,マレーシア政府からの日本政府への依頼をうけて,国際協力事業団(JICA)を通じて「技術協力」のかたちで設立されている.依頼の内容は,第7次マレーシア計画(Malaysia Plan)を反映したもので,「熟練労働者の育成と技術の高度化への対応」を果たすために協力を要請するものであった.PNIは,まさに「先進分野の技術を習得した高度技能者」を要請するために設立された「職業訓練センター」にほかならない.

PNIが設立される以前にも，CIAST(Centre for Instructor and Advanced Skill Training)という施設が1984年に設立された経緯があり，この施設がPNIを設立する際のモデルになっている(「ルック・イースト」政策も影響しているという)．PNIの設立は，「技術協力」という個別のプロジェクト方式をとっており，産業ロボットなどの大型訓練機材の供与，職業訓練に関する専門家の派遣，マレーシアの職業訓練指導員の日本における研修という3要素からなる協力を実施している．校舎などの施設建設，大半の訓練機材の購入，および学校の運営費は，マレーシア側(人的資源省労働局)が負担している．

② 運営

　日本からの出向者は合計7人であり，「専門家」が6人，「調整員」が1人である．学校全体では115人の職員が在職しており，その内訳は「職業訓練指導員」が88人，「事業所サービス部門」が9人，さらに「管理部門」が18人である．組織としては，マレーシアの人的資源省の大臣のもとにPNIの所長が位置しており，その下の副所長2人がそれぞれ事務と教務(4学科など)，および技術相談を管轄している．このような基本のラインに対して，日本人の「チーフアドバイザー」と「専門家」とが労働力局長，所長，および副所長をサポートするスタッフとして関与する形式になっている．

③ 教育

　教育機関としての位置づけは，1年制の産業訓練校(Industrial Training Institute, ITI)のうえに位置し，3年制の高度技能訓練センター(Advanced Technology Centre, ADTEC)に該当する．具体的な事業内容は，職業訓練と事業所サービスの2つである．まず，職業訓練部門は情報工学科(Computer Engineering Technology)，電子工学科(Electronics Engineering Technology)，生産工学科(Manufacturing Engineering Technology)，およびメカトロニクス工学科(Mechatronics Engineering Technology)の4学科(Department)からなっており，高校卒業程度の学力をもつ人材を選別して受け入れている．各学科の定員はそれぞれ50人であり，3年制の訓練センターであるため，全校では600人の学生を受け入れていることになる．

　3年間の課程を修了したものに対しては，短大やポリテクニーク卒相当で

あるディプロマ(diploma)という準学士の学位が与えられる．これは，マレーシアの職業訓練体系においては，全国職業訓練会議(National Vocational Training Council)が定めるL4という上級技能者に該当し，「実践技師補」という資格を保持していることを意味する．具体的な教育は，基礎理論の習得と実習，ハイテク分野の理論の習得と実習，および事業所実習からなっている．教育プログラムのなかには，オートメーションとそのメンテナンス，高度材料工学，および生産ラインの設計(自動車や航空機産業を想定したFMS)などが含まれている．ちなみに，学費は年間3000RMであり，マレーシア全土から学生は集まってきているという[29]．男女比については，男性が3分の2を占めており，エスニシティについては，マレー人が8割を占め，残りはほとんど華人であるという．

　もう1つの事業である事業所サービスは，短期的な訓練プログラムの提供，訓練情報の提供，および技術相談などからなる．主として，中小企業を対象としたサービスであり，HRDF利用の対象機関に認定されている．さらには，主として日本企業を対象としたサービスとして，日本語の書き方や文の構造に関する訓練コースも設定している．

④ 展望

　それでは，このような高度な教育を行うPNIは順風満帆に発展し続けているといえるのであろうか．PNIは，2001年に初めて50人ほどの卒業生を送り出したものの，日本の援助によって運営されている訓練センターの出身者であるにもかかわらず，日系企業に就職したものは2割に満たなかったという．要するに，技能者の養成機関としての「信用」が確立していないというわけだ．そのため，PNIでは日本企業への就職を増やすために，日本語教育はいうまでもなく，日本的な労働倫理(5Sに含まれる整理・整頓など)の教育も行い，日本企業からの卒業生への評価を高めようとしている．「即戦力，チャレンジスピリッツ，メンテナンススピリッツ」が，日本企業が求める「最大公約数」であるとの認識に基づいて，卒業生の「エンプロイアビリティ(employability)」を高めていきたいという．

　PNIの教育内容は，日本企業をはじめとする多国籍企業の需要に一定程度

見合うものであり，半周辺化が進展しつつあるマレーシアにおいて，まさに当を得たものといえよう．II章において確認したように，日本企業の戦略は必ずしも資本集約化に専一化してはいないものの，テクニシャンやエンジニアの需要が一般的に減少するとは思えない．したがって，PNI は post-NIDL において求められる国家の政策を体現する装置といえよう．

以上，われわれはマクロデータとミクロレベルにおける個別事例を通じて，労働者への技能形成の実態について概観してきた．それでは，多かれ少なかれ労働者に対する技能訓練の必要性と実施率が高まりつつあることで，労使関係にはなんらかの変化が確認されるであろうか．次に，この点を確認しよう．

4. マレーシアにおける労使関係の変化

マレーシアにおいては，1970年代はじめから輸出志向型工業化が開始され，NIDL に包摂されたことによって，この時期においても多国籍企業を誘致するために労使関係はより抑圧的に整備されてきた．ミクロレベルにおいては，1972年に初めて設置された FTZ においては，農村との紐帯を維持した若年女性労働者に対して，華人を中心とする男性労働者によって，ジェンダー関係やエスニシティ関係に媒介された統制が行使された．賃金も，工業化戦略の転換にともなって低下したことが知られている(Jomo, 1986:227-232).

マクロレベルにおいては，独立以前からの一連の労働立法を経て，1967年の労使関係法(Industrial Relations Act)の制定に至る過程で，労働組合の登録制度，団体交渉の対象となる事項の制限(例えば，解雇・配転は雇主の権限)などが規定されてきた．これに修正が加えられるかたちで，組合活動に依然として制限が加えられてきている(依然として，ナショナルセンターであるマレーシア労働組合会議(Malaysian Trade Union Congress, MTUC)も「友愛団体(society)」にすぎず，労働組合として承認されていない)．

特に，多国籍企業によって担われる「パイオニア産業(pioneer industry)」

表Ⅶ-8. マレーシアにおける労使関係システム

法制度	労働組合法(1959年)および労使関係法(1967年). 登録制度.
組織形式	産業別および企業別. 企業内組合(in-house)推奨. 役員は3年以上の経験必要.
中央団体	マレーシア労働組合会議(Malaysian Trade Union Congress), マレーシア労働組織(Malaysian Labour Organization)
組合数	民間＝380, 政府＝130(2004年), 法定団体・地方公共機関＝87.
組織率	7.56％(2004年)
団体交渉	概ね企業レベル. 昇進, 異動, 欠員補充のための採用, 雇用終了(人員整理, 組織再編), 解雇, および仕事の割り当ては交渉対象から除外. チェック・オフなし.
協約	ほぼ3年ごとに改定
争議権	大幅に規制, 1980年以後は実質的に禁止.
政治活動	組合指導者の政党加入不可.

出所：マレーシア人的資源省(http://www.mohr.gov.my)などから作成

においては，事実上労働組合の組織化が禁止されるなどとりわけ厳しい制限が加えられていた．1980年にはマレーシア航空(Malaysia Airlines System, MAS)におけるストライキを契機として法改正が行われ，事実上全産業でストライキは禁止されるに至っている(争議は，調停と仲裁によって解決することが規定されている) (e.g., Dunkley, 1982;O'Brien, 1988;Wong, 1993)．この結果，ストライキの件数は著しくわずかであり，近年の状況についていえば，1998年が12件，1999年が11件，2000年が11件，2001年が13件，2002年が4件となっている(Balakrishnan, 2004:44)．**表Ⅶ-8**は，以上のようなマレーシアにおける労使関係システムを要約したものである．

こうした状況も，経済の拡大にともなう労働者不足を背景にFTZにおいても賃金が上昇し(e.g., Jomo, 1990:127-128)，低賃金労働力に依拠した国際分業におけるニッチを確保することが困難になることによって，1980年代後半以降，コンピューター化された「フレクシブルな生産システム」が導入され(e.g., Rasiah, 1993:146;1995:146-147)，コンピューター・システムに対応可能な熟練労働者の形成が本格的に模索され始めた(e.g., Kuruvilla, 1996)ことで変化し始めていることが指摘されていた[30]．Ⅱ章で確認したように，われわれの

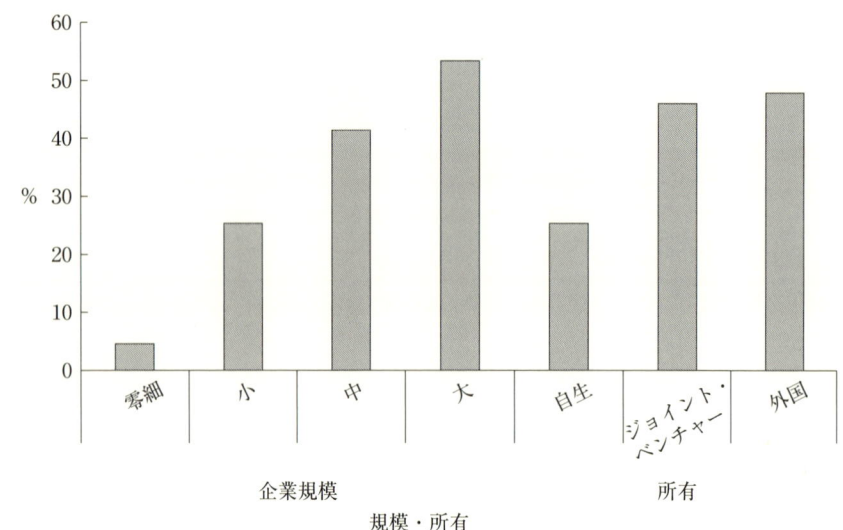

```
    60
    50
    40
%   30
    20
    10
     0
       零細 小 中 大   自生 ジョイント・ 外国
                          ベンチャー
       企業規模              所有
            規模・所有
```

出所：The World Bank（1997：67）から作成

図Ⅶ−1．QCサークルの実施率

調査からもこの一端を垣間見ることができた．こうした生産システムにおけるフレクシビリティの実現は，労働者の「参加」と「協調」が重要な要件となると考えられることから，ミクロレベルの関係においてはまず，企業内という限定された組織として労働組合が容認されつつある．もっとも，労働組合は容認されても，「専制」あるいは「抑圧」を基調とする関係は継続している．

post-NIDLにおいては，競争の激化とそれにともなう生産効率向上の追求によって，労働者から"創意"を調達するために，周辺における労使関係も雇主による「専制」から労働者による「関与」へとシフトすることが想定されている．先進社会においては，このようなシフトの一環としてQCサークルなどの小集団活動が導入されてきた．マレーシアでは，こうした傾向は確認されるであろうか．図Ⅶ−1は，品質管理向上活動の一環としてマレーシアでもQCサークルが導入されてきていることを示している．

一見して明らかなように，企業規模が大きいほど，さらには外国資本が出

資している企業であるほど,QCサークルの実施率は高くなっている.このことは,とりわけ多国籍企業において労使関係の変化が発生していることを示すとともに,いわゆるジャパナイゼーションが部分的なかたちにせよ進展していることの証左となろう.QCサークルがとりわけ品質管理の点で労働者の参加を促し,そのことを通じて生産性を高める機能があるとするならば,NIDLにおいて想定されていた雇主による「専制」を基調とする労使関係の変化は否定できない.

マクロレベルにおいては,マハティール前首相によって提唱されていた,日本や韓国などのアジアにおける工業化に成功した社会を模倣しようとする「ルック・イースト(Look East)」政策の一環として,企業内組合(in-house union)の導入が試みられていることが指摘できよう(e.g., Wad, 1988)[31].これによって,基幹的な産業においてさえ組合形成が容認されるようになった.このように,生産システムにおけるフレクシビリティの追求と主として企業内組合の推奨というかたちで,post-NIDLへの転換とともにジャパナイゼーションが進展していることを確認できるであろう[32].

加えて,労働者への技能訓練が促進されていくとともに,訓練をうけた労働者の賃金が上昇する傾向が確認され,訓練をうけていない労働者との格差が拡大する傾向が指摘されている(The World Bank, 1997:110).賃金のみならず,訓練を行った熟練労働者の転職率を下げるために,様々な補償が施されることも,労働者による「関与」を高める方向に労使関係をシフトさせるように思われる.こうした事態は,拡大する労働者への技能訓練を媒介にして,NIDLを担った不熟練労働者が新たに分解しつつあることを示唆するとともに,「ニュー・リッチ」との関連が注目されよう.加えて,労働者間の格差の増大は,労使関係を不安定にする可能性もあろう.

5. まとめ

本章では,周辺社会マレーシアに照準して,NIDLからpost-NIDLへの転

換という文脈において想定される半周辺化という一連の社会変動のなかから，とりわけ労働者の技能形成と労使関係の変化について検討してきた．まず，1980年代後半以降において，NIDLからpost-NIDLへの転換にともなう労使関係と生産システムとの変化を世界システムの3つの階層的位置について把握することを試みた．その際，こうした国際分業の転換がジャパナイゼーションと重なり合って進展していることにも注目してきた．

ジャパナイゼーションをともなって進展するpost-NIDLへの転換は，労使関係における雇主優位を定着させる効果をもたらすとともに，そのことを背景にして生産システムにおけるフレクシビリティの実現を志向するものといえよう．もっとも，グローバル化による国際分業の転換にともなって，周辺において進展している「フレクシブルな生産システム」の移植には，単純労働だけに従事する不熟練労働者にとって代わる，（最新の技術を適応できるという意味での）熟練労働者の養成という「ポジティブな」効果も存在することにも留意すべきであろう．

こうした作業をふまえて，マレーシアにおける新技術の導入傾向，労働者の技能訓練の状況，および労使関係の変化の方向について検討した．その結果，様々なかたちの新技術の導入が一定程度確認されるとともに，それに合わせて多様な技能訓練が実施され，労働者による「関与」が拡大される方向で労使関係にも変化がみられることが明らかになった．しかし，訓練の形式が「インフォーマルな」ものにとどまるケースが多く，訓練を支える制度の「稼働率」もあまり高くないなどの問題点も存在していた．

こうした事態は，NIDLからpost-NIDLへの転換と周辺社会における半周辺化過程が，多国籍企業の戦略，国家の政策，および自生的企業の力量という3つの要因によって規定されることをあらためて確証するものといえよう．すなわち，多国籍企業の戦略はそうした転換を引き起こす方向にシフトしているにもかかわらず，求められる労働者の技能形成が自生的企業の力量においては必ずしも達成しえず，それを支援する国家の政策も十全に機能していない事態は，まさにpost-NIDLへの転換と半周辺化に対する制約を表すものにほかならないのである．

注

1 いうまでもなく，以下のような一般的な規定が中核に位置するすべての「国民社会」に妥当するわけではない．例えば，日本においては NIDL が想定する事態は必ずしも現れなかった．この点については，山田（1996：Ⅷ章）を参照．この論点は，まさに当該社会の「内部」要因が社会変動に重要な影響を与えることに関連している．

2 いわゆるレギュラシオン学派においては，「フォード主義」とは生産システムだけではなく，労使関係（賃労働関係）や消費のあり方を含めたマクロな「蓄積体制（accumulation regime）」を意味する概念として用いられる．もっとも，本章の議論においては，もっぱら生産システムを指し示すものとして，この概念を用いている．消費意識などの論点は，Ⅸ章で検討される．

3 念のため断っておけば，フレーベルたちは必ずしも明示的に「フォード主義」の「危機」への処方箋として NIDL の背景を位置づけているわけではない．それに対して，いわゆる NIDL を「フォード主義」の世界的拡大＝「グローバル・フォード主義（global Fordism）」という文脈から把握する論者は，レギュラシオン学派のリピエッツ（1985＝1987:108, 113-118）である．彼によれば，本書でいう周辺においては「本源的テーラー化」，NIEs などの半周辺では「周辺フォード主義」が成立してきているという．

4 そのほかにも，技術革新の結果として労働過程が細分化され，労働集約的な工程のみを移転可能であったこと，輸送コストが低廉化していたこと，情報・コミュニケーション技術が発達していたこと，半周辺・周辺の労働力を使用することによって生産性が低下しない見込みがあったことが指摘されている．

5 労使関係の領域としては，主として賃金に関連した経済的領域，職場における統制のあり方や団体交渉などに関連した政治的領域，生産に関する知識や意識に関連したイデオロギー的領域を弁別して設定することができよう．

6 半周辺の規定をめぐっては，様々な議論が展開されてきた．もともと，世界システムを特徴づける不等価交換において，半周辺は価値あるいは余剰が中核へと流出していく位置であるとともに，周辺からはそれらが流入してくる位置として把握されていた（Wallerstein, 1979）．さらには，当該の時代における産業あるいは活動において「中核性（coreness）」と「周辺性（peripherality）」とを合わせもつ位置として把握する試み（Chase-Dunn, 1990）や，そのことを1つの基礎として富の世界的な分配の具体的な帰結として（対数化された）1人当たり GNP を指標にとり，その大きさの中間的な位置あるいは成層を半周辺として把握する試みも存在する（Arrighi & Drangel, 1986; Arrighi, 1990）．この論点は，Ⅹ章における主題である．いずれにしろ，半周辺は世界システムにおける中間的成層であり，そのことを根拠にして産業のあり方は多様

性をもつことになる．例えば，アジア NIEs とラテンアメリカ NIEs とでは，工業化のタイプや産業のあり方は大きく異なっている．

7 アジアにおける「国家コーポラティズム」の事例としては，シンガポールがあげられよう．シンガポールにおいては，「全国賃金会議（National Wages Council, NWC）」という国家・経営・組合の3者協議機関が設置され，賃金上昇がコントロールされている．

8 もっとも，多国籍企業が工業化において担う役割の大きさには，アジア NIEs 間でもかなりの差異が存在する．例えば，韓国や台湾は，シンガポールに比べて多国籍企業に依存する程度はかなり小さい．

9 いわゆる「フォード主義」が成立する制度的要件として，労働組合が一定程度「力量」を確保していることが指摘できよう．一般に，輸入代替工業化戦略のもとでは，相対的に熟練度の高い労働者が必要とされることから，彼らの「希少価値」が高まり，結果的に労働組合のバーゲニング・パワー（bargaining power）も輸出志向型工業化戦略における場合よりも大きくなる．ここで，「周辺フォード主義」というタームを用いる際にはそうしたことを念頭においている．このような戦略の変化と労使関係の様態の変化については，クルヴィラ（Kuruvilla, 1996），ビョークマン（Bjorkman, 1988）たちなどを参照．さらに，労働組合のバーゲニング・パワーの増大を背景にした，一定程度の「高賃金」化による消費拡大が，マクロなシステムとしての「フォード主義」成立の要件となる．この点に関して，アムゼン（Amsden, 1990）は，半周辺の NIEs 社会がこうした要件を充足しつつある根拠を多国籍企業ではなく，自生的資本の国内市場拡大の努力に求め，リピエッツを批判している．

10 このことは，ジャパナイゼーションという現象が「制度」の「抽象的本質」においては，進展しないことを主張していることになる．この点については，山田（1998a: III章）を参照．さらに，現在日本においてはグローバル化のもとでいわゆる「リストラクチャリング（restructuring）」が進展し，終身雇用や年功賃金などの日本的労使関係を構成してきた重要な要素が払拭されつつあるだけでなく，このことそれ自体が，雇主にとってのフレクシビリティの追求の現れとみなすことができる（この論点は，補章において検討される）．他の社会におけるジャパナイゼーションについて検討するとき，その過程が決して終身雇用や年功賃金を含めた全般的な日本の「制度」の移転ではないことは，日本における「リストラクチャリング」とジャパナイゼーションが矛盾した過程ではないことを示唆しているといえよう．

11 こういったからといって，ジャパナイゼーションの過程と post-NIDL への分業システムの転換は完全に同一の過程ではない．例えば，post-NIDL の成立には，国家による政策的な産業の多様化（素材産業などの重工業や情報産業の育成など）も関連している．一般に，この分業システムの形成には，半周辺・周辺における国家の政策的な企業育成や熟練労働者形成が重要な役割を担っている．

12 このとき,「ポスト・フォード主義」というタームは,単に「フォード主義」以後のシステムという意味であり,必ずしもポジティブな含意は込めていない.「ポスト・フォード主義」が労働者に対してもたらす効果をめぐる議論については,加藤・スティーヴン(1993)を参照.

13 デイヨ(Deyo, 1995)は,技能形成などにともなって求められる労働者からの「協調」の調達も,後発的な社会においては必ずしも必要とされない可能性があることを指摘している.アムゼンの議論をうけるかたちで,彼は後発的な社会においては「発明(invention)」や「革新(innovation)」ではなく,「学習(learning)」によって新しいシステムが導入されることにその原因を求めている.要するに,新しいシステムの導入に際して,労働者からアイディアを提出してもらう必要はないというわけだ.

14 もっとも,企業内組合への転換あるいは「労使協調」という期待される効果の実現は,社会によってその成功の程度は異なっている.例えば,シンガポールでは企業内組織への転換それ自体があまり進展していないし,韓国では企業内組織によっても労使対立は緩和されていない.

15 ジェレフィ(Gereffi, 1995:122;1997:56)は,発展途上社会における生産を「一次産品輸出(primary commodity exports)」,「輸出加工組立(export-processing assembly)」,「部品供給下請(component-supply subcontracting)」,「オリジナルな器材製造(original equipment manufacturing, OEM)」,「オリジナルブランドの製造(original brandname manufacturing, OBM)」の5つに種別化している.第三世界における現地企業が契約企業として最終消費財を生産するOEMや,現地の自生的企業が独自にブランドを開発するOBMが現れてきている社会は,いまのところ東アジアの韓国・台湾などに限定されているという.

16 もっとも,ラテンアメリカのNIEsであるブラジルにおいては,エレクトロニクス産業に関しては多国籍企業と現地企業との関係形成は必ずしも進展していないという(Evans, 1995:185-190).このことは,自生的企業の成長を特徴とするpost-NIDLに様々な制約が存在することを示している.

17 この意味で,こうした社会は周辺から半周辺へと世界システムの成層を上昇しつつあるといえる.マレーシアは,まさにそのような事例に該当するわけだ.post-NIDLへの転換が,世界システムレベルにもたらす影響については,山田(1999b)を参照.これは,X章の論点にほかならない.

18 この調査は,1994年の12月から1995年の5月にかけて郵送法で実施されている.調査票は調査の趣旨説明をつけてマレーシアの経済計画部から発送され,その後人的資源開発会議(Human Resource Development Council)から調査の重要性を強調する手紙が追加送付されている.対象企業はそれ以前の調査の対象となった4583社で,そのなかから存続が確認された3373社に調査票を送付している.そのうち2318社から有効回収があり,回収率は約68%であった.このうち,完全な回答が行われていた2200社

に基づいて調査結果が報告されている.

19　表Ⅶ-3 (p.164) における企業規模のカテゴリーは従業員数に基づいており,「零細 (micro)」=16人未満,「小 (small)」=16人以上100人以下,「中 (medium)」=101人以上250人未満,「大 (large)」=251人以上にそれぞれ該当する.このカテゴリー分類は,以下の表において共通である.

20　ちなみに,ISO9000シリーズの取得は輸出に携わる企業に多くみられる.いうまでもなく,国際標準規格を取得することが,輸出される製品の"信用"を高めることになるからである.翻っていえば,マレーシア国内を対象にした製品に求められる製造過程の保証はそれほど高水準ではないことになる.

21　ちなみに,高い割合で訓練が実施されている産業としては,「電気機械 (electric machinery)」,「輸送機器 (transport equipment)」,「基礎金属 (basic metal)」などがある (The World Bank, 1997:11).

22　さらに,「フォーマルな訓練」を実施することによって,生産性が改善され,そのことによって賃金も上昇することが指摘されている.加えて,高賃金を含めた補償政策 (年功的賃金,退職金制度など) は従業員の定着率を高めることも指摘されている (The World Bank, 1997:31-43).いうまでもなく,一般にジョブ・ホッピング (job hopping) といわれる高い転職志向は,企業が訓練を行う動機を損なう大きな要因であり,この点はマレーシアにおいても例外ではない.この点については,Ⅱ章における議論も参照.

23　自生的企業のサイドからいえば,「製品の買い手／資材の提供者」には多国籍企業が含まれることになる.したがって,こうしたかたちでの技能訓練はそれ自体として,企業間関係の形成を通じて自生的企業が成長していく過程の一環であり,post-NIDLへの転換の証左といえよう.

24　いうまでもなく,様々な訓練施設や大学が設立されるなど,労働者の技能形成を意図した政策は1970年代から展開されていた.しかし,1990年代においても訓練を全く実施していない企業が31.8%も存在することからかえって裏書きされるように (p.167 表Ⅶ-7),1980年代前半以前には国家による訓練促進政策がそれほど実効性をもっていたとは考えにくい.そもそも,1970年代においては工業化を主導した多国籍企業に訓練を行う動機は乏しかったと思われる.1990年代のMITPの調査報告においても,訓練を実施しない理由のなかで最も大きな割合を占める項目 (全体の48%) は,「成熟した技術を用いており,ほとんど訓練が必要ない」というものである (The World Bank, 1997:48).なお,マレーシアにおける技能形成の政策的経緯については,オクポジンほか (Okposin et al., 1999:225-233) を参照.

25　直接的には,NEPの一環としての1975年の産業調整法 (Industrial Coordination Act) によって定められた外資の出資比率を制限する条項が緩和,さらには撤廃されている.

26　すなわち,事業経費として控除される訓練費に加えて,さらにそれと同額の控除を

認めるということである.
27 さらには，この調査報告書では DDIT を HRDF と統合することも提言されている．
28 以下の記述は，直接学校を訪問して行った聞き取り（時間は2時間程度）と収集資料に基づいている．訪問は，2002年8月に行われている．聞き取り対象者は，「チーフアドバイザー」と「専門家」という肩書きをもつ日本からの出向者である．
29 遠方から就学している学生には、寮が用意されている。ちなみに、寮費は年間616RM である。
30 この事情に関して敷衍すれば、日本から FTZ に進出したエレクトロニクス産業に属する一部の企業でも、オートメーションの導入にともなって、それに対応した技能訓練が施されているし、アメリカ合州国から進出した半導体企業においても、コンピューター化された生産システムが導入されたことにともない、1980年代の後半以降、そのような生産システムを管理・運営する「新型の」熟練労働者や技術者が、OJTや本社への研修によって育成されてきているという（Rasiah, 1993:139;1995;149-154）。この点に関する実態については、Ⅱ章参照。
31 この過程で，団体交渉のレベルも，プランテーション産業に代表される集権的な（centralized）産業レベルから分権的な（decentralized）企業レベルへとシフトしてきた．こうした変化には，日本から進出した企業の影響力が大きいという．自動車産業を事例とした分析として，ウォッド（Wad, 2004）を参照．
32 この点に関連して、アメリカ合州国、日本およびオーストラリアの3国を本国とする多国籍企業の労使関係を比較すると、日本やオーストラリアの企業に比べてアメリカ合州国の企業は企業内組合の結成に対しても相対的に寛容ではなく、「反組合主義（anti-unionism）」の傾向が強いという（Bhopal & Todd, 2000）。

Ⅷ. 半周辺化における移民労働者
―― その役割と意味 ――

1. 課題

　とりわけ1990年代以降に指摘されるようになった(経済の)グローバル化という現象は，グローバルなレベルにおいてはNIDLからpost-NIDLへと国際分業の転換をもたらす可能性があり，その背景としてローカルなレベルにおいては周辺社会(の一部)において半周辺化を進展させる，という認識が本書のライトモティーフ(leitmotiv)にほかならない．

　こうした経済のグローバル化の背景には，1970年代以降における日本の良好な経済的パフォーマンスと，その帰結としての円高および貿易摩擦に起因する1980年代後半以降における日本企業の本格的な多国籍的展開とを，少なくとも1つの契機とする国際的な競争の激化があったことも指摘してきた[1]．1980年代後半から90年代前半にかけて展開された，「日本的生産システム」の国際移転や日本以外の社会へのその普遍的拡散をめぐるジャパナイゼーション(Japanization)論議は，日本企業の活動に起因する国際競争をめぐる社会科学の取り組みとみなせよう(e.g., Elger & Smith eds., 1994; 安保ほか, 1991; 山田, 1998a: Ⅲ章)．

　こうした競争の激化は，発展途上国に進出した多国籍企業の活動にも変化をもたらしている．多国籍企業の戦略の変化がもたらすホスト社会における変化を当該社会の国家がいっそう促進するような政策を展開するならば，グローバルなレベルにおいてはかつてのNIDLとは異なるpost-NIDLが生起する可能性が高まることになるのであった(山田, 1998b;2001b;2002)[2]．

Ⅷ. 半周辺化における移民労働者──その役割と意味

post-NIDLへの転換というグローバルな世界システムレベルにおける変動は，このようにいうまでもなくローカルあるいはナショナルなレベルにおける変動に媒介され，それを背景として現れる．Ⅳ章およびⅤ章において考察した国家の政策的関与に加えて，Ⅵ章で検討した自生的企業の「力量」がこの変動に大きく関与する．さらに，Ⅸ章においてみるように，生産システムの変化は階級構成の変化をもたらし，国内市場と消費の拡大を支える新中間階級を創出することにつながろう．加えて，Ⅹ章においてみるように，そうしたローカルな変動を経験するなかで，当該の周辺社会は半周辺へと上昇する可能性も指摘できよう．

もっとも，post-NIDLへの転換と半周辺化という過程には制約がないわけではない．それへの転換を推進する多国籍企業，国家，および自生的企業が期待される役割を担わなければ，半周辺化とpost-NIDLへの転換は達成されないであろう．とりわけ，一般的には外国資本(家)によって資本主義発展が担われる周辺社会においては，多国籍企業の戦略が重要となる．多国籍企業が生産システムの資本集約化や現地調達率の上昇を模索したとしても，Ⅵ章およびⅦ章で検討したように，それに対応した労働者の技能形成や自生的企業の生産能力の向上が速やかに進まなければ，NIDL的傾向が継続せざるをえない．

本章では，こうした半周辺化およびpost-NIDLへの転換とそれへの制約を明らかにする試みの一環として，周辺社会における移民労働者(migrant worker)[3]を検討課題とする．工業化が進展した周辺社会においては労働力不足が発生し，しばしば隣接する社会から労働者が吸引される事態が起こる．post-NIDLへの転換と半周辺化過程において，移民労働者はどのような意味をもつことになるのであろうか．本章では，post-NIDLへの転換が進むなかで，まさにその渦中にあり，半周辺への上昇を模索するマレーシアを事例として，その意味を明らかにしてみたい．まず，本章の課題を達成するために，必要な限りでpost-NIDLへの転換の背景となる半周辺化過程を確認することから作業を開始しよう．

2. 半周辺化への展望と制約——生産システムと階級構成

(1) 半周辺化への展望

　すでにⅠ章において，われわれはpost-NIDLについて(旧)国際分業やNIDLと対比するかたちで類型化を試みてきた．ここでは，周辺社会に定位して，ローカルな過程へのpost-NIDLの現れとしての半周辺化過程を本章における課題に照らして必要な限りで確認することにしよう．

　言及したように，周辺社会における資本主義発展が一般的には外国資本(家)によって主導されるとするならば，周辺社会におけるローカルな社会変動においてもそれが担う役割は大きいことが想定されるのだった．グローバル化という趨勢のもとで，周辺社会に進出した多国籍企業がより徹底したコスト削減を追求する戦略を採用することが，post-NIDLへの傾向を生み出すことになる．この際，当該の周辺社会がすでに一定程度工業化を達成し，それに起因する労働力不足および賃金上昇を経験しているにもかかわらず，なおかつ進出した多国籍企業が現地生産を継続する意向をもつ場合には[4]，しばしばオートメーションやコンピューターに依存した，より資本集約的な生産システムが採用される可能性がある．

　こうした生産における変化は，NIDLにおいて想定されていた主として不熟練労働者から構成される労働者のあり方にも変化をもたらし，新たな生産システムに対応できるように，労働者の技能レベルを向上させる必要が発生する．さらに，資本集約化が省力化に結びつくならば，生産における変化は労働者階級の社会的な構成比率を低下させる可能性がある．すなわち，技術的職務や管理的職務に従事する"労働者"である新中間階級の社会的構成比率が増加することになる[5]．加えて，先に述べた賃金の全般的な上昇傾向と相対的に所得水準が高い新中間階級の形成とは，消費性向の拡大とその結果としての市場の拡大に帰結すると考えられる．

　このような労働者の技能形成の進展と熟練労働者の増大とは，労働者のバーゲニング・パワーを大きくするし，新中間階級は単なる物質的な欲求とは

異なる多様な意識を育む可能性があるから，これらを通じて階級関係とそれに起因する社会運動も変化する可能性がある．しかし他方では，新中間階級に顕著にみられるような所得の上昇(=「ニュー・リッチ」の形成)は，「消費主義(consumerism)と呼ばれる(しばしば顕示的な)消費欲求に根ざした意識を育む可能性もあり，翻ってそうした意識変容も階級関係および社会運動に影響を与えることになろう[6]．

さらに，世界システムというハイアラキカルなシステムにおける各社会の位置が，資本集約的生産の集積の程度によって規定されるとするならば(e.g., Chase-Dunn, 1991; 山田, 1999b)，多国籍企業の戦略変化にともなう周辺社会における生産のあり方の変化は，当該社会を半周辺へと上昇させる傾向，すなわち半周辺化への傾向を生み出すことになる[7]．すなわち，生産における変化に起因する階級関係，消費，および社会意識における一連のローカルな変動過程それ自体が，当該社会における半周辺化の現れであるとともに，そのような現れに媒介されてグローバルな世界システム総体も変動するのである．

(2) 半周辺化への制約

上記のように，半周辺化は多国籍企業の戦略の変化とそれを(1つの)契機とする周辺社会におけるローカルな変動過程として生起することが想定される．しかし，この変動は決してリニアに進展するものではない．翻っていえば，そうした変動を担う「主体」それ自体が半周辺化への制約となる可能性があるのだった．

そもそも，半周辺化過程の契機として把握されている多国籍企業にとっては，賃金上昇によって進出時のインセンティブが失われつつある周辺社会において，生産システムを改変してまで生産を継続することはあくまでも1つの選択肢に過ぎない．例えば，資本集約化とコンピューターに依拠したオートメーションなどの導入に代表される生産システムに必要な技能労働者が充分に供給されなければ，生産システムを改変することがそもそも困難になろう．外注などを通じた現地企業との関係形成についても，外注先の現地企業

が品質・コスト・納期の点で多国籍企業の要望に見合わなければ，スポット的ではないかたちで関係が持続することは困難となろう．このような場合には，多国籍企業は当該社会で生産を継続することを断念するかもしれない．

　このことは，当該社会における自生的企業の力量に密接に連関している．多国籍企業との企業間関係が継続的にとり結ばれるためには，多国籍企業と自生的企業との関係が前者のイニシァティブによって形成される以上，後者は前者の要望に従うことが求められる．品質・コスト・納期における要望に対応するために，自生的企業には技術水準の向上に代表されるような自助努力が求められることはいうまでもない．熟練度の高い労働者に依拠した効率的な生産を継続できなければ，半周辺化の進展とpost-NIDLへの転換は達成されないであろう．

　このように，自生的企業が自助努力を展開するにあたっては，国家の政策的援助が重要な役割を果たすことが想定されよう．例えば，資材などの現地調達率を高めたり，労働者の技能訓練を実施あるいは援助したりするなどの政策は，多国籍企業との関係形成を希求する自生的企業を支援することになろう．しかし，こうした政策それ自体が，多国籍企業の活動に対する制約になる可能性がある．国家の政策によってその活動に大きな制約をうける場合には，多国籍企業が他の社会に生産拠点を移すことも想定されよう．多国籍企業によって資本主義発展が主導される事態が，当該社会において最終的に解消されない限り[8]，その撤退は資本主義発展を停滞させる．半周辺化過程が一定程度長期にわたる時間を要するとするならば，その過程を促進する政策が翻ってそれを制約する効果をももたらすのである．

　さらに，当該社会において半周辺化が進展し，post-NIDLへの転換に一定程度の時間が必要であるとするならば，その間においてはグローバルな過程としての周辺における競争が依然として重要な意味をもつことになろう．そもそも，半周辺化はNIDLにおける工業化を背景として進展するのであった．NIDLにおいて周辺で進展する工業化は，あくまで周辺に固有な，低賃金労働力のプールに代表されるニッチに基づいて多国籍企業を誘致することによって進展する．したがって，半周辺化というローカルな過程は，こうしたニ

ッチをめぐる他の周辺社会との競争を通じて進展するのである．

　翻っていえば，このことは，半周辺化の基礎となる工業化過程それ自体が「周辺性」に裏書きされていることを示している．つまり，半周辺化過程が最終的に完了するまでは，その過程とともに NIDL において想定されていた低賃金労働力に依拠した労働集約的工業(あるいは工程)が当該社会の基幹的な産業として担保されなければならないわけだ．このように，半周辺化過程と post-NIDL への転換は「周辺性」の解体と存続とによって特徴づけられる矛盾した過程であることを指摘できよう．

　以上，われわれは半周辺化への傾向とそれへの制約について，主として周辺社会におけるローカルな過程に照準して一般的に考察してきた．それでは，このような半周辺化の可能性と制約という文脈に照らして，移民労働者はどのような意味をもつのであろうか．次に，この点について検討を進めよう．

3. 半周辺化における移民労働者——その両義性

(1) 「周辺性」を体現するもの

　移民労働者の移動動機は，一般的にいえば，少なくとも当初においてはより高い所得や(より恵まれた)仕事の獲得に求められよう[9]．したがって，周辺においても工業化の進展度において格差が発生し，より工業化が進展した社会において相対的な高賃金と(より恵まれた)仕事が獲得できる場合には，より工業化が進展していない社会から労働者の移動が起こりうる．この際，高度な知識を保持した専門的知識労働者や熟練労働者が，よりよい雇用条件を確保し，送り出した社会においては相対的に希少な雇用機会を拡充するために，他の社会に移動する可能性もあろう[10]．

　しかし，周辺から中核への労働力移動においてみられるように，移民労働者の多くは不熟練労働者が占める傾向にある[11]．周辺における移民労働者についても，このことが該当しよう．当該の周辺社会において一定程度工業化が進展し，労働力不足が発生している場合には，農業から製造業に至る多様

な産業において，不熟練であるとともに(そのことを1つの原因とする)低賃金の職務に移民労働者が雇用される可能性がある(e.g., Edwards, 1999)．これらの職務は，雇用の拡大とともに当該社会の労働者によって忌避される3D(3K)職務[12]であるとともに，移民労働者の低賃金は半周辺化の過程においても必要な周辺的ニッチを保持し続ける効果をもたらすことになろう．

さらに，半周辺化過程が完結するまでに一定の時間が必要とされるなかで，多国籍企業によって配置転換(relocation)された労働集約的職務にも移民労働者を配当することが選択されるならば，NIDLにおいて想定されていた事態が継続することになるだけでなく，そのことを通じて生産の資本集約化と労働者の技能形成も滞る可能性があろう．以上のように，移民労働者は当該社会における半周辺化とグローバルな過程としてのpost-NIDLへの転換を制約する「周辺性」を体現するものといえよう[13]．

(2) 「半周辺性」を体現するもの

それでは，半周辺化を進める周辺社会において，移民労働者は単に「周辺性」を体現するだけの存在であろうか．半周辺化の1つの特徴として，階級構成の転換が指摘されていた．すなわち，新中間階級の形成がそれである．さらに，新中間階級の意識のあり方として，消費主義が想定されていたのであった．とりわけ，この階級に帰属する人々が「ニュー・リッチ」と呼ばれる富裕層を代表するとすれば，労働者階級との生活格差を顕示的なかたちで強調する可能性もあろう．

このとき，多くの社会において存在が指摘されている家事労働者(domestic worker)が注目されよう(Parreñas, 2001)．メード(maid)というかたちで女性移民労働者を雇い入れることは，それを可能にするだけの所得を示唆するし，なによりも労働者階級とは異なる社会的ステータスを誇示することになる．さらに，メードに家事労働を委託することによって，新中間階級に帰属する女性が家庭の外へと進出することも可能になる．このように，移民労働者は家事労働者として雇用されることを通じて，新中間階級の形成と存在とを裏書きすることになり，当該社会の「半周辺性」を体現することにも

なるのである[14].

　以上，われわれはグローバルな過程としてのpost-NIDLへの転換と周辺社会におけるローカルな過程としての半周辺化とを制約していながら，他方ではそれらの過程をまさに体現するものとしての移民労働者を一般的に把握してきた．以下では，半周辺化が進展しつつあると考えられる社会としてのマレーシアに目を向け[15]，周辺における移民労働者の現状を概観する作業を通じて，これまで述べてきた理論的想定を具体的に確認していこう．

4. マレーシアにおける移民労働者の現状と移民政策

(1) 経緯

　よく知られているように，今日のマレーシアという「国民社会」は移民現象を媒介にして形成されている．一般に，周辺社会が植民地化される過程で，主として中核資本の活動にともなって資本主義が移植されるとともに，他の社会からも資本と関係をとり結ぶ賃労働が吸引される事態が起こる．マレーシアにおいては，19世紀には錫鉱山の開発を行っていた華人資本(家)(Chinese capital)のあとをうけて，イギリス資本(家)によるプランテーション開発が開始されている．この過程で華人資本(家)は主として中国華南地方から労働者を調達したし，イギリス資本(家)はインドのタミール地方から労働者を調達している(e.g., Parmer, 1954; Lee, 1989; 吉村, 2000)．こうした植民地期における労働力調達のあり方が，多様なエスニシティから構成されるマレーシア社会を形成したわけだ．

　このように，マレーシアは「国民社会」形成の初期から移民労働者の受け入れによって特徴づけられるものの，一貫して労働者の受け入れ社会であったわけではない．とりわけ，輸入代替工業化が実施されたものの，工業化による雇用創出効果が乏しく，その結果失業率が高かった1960年代以降，より工業化が進展していた隣接するシンガポールへと多数の出稼ぎ労働者を送り出してきた(1990年代のはじめでも，約10万人がシンガポールで雇用されている)．

こうした出稼ぎ労働者は，ジョホール州から海峡(ジョホール水道)を越えて日常的な通勤というかたちをとってシンガポールに行き来し，製造業，建設業およびサービス産業などで雇用された．出稼ぎ労働者の多くは不熟練労働者であったが，シンガポールでは2倍の賃金を獲得しているという(Pang, 1993:52)．もっとも，出稼ぎ労働者のなかには熟練労働者も少なからず含まれており(Stahl, 1986:47;1991;Pang, 1993:55)，出稼ぎ労働者のエスニシティとしては華人が多くを占めている(Athukorala & Manning, 1999:128)[16]．

　1970年代を通じた輸出志向型工業化の展開によって，1980年代の後半にはシンガポールへの出稼ぎ労働者数は減少したものの，それ以降も現在に至るまでマレーシアは労働者を送り出してきている．例えば，1980年代以降，移民労働者を数多く受け入れるようになった日本においても，1990年代のはじめにはマレーシアからの不法労働者数は韓国およびイランからのそれに次いで第3位，さらには不法滞在者もタイおよびイランからのそれに次いでやはり第3位となっている．例えば，1992年のデータではマレーシアからの不法労働者数が4855人，同じく不法滞在者数が39000人であった(Pang, 1993:67)．

　以上のような労働者の送り出し社会であるだけでなく，早くも1970年代からマレーシアは移民労働者の受け入れ社会にもなってきている．すなわち，送り出しと受け入れとが同時に進行していることがマレーシアの特徴となっているのである[17]．1970年代はじめから開始される移民労働者の流入は，主としてインドネシア，バングラデシュ，フィリピンなどからのもので，エステート(estate)とよばれるゴムおよびヤシ油のプランテーションの労働者や家事労働者として雇用された(Stahl, 1986;吉村, 2000;Chin, 1998:65)．

　プランテーション農業において労働力不足が発生した原因としては，第1に，従来インド人によって担われてきたプランテーション労働がインド人の大量帰国によって労働力不足に陥ったこと[18]，第2に，プランテーション農業がゴムからヤシ油(palm oil)に転換する過程で資本集約化が進み，失業が増えるとともにプランテーションそれ自体から離職する農業労働者が増加したこと，さらには第3に，工業化によって都市における職が増大し，農村労働力が都市に吸引されるとともに，農村において自作農を創出する政策[19]が

Ⅷ. 半周辺化における移民労働者——その役割と意味 193

進展したことが指摘されている(Stahl, 1986:31-32).

マレーシアに流入したインドネシア人労働者の多くは不法就労者で, 1980年代のはじめには10万から30万人がプランテーションで雇用されていたといわれる. こうした労働者の多くは, 契約労働者(contract worker)として雇用されていた. つまり, プランターが直接雇用関係をとり結ぶのではなく, 不法労働者は職を斡旋する(しばしば不法な)仲介人(contractor)あるいはブローカー(broker)と契約し, その管理をうけるとともにマージンを取られるかたちで賃金を支給されていた(e.g., Spaan, 1994)[20].

1970年代後半以降, 工業化が進展するとともに労働力不足は, 建設業や製造業などにも波及し, 賃金も著しく上昇した. 賃金は, リセッションが繰り返されるたびにいったんは低下するものの, 再び上昇を開始する傾向があらゆる産業において定着し, 1990年代はじめにはジョホール, スランゴール, ペナンなどの工業化が進展している一部の州で毎年10%の上昇を経験するようになった. 賃金上昇の1つの背景として, 失業率も1990年代前半には4%台にまで低下した(Pang, 1993:52). こうした状況をうけて, そうした産業においてもインドネシア人労働者が雇用されるようになった. それでは, 1990年代後半以降, インドネシア人に代表される移民労働者はどのような状況にあるのであろうか. 次に, その現状について概観しよう.

(2) 現状

ここでは, 主としてILOの統計に依拠してマレーシアの移民労働者の現状について確認していこう[21]. まず, マレーシアではどのくらいの移民労働者が就労しているのであろうか. 表Ⅷ-1 (p.194)によれば, 近年では通貨危機以前の1996年に12万人を超える数の移民が流入していたことがわかる. この時期には合法的な移民だけをとっても, マレーシアの労働力人口の13%が外国人労働者によって占められていた(Ruppert, 1999:31). そのなかで, 最大を占めるのはインドネシアからの移民であり, つねに移民労働者の半数を占めている. 性別構成についてみると, 1996年以降一貫して男性が多数を占めるものの, 女性も2万から3万人規模で流入しており, 漸増しているようにも

表Ⅷ-1. マレーシアへの移民の流入数

年	総流入数	男性	女性	インドネシア人
1995	50800	30100	20700	26600
1996	120100	80500	39600	66000
1997	73700	41700	32000	38600
1998	57700	33600	24200	34600
1999	97600	62600	34900	69900
2000	86900	46400	40500	68800

出所：ILO (http://www.ilo.org)

表Ⅷ-2. 移民の雇用状況（産業別）

年	総数	農業・狩猟・漁業・林業	製造業	鉱業・採掘業	建設業	卸売り・小売り	その他のサービス業
1995	36800	8400	14900		1800	4600	7100
1996	69100	19800	37700		9100	9700	19800
1997	60100	11000	14700	300	10000	8500	15600
1998	45800	15600	9100	500	2900	5000	12700
1999	79800	26400	26200	700	6600	2900	17000
2000	77200	22100	24700		5400	4600	20400

出所：ILO (http://www.ilo.org)

みえる．

　次に，移民の最大数を占めるインドネシア人に注目して，移民が就労している産業について確認しよう．**表Ⅷ-2**によれば，1990年代の後半についてみると依然として農業などの第1次産業従事者が多くを占めるものの，製造業が大きな割合を占めており，2000年においては第1次産業従事者の数を上回っていることが注目される．製造業および第1次産業についで雇用者数が多い産業はかつてのような建設業ではなく，販売以外の「その他のサービス業」である．「その他のサービス業」には，先に言及した家事労働者が含まれていることに注意する必要がある．

　それでは，移民労働者が就労している職業はどのようなものであろうか．**表Ⅷ-3**によれば，2000年度についてみると，最も多い職業は生産労働者であり，農業・漁師などよりも多くなっている．さらに，専門的・技術労働者はわずか2300人しかいないことから，多くの労働者が不熟練であることが推測

表Ⅷ－3． 移民の雇用状況（職業別）

年	総数	専門・技術関連	経営・管理	事務関連	販売	サービス	農業関連	生産・運輸
1995	36900	2300	2000	200	600	7700	9800	14300
1996	96000	8100	3500	1300	2400	16800	21600	42300
1997	60200	3500	2900	900	1300	18900	11800	20900
1998	45900	2800	3800	100	600	13700	15000	9900
1999	79700	2800	1900	700	1000	17500	26400	29400
2000	77100	2300	1700	300	1700	21800	21800	27500

出所：ILO (http://www.ilo.org)

表Ⅷ－4． 移民の経済的地位

年	被雇用者	雇主	自家営業	その他
1995	35100		1400	200
1996	92200		2700	1200
1997	58400	100	1100	500
1998	41800	300	2100	1600
1999	75800	300	3200	500
2000	74600	100	2400	100

出所：ILO (http://www.ilo.org)

される．加えて，サービス労働者が多いことも注目される．最後に，**表Ⅷ－4**は雇用に注目した階級的位置を示すものである．一見して明らかなように，移民の多くは被雇用者であり，労働者階級に属している．

以上，マレーシアに流入する移民労働者の特徴について概観してきた．ところで，不熟練労働者が多くを占める移民労働者に対しては，一般に当該社会の国家によって政策的な流入統制策が行使される．それというのも，無制限な流入は労働市場を混乱させるだけでなく，社会不安を醸成するなど様々な"悪影響"を及ぼすからである．それでは，マレーシア国家(あるいは政府)はどのような政策的対応をとってきたのであろうか．

(3) 制度

結論からいえば，1990年代になるまで移民労働者の流入に対して，マレー

シア政府は明示的な制度を確立してこなかった[22]. 早くも1970年代の後半には，不法な移民労働者の流入を制限する世論が高まっているが，それを受けて国家が明示的な対応をとることはなかった. 1984年には，インドネシア政府との間に不法労働者の流入に関する協定(メダン協定，Medan Agreement)が締結されているが，足掛け3年で実効性がないためにこの協定は廃止されてしまった[23]. さらに，1986年には家事労働やプランテーション労働を担う移民労働者を全面的に禁止する措置がとられたものの，そのわずか数カ月後には家事労働者不足を訴える世論を考慮してフィリピン人とインドネシア人との家事労働者に対する規制を解除してしまう(Chin, 1998:65-66, 86).

ようやく1991年になって，マレーシア政府は移民労働者の調達をめぐる5年間のプランを策定した. このプランによれば，不法移民に1992年の6月末までに移民局への申告・登録を義務づけたうえで，それ以後不法労働者を雇用した雇主には厳罰をもって対処することを定めた. さらに，申告を怠り不法な立場のまま就労を続けた移民労働者には強制送還をもって対処しようとした.

このプランのもとでは，合法的な移民労働者の雇用期間は2年間と定められ，マレーシア人の労働者と同等の賃金と法的利得が認められたが，労働者の側から雇主を変更することはできないものとされた. 雇主には移民労働者を雇用するにあたって，毎年労働者1人ごとに定められた賦課金(levy)が課せられ，移民労働者を雇用しなければならない根拠を文書によって提出することが義務づけられた. さらに，雇主は移民労働者との雇用契約に署名しなければならないことも定められた(Pang, 1993:53-54).

近年の規定によれば[24]，移民労働者のタイプによって3種類の許可制度が整備されている(Ruppert, 1999: 8-9). すなわち，①「一時的雇用のための滞在パス」，②「専門的雇用のための滞在パス」，および③「雇用パス」の3つがそれである. それぞれの許可は，企業および職務ごとに認められるもので貸借することはできない. これに加えて，移民労働者には国籍と年齢によって制限が加えられている. それぞれについて，概観しよう.

まず，「一時的雇用のための滞在パス」は，製造業，建設業，プランテー

ション，サービス業および家事労働に従事する，18歳から45歳までの半熟練・不熟練労働者を対象とするものである．このパスの有効期間は1年だが，更新可能とされている．このパスが適用される労働者の国籍は，バングラデシュ，フィリピン，インドネシア，パキスタンおよびタイでなければならない(家事労働者については，フィリピン，インドネシアおよびタイに限定される)．このパスを取得するにあたっては，移民労働者を雇用する雇主に労働者の技能レベルに応じて賦課金が課せられる(1年につき不熟練労働者は840リンギ[25]，半熟練労働者は1200リンギ)[26]．さらに，「治安預金(security deposit)」として，滞在期間が終了したときに帰国を保証する費用が雇主に課せられる．

このパスの適用にあたって，家事労働者の場合には雇主に対しても資格条件が設定されている．すなわち，家事労働者を雇うことができる雇主は，①結婚して子供を出産した記録があり，②一定の所得を得ているうえに，③とりわけインドネシア人を雇用する場合にはイスラム教徒(要するにマレー人)に限られる．ちなみに，家事労働者の雇用の要件となる月収は，インドネシア人を雇用する場合には2000リンギ，フィリピン人を雇用する場合には4000リンギである(Ruppert, 1999: 9 ;Chin, 1998:87-89)．

次に，「専門的雇用のための滞在パス」は，専門的資格をもつ労働者を短期間に限って雇用する場合に適用され，有効期間は1年である．最後に，「雇用パス」は月給1200リンギ以上の熟練労働者に対して適用され，製造業およびその他の産業における労働者が対象となる．このパスの期間は少なくとも2年間だが，5年間までは更新可能である．雇主が負担する賦課金は雇用する労働者の技能レベルによって異なり，技術職(technical)については2400リンギ，専門および中間管理職(professional & middle management)については3600リンギ，さらに上級管理職(upper management)については4800リンギをそれぞれ1年につき支払わなくてはならない[27]．

以上，われわれはマレーシアにおける移民労働者受け入れの制度的枠組みについて概観してきた．こうした枠組みから，どのような国家の政策意図と移民労働者がもつ含意とを窺い知ることができようか．次に，この点について検討しよう．

(4) 含意

　移民労働者の受け入れに対して，特に不法なそれに対する取り締まりに端的に窺えるように，国家の政策は一定程度の規制を行うスタンスをとっているといえよう．例えば，不法移民という存在を概念的に排除したうえで，移民労働者を雇用するにあたって雇主に賦課金を課していることは，コストの点で移民労働者の利用に対する制約となるものであり，規制としての政策の性格が現れたものといえよう．

　すでに確認したように，移民労働者が「周辺性」を体現するものであるとするならば，政策がもつこうした性格は半周辺化の進展を促進する効果をもたらすものといえよう．もっとも，賦課金の額が不熟練労働者に対して低く設定されているので，賦課金を加えてもマレーシア人の労働者よりも賃金が低くなるのであれば[28]，不熟練労働者を雇用するインセンティブは必ずしも減少しないことになる[29]．さらに，移民労働者は独自の動機と論理によって流入してくる以上，不法移民を完全に排除することは困難であり[30]，規制の強化に対応して不法移民を雇用しようとする雇主も存在する．

　このように，マレーシア国家による移民政策は移民の雇用に対する規制のスタンスをとりながらも，他方では不熟練労働者の雇用に関しては，相対的に規制は弱くなっており，規制のための政策としては不徹底な性格をもつものとなっている．このような政策には，半周辺化を促進する一方で，依然として「周辺性」にニッチを見出さざるをえないマレーシア国家の矛盾した性格が垣間見られよう．

　他方で，家事労働者を雇用するに際して，雇主の資格要件が定められていることにもマレーシア国家の性格を窺うことができる．資格要件に所得が含められていることは，事実上新中間階級を含めた「ニュー・リッチ」に属する人々でなければ，家事労働者の雇主にはなれないことを意味している．このことは，移民労働者を家事労働者として雇用することを通じて，新中間階級を目にみえるかたちで析出する効果をもたらしている．新中間階級の形成が半周辺化過程の一環であるとするならば，移民家事労働者に対する政策はその限りで半周辺化を促進する性格をもつといえよう．

しかし，多くの社会で指摘されているのと同様に，マレーシアにおいても家事労働者に対しては，虐待(abuse)と日常的な監視とに代表される全人格的な統制が行使されている(Chin, 1998:chap.5)．さらに，一般には「近代性」(⊃「半周辺性」)を体現するものとして把握される，新中間階級の核家族化とそうした世帯における女性の家庭外への進出に対応して，まさに「前近代性」(⊃「周辺性」)を体現する伝統的な(イスラムの)社会関係に由来する「家父長制」に基づいて，家事労働＝再生産労働を担う「使用人(servant)」(Parreñas, 2001)としての移民労働者の雇用を容認する政策には，「周辺性」を担保する効果があるといえよう．

以上のように，移民労働者が体現する「半周辺性」と「周辺性」に対応して，移民労働者受け入れの政策的対応にも双方の性格が矛盾するかたちで体現されているのである．すでに確認したように，グローバルな過程としてのpost-NIDLへの転換に対応して進展する周辺社会における半周辺化過程を促進するうえで，国家の政策が重要なのであった．移民労働者をめぐる国家の政策が，上記のように拮抗する2つの性格を合わせもつ矛盾したものであるとすれば，半周辺化の過程とpost-NIDLへの転換とはそれだけ曲折をともなうものとなろう．

5．まとめ

本章においてわれわれは，周辺社会におけるローカルな過程としての半周辺化と，それを背景とする世界システムレベルにおけるグローバルな過程としてのpost-NIDLへの転換および制約とをあらためて一般的に確認したうえで，半周辺化を進める周辺社会に流入する移民労働者の意味について検討した．移民労働者の多くは，一般に不熟練で低賃金の労働者である．したがって，そうした労働者を雇用することに周辺における競争上のニッチを見出すことは，NIDLにおいて想定されていた事態の継続と当該社会の「周辺性」を再生産することになる一方で，「ニュー・リッチ」としての新中間階級の

形成と存在とを明示する家事労働者としての移民労働者の雇用は，その限りでは当該社会の「半周辺性」を示唆するのであった．

　次に，以上のような一般的・理論的な検討をふまえて，マレーシアを事例として移民労働者流入の実態と政策的対応について概観した．その結果，マレーシア国家の政策には，「周辺性」と「半周辺性」とを合わせもつ移民労働者の性格を反映して，半周辺化を促進する傾向と「周辺性」を継続する傾向とが共存する矛盾した性格が窺えることを確認した．グローバル化という趨勢のもとで，中国の経済開放が進展し，より低廉な賃金の労働者と広大な市場の確保を目指して夥しい日本企業が進出している状況を考慮に入れるとき，相対的に順調な資本主義発展を遂げてきたマレーシアも周辺における熾烈な競争に直面しているといえよう．こうした競争を優位に進めるためには，移民労働者が体現する「半周辺性」と「周辺性」との相剋を的確に解消することが求められているように思われる．

注

1 日本企業の本格的な多国籍企業化それ自体が，競争への対処という側面をもっていた．協調的な労使関係に支えられた日本企業は，必ずしも国内生産を放棄してリスクをともなう海外現地生産を展開する必要はなかったと考えられる（山田, 1996: VIII章）．

2 確認するならば，NIDL は1960年代後半から形成されてきた国際分業の形式で，世界システムの周辺に視点を設定するならば，主として多国籍企業による工業化，労働集約的産業の成長，低廉な若年女性不熟練労働者の創出，雇主の「専制」と労働者の「排除」とを特徴とする労使関係などを主な特徴とする分業である．それに対して，post-NIDL は NIDL にとって代わるものとして1980年代後半から形成の可能性が現れてきた国際分業の形式で，やはり世界システムの周辺に視点を設定するならば，自生的企業の成長とその工業化への関与，資本集約化の進展と高付加価値生産の開始，熟練労働者の集積と労働者の「関与」とを特徴とする労使関係などを主な特徴とする分業である．NIDL のもとでの周辺における生産および労働の様態とその変化については，夥しい文献が蓄積されてきた（e.g., Lim, 1978; Lin, 1987; Wee, 2000）．近年における労働者の技能訓練については，日本企業を対象としたものとしては竹野（1997）がある．なお，NIDL に先立つ「(旧)国際分業」をも含めた，より網羅的な類型論的比較については，I章および山田（2001b）を参照．

3 migrant worker という語句に移民労働者という訳語を当てることには，説明が必要かもしれない．"移民"という語には，他の社会からの移動経験と移動先への"定住"という2つの含意が存在する．一般には，定住とは極めて長期にわたる当該社会への滞在を意味するが，ここでは出稼ぎなどを目的とした相対的に短期の滞在を定住に含めて考えることにしたい．移民を"移住"と言い換えても，その語感から長期的滞在に限定された滞在というニュアンスはなくならないように思われる．

4 NIDL においては，多国籍企業はまずなによりも低賃金労働力を求めて周辺に進出することが想定されていた．したがって，進出先において低賃金というインセンティブが失われるならば，多国籍企業はより賃金コストが安い社会へとさらなる移転を試みることも想定されていたのである．しかし，周辺においてより工業化が進展した段階で成立する post-NIDL においては，(工業化の程度に基づく) 周辺における地域的差異をふまえて，多国籍企業はそれぞれの地域に適切な拠点の設置を試みることが想定される．経験的にみても，多国籍企業が進出先から撤退する場合には，進出してから相対的に短い時間で撤退することが明らかにされている（洞口, 1992:165）．このことは，投資期間が長くなるにつれて，当初のインセンティブ（周辺においては低賃金労働力）が失われても，投資に見合う収益を回収するために，多国籍企業は新しい条件のもと

で戦略的行動を試みることを示唆している．

5　いうまでもなく，単に構成比率が変化するだけではなく，こうした生産における変化の趨勢のもとで経済が成長するならば，雇用者数が増大するとともに，絶対量においても新中間階級という集群（grouping）に帰属する人々は増えることになろう．

6　このような変化を経験しつつある周辺社会，あるいは半周辺社会において，新中間階級がいわゆる脱物質主義（postmaterialism）を背景とする「新しい社会運動」を担う一方で，物質主義に通底する消費主義的行為の担い手でもあることは，こうした社会の資本主義発展が「圧縮された（compressed）」過程をたどることの現れといえるかもしれない．すなわち，世界システムの中核に位置する先進社会においては，物質的欲求が一定程度充足されることによって脱物質主義意識が醸成されたのに対して，半周辺社会あるいは後述するような半周辺化しつつある社会においては，双方の意識が共時的に存在するわけだ．

7　世界システムにおける半周辺という位置を経験的に規定するにあたっては，例えば労働者1人当たりの設備投資額などを生産の資本集約度の指標として採用することによって，3層からなる成層を操作的に析出する必要があろう．半周辺化という傾向は，こうした操作的な成層の析出作業においては形式的に周辺に配当される社会においても現れることはいうまでもない．つまり，半周辺化の傾向が一定程度持続し，操作的・形式的に設定された閾値を凌駕することによって初めて，当該の周辺社会は半周辺へと上昇するわけだ．

8　類型的に設定されたpost-NIDLにおいては，半周辺へと上昇する社会において自生的資本によって資本主義発展が主導される事態も想定されている．具体的な社会において，半周辺へと上昇する過程で資本主義発展を担う資本（家）が転換した事例としては，韓国と台湾とがあげられる．

9　このようにいったからといって，われわれは移民現象の説明を賃金格差に求めるプッシュ・プル理論に与するものではない．プッシュ・プル理論の難点は，例えば周辺と中核間の還流的な移民（return migration）現象を説明できないことに集約される．指摘されてきたように，移民現象はパトロン-クライアント関係を内包する血縁および／あるいは地縁的ネットワークによって生起しており，単なる経済的利害関心にその原因を還元することはできない．こうした観点も含めて，移民現象の理論化は進められている（e.g., Portes, 1995;1997;Goss & Lindquist, 1995）．グローバル化の文脈で賃金格差と移民現象との関連を検討したものとして，例えばストーカー（Stalker, 2000）を参照．

10　グローバル化の進展と軌を一にして，いわゆる「世界都市（global city）」論の文脈などで，中核においては多国籍企業の活動を援助する情報・知識産業が発達することが指摘されてきた（e.g., Sassen, 1998）．技能レベルが高い専門的知識労働者の移動は，中核におけるこうした傾向の現れを反映するものといえるかもしれない．

11　多くが農村から排出され，雇用経験をほとんどもたずに移動することに加えて，移民労働者が不熟練であることの1つの根拠は，やはり移民労働者を送り出す社会において工業化の水準が相対的に低いことに求められよう．工業化が進展する過程では熟練労働者の形成が必要だし，翻って工業化がいっそう進展していれば，当該社会における熟練労働者の形成が進み，そうした労働者が移民労働者に占める割合も高くなろう．

12　3D職務とは，危険で (dangerous)，汚らしく (dirty)，きつい (difficult) 職務であり，建設業や農業における職務がこれに該当することになろう．

13　念のため断っておけば，述べたような意味での「周辺性」は，半周辺化を進める周辺社会においてのみ現れるわけではない．世界システムにおける中核や半周辺においても，移民労働者が「周辺性」を体現することは同様である．問題は，半周辺化を進める周辺社会においては，移民労働者が体現する「周辺性」によって半周辺化過程それ自体が停滞あるいは阻害されるということである．

14　このようにいったからといって，こうした女性の家庭外への進出は必ずしも「近代性」を体現するわけではない．それというのも，移民女性を家事労働者として雇い入れるに際しては，当該社会の伝統をも背景にしたジェンダー関係あるいは「家父長制」が作動している可能性がある．要するに，家事を担うのは女性でなければならないというわけだ．このように，移民女性が家事労働者として雇用される事態には，「近代性」（⊃「半周辺性」）と「前近代性」（⊃「周辺性」）とがともに顔を見せている．

15　世界システムにおけるマレーシアの位置変化については，さしあたり山田 (1999b) を参照．本書のX章では，この問題を主題としている．ちなみに，マレーシアにおいては現在2020年までに先進国になることを目指す「ヴィジョン2020 (Vision 2020)」というプロジェクトが進められている．念のため断っておけば，「先進国化」という政治的スローガンと本書において提起されている半周辺化という概念とは，いうまでもなく無関係である．

16　シンガポールへの移民の多くを華人が占めているのは，シンガポールが華人をマジョリティとする社会であり，マレーシアの華人にとって社会的・文化的親和性が大きいことに由来するといわれている (Pang, 1993:52, 56)．

17　かつてルイス (Lewis, 1954) が主張した「無制限労働供給 (unlimited supply of labour)」論においては，ある社会が「生存維持セクター (subsistence sector)」から「近代セクター」への余剰労働力の移動が枯渇する「転換点 (turning point)」を通過すると，(労働の限界生産力がゼロより大きくなるため) 賃金が上昇し，当該社会における資本形成 (capital deepening) が進展することが想定されていた．この際，「開かれた経済 (open economy)」を想定するならば，移民のかたちをとって新たな労働力供給が起こる可能性も想定しえよう．しかし，マレーシアの事例は，当該社会の「外部」との関係を考慮するとき，必ずしも「転換点」を通過して賃金上昇に至らなくても，

それに先立って移民というかたちで他の社会における「生存維持セクター」から労働者が流入する可能性があることを示唆しているし，他方で「転換点」を経過した後においても，当該社会から他の社会へと労働者が流出する可能性があることも示唆している．こうした事態には，多様な産業の存在と技能などによる労働者の差異とが関与している．

18　マレーシア政府は，1969年にマレーシア国内で居住・就労する非市民（non-citizen）に対して就労許可を取得することを法的に義務づけた．これに対して，当時プランテーション労働者の60%を占めていたインド人労働者は，就労許可を得るために申告するとかえってマレー人失業者の雇用が優先されて職を失うことを恐れ，その多くが許可を得ずに居住・就労を継続した．そのため，政府による取り締まりの結果，2万人のインド人労働者が送還されることになったのである．

19　独立以前の1956年からマレーシアにおいては，連邦土地開発局（Federal Land Development Authority, FELDA）によって，森林を開発することなどを通じて，土地をもたない農民を小規模な自作農として入植・定住させる政策が実施されてきた．典型的な入植地は4000から5000エーカーの規模で，そこに約400家族が入植するように設計されていた．土地は公正に分配され，ゴム生産の場合には1家族当たり8から10エーカー，ヤシ油生産の場合には同じく10から14エーカーが分配された（Lie & Lund, 1994:75）．もっとも，FELDAによる入植プロジェクトにもインドネシア移民が契約労働者（contract worker）として参加する例もある（e.g., Guinness, 1990）．インドネシア人労働者は，華人の仲介人によって雇用され，入植者が決まるまでヤシの植付けと管理を請け負うという．FELDAについては，Ⅳ章も参照．

20　もっとも，不法移民である契約労働者に対しては，民間のプランテーションの場合にはブローカーによって住居（kongsis）が提供されるために，その分だけFELDAなどによって開発されたエステートよりも生活条件はよいという．ジョホール州を事例とした研究では，水の供給，下水道の整備などの基本的な生活条件が提供されないために，政府系エステートにおける多くの不法移民労働者がマラリアの感染など健康障害に見舞われている実態が報告されている（Devi, 1996:92）．

21　これらの統計データは，マレーシアの統計省が実施した調査に基づいている．データは，5万7000の居住地区を対象にした標本調査からの試算である．なお，2002年になってから一部工場での暴動騒ぎによって，外国人労働者の受け入れは停止されたことがある．不法移民についても，2002年7月31日までに国外に退去することが求められていた．もっとも，こうした政策が実施されたあとで，主として中小のローカル企業からは労働者不足に対処するため，移民政策の緩和を求める声が高まっているといわれている．

22　こうした政府の対応には，1971年から実施されていた新経済政策（New Economic Policy, NEP）が背景になっていると指摘されてきた．この政策は，よく知られている

ⅷ. 半周辺化における移民労働者——その役割と意味　205

ようにマレー人優遇策という性格をもつ．エスニシティとしてマレー人（＝ブミプトラ，bumiptra）と同一に分類されるインドネシア移民の数が増えることは，マレーシア社会におけるマレー人の社会的プレゼンスが大きくなることを意味するから，NEPを推進するマレーシア政府はインドネシア移民の流入を規制する明示的な制度的枠組みを提示してこなかったというわけだ．しかし，インドネシア移民に対するマレー人の対応は階級的立場によって大きく異なっており，例えばメードの雇主である中間階級や企業家は低廉な労働力として歓迎しているのに対して，労働組合をはじめとする民衆レベルでは，雇用機会の減少や，犯罪の増加および衛生状態にみられる生活環境の悪化などの点でむしろ歓迎しない傾向がみられるという（Kassim, 1987; Guinness, 1990）．なお，NEPについては，Ⅴ章において検討した．資本主義発展における国家の役割という観点からNEPを評価したものとして，最近の研究ではラジャとシャリ（Rasiah & Shari, 2001）がある．

23　メダン協定においては，マレーシアが必要とする労働者の量とタイプに基づいて，インドネシア労働省（Indonesian Manpower Ministry）が労働者を調達し，渡航のための手続書類を提供するとともに渡航税（exit tax）を免除することによって，マレーシアへの入国を容易にすることが定められていた．この協定は，不法移民の減少と，雇主や不法な仲介業者による移民労働者への搾取を防止することを意図していた．しかし，時間の節約やそもそも移民によって制度が理解されないなどの理由で，雇主や移民によって手続は無視されるようになってしまった（Kassim, 1987）．

24　マレーシアにおける移民政策は，とりわけ2000年以降，不法移民の扱いをめぐって目まぐるしく変化しているため，以下の記述の妥当性も時間的な制約を受けている．

25　1998年の通貨危機以後，1リンギ（ringgit）は約3.8ドルに固定されていたが，現在は変動制に回帰した．

26　例外的に月給1200リンギ以下の熟練労働者に対しても，このパスは適用される．その際の賦課金は，1年につき1800リンギである．

27　「雇用パス」は事実上，多国籍企業の駐在員に対して適用されるものである．ちなみに，他のパスについては，扶養家族の居住が認められないのに対して，「雇用パス」においては扶養家族にもビザが支給される．

28　例えば，移民労働者には雇主による年金の拠出などの社会的保護が与えられないため，それだけ雇用のコストは低くなる（Ruppert, 1999:10）．

29　もっとも，Ⅱ章における実態調査が示すように，マレーシアに進出した日本企業が移民労働者を雇用する動機は，生産変動にフレクシブルに対応した雇用調整が容易であることにも由来している．グローバル化のもとで厳しい競争に直面する進出企業は，周辺においても労働者を必要に応じて自由に解雇することに大きな利害関心をもっている．しかし，その結果として離職率が高まり，技能の向上に支障をきたす事態も発生しているのであった．移民労働者を雇用することによって，労働者の技能形成が進

展しないのであれば，移民労働者は半周辺化の制約となるし，そのような意味でも「周辺性」を体現することになろう．

30 不法移民は，いわゆるインフォーマル・セクター（informal sector）に参入しているといわれる．1998年の通貨危機後の試算では，建設業においては40万人の移民労働者が解雇され，その多くがインフォーマル・セクターに流入したと考えられている．インフォーマル・セクターに関しては，本書ではⅥ章で考察している．

IX. 「ニュー・リッチ」形成からみる半周辺化
——階級構成の動態と展望——

1. 課題

　グローバル化のもとでNIDLからpost-NIDLへと国際分業が転換するにともなって，多国籍企業という形式の資本の運動によってもたらされた世界システムの動態は，生産のあり方の変化(資本集約度の上昇など)から窺えるように，周辺社会(の一部)を半周辺へと上昇させ，システムそれ自体のハイアラキカルな階層秩序を「再編成」あるいは流動化する可能性がある．この流動化現象は，地域・社会内および／あるいは間の相対的な格差(の増大)に起因する「紛争(conflict)」に帰結するかもしれない[1]．しかし，そうした「紛争」も周辺社会における「内部」過程に媒介されていることは銘記されなければならないであろう．それというのも，「紛争」の原因となる内外に対する国家の政策は，(IV章およびV章においてもみたように)当該社会の内的な社会関係に規定されているからである．

　この点に関連して，post-NIDLへの転換において，半周辺や周辺における社会(の一部)におけるとりわけ顕著な傾向としては，「ニュー・リッチ」と呼ばれる人々の形成を指摘できよう．これらの人々には，新たに台頭してきた自生的ブルジョワジー，新中間階級，さらには富裕化した労働者などの多様な階級・階層が含まれている．これらの人々が形成されることによって，当該社会の「内部」過程にどのような変化が生じるのであろうか．

　本章では，post-NIDLへの趨勢的変化のもとでの，アジア地域における「ニュー・リッチ」の形成の意味と影響とを検討する．なかでも，「ニュー・

リッチ」が階級をはじめとする社会関係にどのような影響を与え，ひいては社会運動にどのような帰結をもたらすのかを分析・展望することを課題としたい．以下の議論においては，Ⅳ章における考察と同様に，事例としてのマレーシアをその他のNIEs社会との比較のもとに分析していくことになる．

2. post-NIDLと周辺社会の階級変容

NIDLからpost-NIDLへの趨勢的変化は周辺社会(の一部)を半周辺へと上昇させる可能性がある．こうした半周辺化という一連の社会変動のなかから，本章における課題である階級構成ならびに階級関係の変化を把握するためには，なによりもまず生産および消費のあり方の変化に注目する必要があろう．そこで，こうした変化を一般的に確認しておこう．

(1) 生産の変化

まず，生産のあり方の変化について確認しよう．周辺社会における生産のあり方が変化するに際しては，NIDLにおいて順調に工業化が進展することがその背景として想定されよう．工業化の進展は労働力需給を逼迫させ，その結果少なくとも平均的にみれば賃金を上昇させる．賃金が上昇すれば，NIDLにおいて想定されていた労働集約的なアセンブリー労働によるシステムはもはや存続しえないことはいうまでもない．こうして，低賃金労働力と単純なアセンブリー労働に基づく低廉な商品を輸出すること(＝輸出志向型工業化)によって，国際分業システムにおける「ニッチ」を確保することは，周辺社会(の一部)においては困難になろう．

チェイス-ダン(Chase-Dunn, 1990)に依拠するならば，ある地域あるいはある社会が周辺ではなく半周辺ゾーンに帰属する要件は，なによりもまず資本集約的生産の集積度に求められる[2]．賃金の上昇に対処するために，例えばオートメーションに代表されるME(microelectronics)化，あるいはそのような意味での「情報化」が進展するならば[3]，労働集約的な工程は減少し，周

辺社会における生産システムは，フレクシブルであるとともにまさに資本集約的なものに変化して，高い技術力に裏づけられた高付加価値製品の生産に向かうことが想定される[4]．このような生産のあり方の変化は，なによりも半周辺化の指標とみなせよう．

(2) 消費の変化

ところで，賃金の上昇が変化させるものは生産のあり方だけではない．それが，消費のあり方をも変化させることはいうまでもない．とくに制約がないならば，賃金の上昇とともに消費は量的に拡大するし，質的にもその対象は単なる必需品にとどまることなく多様化するであろう．かつてレギュラシオン学派のリピエッツ (Lipietz, 1985=1987) は，周辺において進展する工業化を分析して，生産においては労働者の形成とその身体的規律化が進んでいるものの，低賃金という制約のために消費は停滞する傾向があることを指摘し，周辺社会の「蓄積体制 (regime of accumulation)」を「本源的テーラー化 (primitive Taylorization)」，あるいは生産と消費とが相互に拡大するかたちでは連関していないという意味で「周辺フォード主義 (peripheral Fordism)」として特徴づけていた．

「周辺フォード主義」とは，換言すれば充分な規模の(国内)市場が成立していないことを概念化したものである．しかし，post-NIDLへの趨勢のもとで周辺社会(の一部)においてはこの想定は妥当しなくなることが想定される．さらに，(国内)市場が充分な規模で成立するならば，翻って工業化の形式も輸出志向型から(国)内向け生産も含めたより多様なものへと変化する可能性があろう[5]．このように，生産と消費とは両者の(正の)連関を強めることにもなるわけだ[6]．

ところで，消費の量的拡大は質的多様化と結びついているのであった．賃金上昇の結果，労働者をはじめとする人々の可処分所得が増大し，生活必需品を購入してもなお余裕が生まれるようになるならば，こうした多様化はいっそう進展することになる．このとき，「ゆたかさ」のシンボルとしてアメリカ合州国に代表される先進社会の消費スタイルが意識されるならば，それ

を模倣するような消費志向が強まることになろう．すなわち，メディアを通じたそうしたスタイルの大量宣伝・伝播，あるいはそのような意味での「情報化」によって，商品のシンボルや記号が消費の対象となる「消費主義(consumerism)」の性向が強化されるのである．

(3) 階級構成の変化

　もっとも，生産と消費のあり方を変化させる労働者の賃金は，単に労働市場の需給状況に応じて上昇するわけではない．工業化が進展する過程で労働者は量的に増大し，社会勢力としてのその潜在的な力量も増大するであろう．それに加えて，資本主義に特徴的な物質主義や業績主義のイデオロギーに媒介されて，労働者による社会運動(労働運動)が展開されるならば，賃金上昇はいっそう促進することになる．

　さらに，(Ⅶ章で検討したように)想定される生産システムの変化は，NIDLにおける不熟練・半熟練低賃金労働者[7]とは異なる労働者を要請する．すなわち，コンピューターが導入されたフレクシブルな生産システムに適応できる技能をもった"熟練"労働者が求められるのである．加えて，多国籍企業が激しい競争に直面していることは，生産性を向上させる必要をつねに発生させるために，そうした労働者から「創意」を調達してシステムの改善を模索することも追求されよう．要するに，周辺社会においてもpost-NIDLへの趨勢のもとでは，かつてNIDLにおいて想定されていた「専制(despotism)」とは異なり，労働者の「関与(involvement)」によって特徴づけられる労使関係がとり結ばれることになろう．翻っていえば，こうした労使関係に求められる変化が，労働者の攻勢と賃金上昇とを裏書きするのである．

　もとより，熟練労働者の形成は一様に進むわけではなく，職務，企業および産業によってその程度は異なることになろう．こうして，労働者階級内に技能とそれに対応した賃金格差が生まれる可能性が生じる．このような階級内の差異は，階級関係とそれを基礎とする社会運動に影響を与える可能性がある．例えば，そうした差異は同一の階級集群(grouping)に帰属する人々であっても利害関心を異にする傾向を生み出し，その結果「一枚岩」的な運動

形成を困難にするかもしれない．この傾向は，ジェンダーやエスニシティなどの他の社会関係に媒介されるならばいっそう強化されよう．

ところで，生産システムが上記のように変化し，それに連関するかたちで資本集約的な産業の比重が高まることは，労働者階級の内的構成だけではなく，マクロな社会階級総体の構成をも変化させる．すなわち，直接部門の労働者(の割合)は相対的に減少する一方で，間接・事務部門のそれ(の割合)は増大することになろう．それに加えて，間接・事務部門に従事する人々(の割合)が増えることは，管理職および専門職などのいわゆる新中間階級に帰属する人々も増加することになる．それ自体として，多様な利害関心と内的な差異に特徴づけられたこの階級の形成も，社会運動のあり方や消費のあり方の変化にも影響を与えよう．最後に，すでに言及したようにpost-NIDLへの趨勢のもとで，当該社会における自生的資本家が成長してくることも確認される必要があろう．

以上，われわれはpost-NIDLへの趨勢的変化のもとで周辺社会(の一部)において想定される社会変動に関して，階級変容に焦点をあてて一般的に把握してきた．以下では，こうした変動の具体的な現れをマレーシアという事例を通じて検討してみよう．その際，議論の焦点は「ニュー・リッチ」と呼ばれる人々と想定される社会変動との関連である．

3．マレーシアにおける「ニュー・リッチ」

当然のことながらそれぞれの社会において差異はともなうものの，1970年代以降，とりわけ80年代以降の工業化を通じて，アジア地域においては「ニュー・リッチ」と呼ばれる一群の人々が形成されてきた．この現象は，アジア地域における一定程度順調な経済成長の1つの証左であるとともに，すでに半周辺に位置づけられているNIEs社会において，この現象が顕著であることは，まさに「半周辺性(semiperipherality)」を具現するものといえよう．すでに自明なことではあるけれども，「ニュー・リッチ」は，ラテンアメリ

カ地域などに多くみられる，植民地社会から継承されてきた大土地所有者に代表される「伝統的な富裕層」とは区別される人々であり，工業化の帰結の1つとして形成された「新たな富裕層」にほかならない．

(1) 「ニュー・リッチ」概念の多様性

それでは，「ニュー・リッチ」とはどのような人々を意味しているのであろうか．もともと，半ばジャーナリズムに由来するタームであるだけに，「ニュー・リッチ」の概念的内包は多様性に彩られている．すなわち，新興の自生的ブルジョワジー，新中間階級，労働者階級(の一部)などがこの概念に含まれている(Robison & Goodman, 1996; 古谷野編, 2000)．要するに，1970年代以降の工業化によって，たとえわずかでも経済的に恩恵をうけるようになった人々の総称が「ニュー・リッチ」であるというわけだ．

さらに，「ニュー・リッチ」に含まれる新中間階級についてもその内包は多様である．そもそも，1970年代以降の階級論の主要なテーマは，新中間階級を他の階級と明示的に区別するかたちで概念化することであった．その際に求められたものは，この階級を種差的(specific)に特定するための指標であった．いうまでもなく，その指標は階級を規定する"場"である生産において，当該の集群がとり結んでいる社会関係のあり方に求められた．すなわち，資本主義的な生産において，ある集群が他の集群を統制(control)したり，ある集群が占有する知識の量が相対的に大きく，そのことに関連してその集群に相対的に大きな自由裁量が与えられていたりすることが，当該の集群が新中間階級であることの指標とされていたのである．

その後，必ずしも資本主義的な生産には関与していない集群にも適用可能な統一的指標を提示する試みも行われてきた．例えば，ライト(Wright, 1985)によって独自の「資産(asset)」と「搾取(exploitation)」概念[8]とに基づいた階級概念も提起されてきている．こうした試みに依拠するならば，例えば国家の行政機構に従事する集群(国家成員)をも階級分析に含められるようになった．アジア地域において，「ニュー・リッチ」の一環として新中間階級が言及される場合も，これまでの階級論が想定してきた管理職，専門職，技術職，

図Ⅸ-1. マレーシアの雇用動向

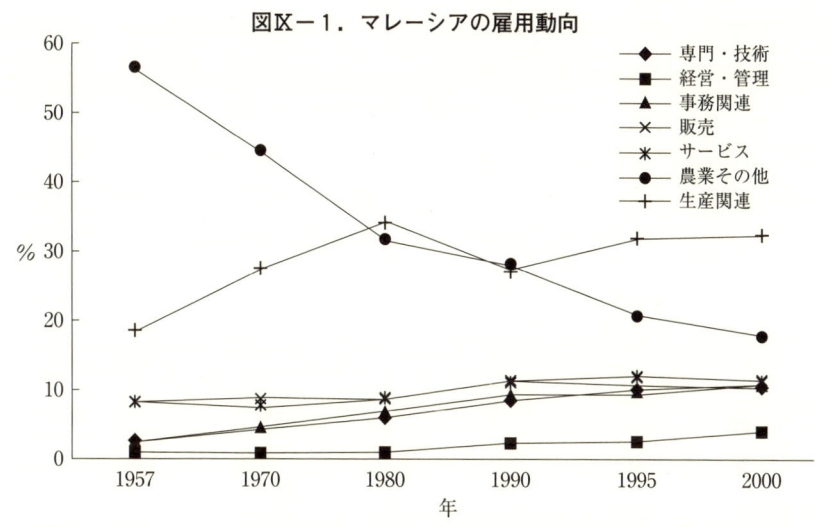

凡例：
- ◆ 専門・技術
- ■ 経営・管理
- ▲ 事務関連
- × 販売
- ＊ サービス
- ● 農業その他
- ＋ 生産関連

出所：アブデュル・ラーマン（Abdul Rahman, 2002：41），ILO（http://loborsta.ilo.org）から作成

および行政職(一定程度管理的な職務)などに従事する人々の集まりを指すことが多い[9]．以下では，新中間階級をそのようなものとして把握し[10]，新中間階級と自生的ブルジョワジーとに代表される「ニュー・リッチ」形成のマレーシアにおける特質を検討しよう．

(2) 「ニュー・リッチ」形成の特質

　マレーシアにおいても，「ニュー・リッチ」がNIDLのもとでの工業化過程において形成されたことは他の社会と同様である．しかし，階級という関係がエスニシティという関係に強く媒介されているマレーシアにおいては，「ニュー・リッチ」の形成のされ方にもそのことが反映されている．この社会においては，1970年代以降を特徴づけた輸出志向型工業化は，あくまで外国資本(家)(＝多国籍企業)が主導するかたちで進展した．しかし，よく知られているように，それとともにマレー人のブルジョワジーと新中間階級とを創出する試みが追求されてきた．すでに何度も言及した，1971年から1990年まで実施された新経済政策(New Economic Policy, NEP)がそれである．

この政策は一言でいえば，貧困の普遍的な廃絶，および華人とマレー人との経済的格差を是正することを目的としたマレー人に対するアファーマティブ・アクションを目指した政策として特徴づけることができるのだった．そもそも，政治的独立以降のマレーシアにおいては，華人が資本家や労働者などの資本主義セクターに従事してきたのに対して，マレー人はその多くが農民として非(前)資本主義的セクターにとどまり続けたことから，両者の経済的な格差が拡大してしまった．
　こうした事態を背景とする，1969年5月の国政選挙後の「人種暴動(racial riot)」を直接的な契機として，NEPはエスニシティの人口比率に見合う地位と職務の分配を意図して展開された．具体的には，終了時点までにマレー人による資本所有率を30％に引き上げることを目標とするなど，華人の経済活動を制約して[11]マレー人の資本家および新中間階級を創出することが目的として設定されていた．そのために，大学入学定員をマレー人に優先的に割り当てたり，理数系科目を免除して大学入学試験をマレー人が合格しやすいように定めたり，高等教育をマレー語で行うことを決定するなど，企業経営者，管理職，および国家の官吏になるために必要な「資格」をマレー人が取得しやすい教育制度をも整備したのである(Crouch, 1996:158-164)．
　このように，マレーシアでは国家の政策によって，(マレー人の)ブルジョワジーと新中間階級が創出されてきた[12]．1980年代になってから，当時の先進社会で台頭してきた新自由主義の政策的イデオロギーに影響されて，「プライヴァタイゼーション(privatization)」が開始され国営企業および公共事業が多様な形式をとって少なからず民間に委託されるようになってからも，この傾向は継続した．例えば，国営企業などが安くマレー人ブルジョワジーに売却されることなどを通じて，結果的にはマレー人による資本所有率を高めることになったのである(Jomo et al. eds., 1995)[13]．
　もっとも，1990年にNEPが終了して，新たに国民開発政策(National Development Policy, NDP)(1991年～2000年)が遂行されるようになると[14]，「プライヴァタイゼーション」のあり方にも変化がみられるようになってきている．つまり，あからさまなマレー人優遇策を排して，競争原理に則った「新しい

マレー人(*Melayu Baru*, New Malays)」の形成が追求されるとともに，華人資本家も有力政治家との個人的な紐帯を媒介として企業や事業の委託をうけるようになっている[15]．いずれにせよ，マレーシアにおける「ニュー・リッチ」の形成は，国家によるその推進と主としてマレー人と華人とのエスニシティ関係による媒介によって特徴づけられているのである．

(3) 「ニュー・リッチ」形成の影響

それでは，「ニュー・リッチ」形成はどのような社会的影響を与えているのであろうか．最後に，この点を具体的に確認しよう．まず，経済的な領域においてはやはり「消費主義」の台頭を指摘できよう．マレーシアにおいても，マレー人新中間階級などを中心にその社会的な地位を顕示する消費スタイルが流行しているという．例えば，コンドミニアムの購入，外車やバイクの購入，豪華な結婚式，および子弟への巨額の教育投資などがそれであり，そうした消費スタイルを支えるものとしてクレジット・カードが普及してきているという(Talib, 2000)[16]．こうした顕示的消費は，他の階級との格差を際立たせることも確認する必要があろう．

政治的な領域においては，新中間階級を中心とする「ニュー・リッチ」の利害関心が政治を流動化させる傾向が指摘されてきている．先に指摘したように，1990年代以降のNDPのもとでマレー人優遇策が事実上打ち切られると，マレー人新中間階級の不満が高まり(Khoo, 1992)，政権を担う「国民戦線(*Barisan Nasional*, National Front, BN)」[17]の中心である，統一マレー人民族組織(United Malays National Organization, UMNO)の内部分裂[18]とも相俟って，伝統的なイスラム教の教義を党是とする野党の「汎マレーシアイスラム党(Pan-Malaysian Islamic Party, PAS)」に対する支持が拡大してきた(Crouch, 1992;1996:69)．

このことは，イデオロギー的な領域における影響と軌を一にしている．すなわち，マレー人優遇策によって形成されたマレー人新中間階級は，「消費主義」への傾向を強める一方で，マレー人としての(華人とは異なる)アイデンティティを確保する精神的支柱として，イスラム教を選択する方向に回帰

してきているのである(Kessler, 1992;Kahn, 1992;1996). 新中間階級を中心とするマレー人がこのようなイデオロギー的志向をもつことは, 翻って資本主義発展あるいは近代化を志向する国家の政策にも影響を与えることになろう. それというのも, イスラム教が唱導する伝統的な価値は, 近代化において体現されるそれとは異なることが想定されるからである[19].

以上, われわれはマレーシアにおける「ニュー・リッチ」に関して, その概念的内包, 形成の特質, およびその影響について検討してきた. 以下では, こうした人々が形成されることによって階級関係がどのように変化し, そのことを通じて社会運動にどのような影響があり, ひいては世界システム総体にどのような影響が発生するのかについて, 半周辺の特質と関連させながら検討していこう.

4. 世界システムにおける半周辺と「紛争」

すでに確認したように,「ニュー・リッチ」の形成は「半周辺性」の現れであり, それは周辺社会が一定程度半周辺化してきている証左とみなすことができる. したがって,「ニュー・リッチ」形成が当該社会の「内部」過程を媒介にして世界システム総体に影響を与えるとすれば, そうした影響は半周辺という位置がもつ特性と密接な関連があることが想定されよう. そこで, 半周辺という位置は世界システムにおいてどのような機能を担い, どのような特性をもつのかをあらかじめ確認しておこう.

(1) 半周辺の機能と特性

そもそも, ウォーラスティン(Wallerstein, 1979)が世界システムを3層からなるハイアラキカルな分業システムとして規定したときに, 不等価交換を具現する分業システムにあって, 半周辺には中核と周辺との直接的な「対立(opposition)」を緩衝し, システムの崩壊を回避する機能が付与されていた. 翻っていえば, このことは, 半周辺には不等価交換というシステムそれ自体

の機制によって生み出される「対立」とその帰結としての「紛争」が集約される可能性があることを意味している．

それでは，NIDLからpost-NIDLへの趨勢的変化のもとにある現代の世界システムにおいて，半周辺にはどのような特性が確認できるであろうか[20]．すでに言及したように，現代の世界システムにおける半周辺の具体的な指標（の1つ）は資本集約的産業の（中間的な）集積度に求められるのであった．このことは，半周辺に多様な産業が集積することを示すとともに，中核においては労働集約的産業の集積度が相対的に低いことを考慮するならば，むしろ半周辺には中核以上に製造業が集積していることを示唆しているといえよう．さらに，このことは少なくとも量的にみれば，半周辺には"産業"労働者が相対的に高い割合で存在していることをも暗示するのである．

このような半周辺における産業特性と産業労働者の相対的多さとは，このゾーンにおける労働運動を活発にする可能性があるし[21]，「ニュー・リッチ」の一部をなす新中間階級が増加することは，このゾーンにおいても中核と同様に「新しい社会運動（new social movement）」が台頭する可能性も否定できない．このように，半周辺ゾーンにおいてはそこに位置する社会の「内部」過程によって，「紛争」が集約される可能性が裏書きされている．いうまでもなく，こうした社会運動の力量は，やはり「ニュー・リッチ」の一部をなす自生的ブルジョワジーなどの他の階級との関係や国家との関係などによって変化することが想定される．

(2) 「内部」過程としての「対立」と「同盟」

このとき，資本主義のシステムにおける基軸的な利害関心の対立をやはり資本と賃労働との関係に求めるとするならば，上記の「内部」過程においても労働運動が第一に注目される必要があろう．そのうえで，Ⅶ章においても言及しておいたように，新中間階級が労働運動にどのようにかかわるかによって「紛争」のあり方と程度とが規定されよう．従来，社会勢力としての新中間階級は，その両義性によって特徴づけられてきた．つまり，当該の時代や社会におけるコンティンジェントな状況によって，新中間階級が他の諸階

級との同盟・対立関係を変化させる傾向が確認されてきたわけだ.

例えば,アジアにおける NIEs 社会を例にとってみても,韓国においては新中間階級が労働者階級と「同盟(alliance)」する傾向が指摘されたのに対して,シンガポールにおいてはそれがブルジョワジーと「同盟」する傾向が指摘されている.さらに,こうした階級関係に当該社会における国家の性格が関与することによって,「同盟」と「対立」という両義性の現れに影響を与える可能性があろう.

例えば,韓国においては1987年以降の労働運動の隆盛(と1990年代における沈静化)には新中間階級[22]との「同盟」が寄与している.こうした「同盟」関係の背景には,韓国における「権威主義国家(authoritarian state)」に対する新中間階級の反発があったとされる.労働者階級だけではなく,新中間階級もが政治的に「排除」されていたことは,「民主化」の実現という利害関心の共通性という一点において「同盟」が形成される背景となった.

もっとも,新中間階級がゆたかな生活を希求しているうえに(ゴルフその他のレジャーの流行),労働運動の隆盛の帰結として労働者の平均賃金が上昇し,新中間階級への相対的所得分配が減少する可能性が発生すると,上記の「同盟」関係は解消される傾向にあるといわれている(Cotton & Kim, 1996).しかし他方では,低い福祉水準や女性の地位の低さなど劣悪な「生活の質」を改善しようとする認識が高まり,新中間階級を主要なメンバーとした NGO 組織が結成されてきた.そのなかで,環境保護を志向する「新しい社会運動」も芽生えてきている(Dalton & Cotton, 1996)[23].

それに対して,シンガポールにおいては,1980年代以降においても基本的には「権威主義国家」あるいはそれに基づく「国家コーポラティズム(state corporatism)」[24]による労働者階級の「統合(cooptation)」が継続している.例えば,賃金決定に関しても,国家・経営・労働からなる全国的三者協議制(「全国賃金会議(National Wage Council)」)によって決定され,基本的には一般の組合員が交渉に関与することは少ない.このように,シンガポールにおいて労働運動は一般に弱体である.それでは,新中間階級はこうした状況にどのようなスタンスをとっているのであろうか.労働運動の状況だけではなく,

新中間階級のスタンスにはシンガポールが「都市国家」であるというコンティンジェントな要因が大きく関与している.

「都市国家」シンガポールにおいては,国家それ自体が新中間階級の雇主となることが多いことから,この階級に対する国家の影響が大きく,国家に対抗する運動を主導する傾向を小さくしている.そのうえ,「都市国家」であることは韓国の場合と異なって自生的ブルジャワジーの形成が乏しく,その結果外国資本(家)(多国籍企業)への経済的依存が大きくなる(例えば,多国籍企業が開発拠点などを設置することは専門職の雇用を増やし,新中間階級それ自体の増大にも帰結する).

多国籍企業にとって「魅力的な」投資対象であるためには,社会運動とその帰結としての「紛争」によるカントリー・リスクは回避されなければならない(Rodan, 1996a;1996b).このことが,労働者階級に対する国家による権威主義的対応と新中間階級の運動が不活発であることの根拠となっている.シンガポールにおいては,依然としてNIDLにおける労使関係および国家の政策が継続しているのである.

以上,等しくアジアNIEsと呼ばれながらも,韓国とシンガポールという,新中間階級のスタンスに関しては対照的な2つの事例について瞥見してきた.それでは,マレーシアにおける動向はどうであろうか.今後の展望をも含めて検討しよう.

(3) **マレーシアにおける動向**

まず,マレーシアにおける労働運動の状況について確認しよう.post-NIDLへの趨勢において想定されたように,マレーシアにおいても1980年代後半から熟練労働者の形成が進んだことが指摘されている(Salih & Young, 1989).Ⅱ章で検討した実態調査からもこの傾向は裏づけられたし,Ⅶ章においても,制約はともなっているものの,マクロデータからそれを窺い知ることができた.したがって,少なくとも潜在的には労働者の交渉力は増大してきている.それにもかかわらず,やはりⅦ章で確認したように少なくともマクロレベル(産業およびナショナルレベル)においては,シンガポールにお

ける場合と同様に,基本的には NIDL における労使関係が継続している.
　例えば,労働組合の全国組織であるマレーシア労働組合会議(Malaysian Trade Union Congress, MTUC)[25]は,労使関係法(Industrial Relations Act)によって労働組合としては登録されておらず,その活動が大きく制約されているのだった.1980年代以降増加した企業内組合の連合体であるマレーシア労働組織(Malaysian Labour Organization, MLO)は,MTUC から脱退した組合を組織して10万人の組合員を集めた.しかし,MLO は基本的には政府が提唱する企業内組合(in-house union)の結成を進めるとともに[26],その規約において政治的関与を否定している.組織率も,2004年には8％弱にとどまっている.
　こうした労働運動の状況において,少なくとも1990年代前半までの順調な経済成長を背景として,労働者は少なからず賃金の上昇を体験したうえに,資本主義発展の帰結としての物質主義的意識を強めるに至ったのに対して[27],マレー人新中間階級は「ニュー・リッチ」と称され「消費主義」に拘泥しながらも,それにとどまらないアイデンティティ形成を志向しており,両者の利害関心には差異が存在しているといえよう[28](先に言及したように,消費の程度においても両者には格差があるために,こうした差異はさらに拡大しよう).要するに,労働者階級と新中間階級との「同盟」形成には困難がともなうというわけだ.
　さらに,労働者階級においても,エスニシティ関係とジェンダー関係とに媒介されることによって内的な差異が存在する.NIDL においては,基幹的な労働集約的産業(あるいは工程)における中核的労働者は半熟練・不熟練の若年マレー人女性であった.その一方では,華人男性は熟練を要する管理的職務に配分される傾向があり,従来から労働者の内的差異は指摘されていた.早くも1980年代末には,post-NIDL への趨勢のもとでの産業の資本集約化にともなって,従来労働集約的工程を担ってきた若年マレー人女性が労働者全体に占める割合は減少し,労働力のジェンダー構成は女性を中軸とするものから変化し,しだいに男性が増加してきていることが指摘されるようになった(Salih & Young, 1989).
　しかし,他方では代替された女性労働者は事務労働者に転換され,多くの

場合男性に管理されることによって,従来のジェンダー関係が再生産されるとともに,労働力不足を背景としてインドネシアやフィリピンから移民労働者が吸引されるようになり,新たなエスニシティ関係の形成が指摘されてきている(e.g., 吉村, 1998: 第5章). こうした状況においては,労働者相互においてエスニックな対立を回避するコミュニケーションが工夫されない限り(Boulanger, 1992), 新たに労働者階級の内的差異(あるいは格差)を背景にして,統一的な運動が困難になる可能性がある.

それに加えて,マレーシア国家の性格についても確認される必要があろう. すでに,労働運動への対応について言及したように,政治的独立以降ほぼ一貫して選挙による国民の政治参加が継続されてきたものの,マレーシア国家の権威主義的性格はよく知られている(Crouch, 1992;1996;Bowie, 1991). 例えば,国内治安法(Internal Security Act)に基づいて,国家が国内の治安を脅かすと判断した場合には,当該の団体・勢力を逮捕・拘禁することも行われてきた[29].

こうした性格に加えて,1970年代以降の資本主義的工業化を政策的に推進しえたという意味で,「強い国家(strong state)」としての性格をもマレーシア国家が合わせもつことも銘記される必要があろう[30]. マレーシアにおいては,あくまで資本主義発展を主導した担い手は多国籍企業ではあるものの,すでに言及したように新中間階級についてはいうに及ばず,労働者階級についても,諸階級の現状の多くの部分が国家の政策に負っていることは否定できない[31]. したがって,労働運動もその桎梏となっている制度の改変を目指して国家に対抗運動を行使することにはあまり積極的ではないかもしれない. このように,マレーシア国家は「紛争」の源泉であるとともに,「紛争」を「統合」する役割をも担っている[32].

以上,われわれはマレーシアにおける労働者階級,新中間階級および国家の性格を概観してきた. その結果,労働運動の活発さと「ニュー・リッチ」としての新中間階級の運動への関与の程度という点からみる限り,マレーシアの事例は韓国の場合よりもシンガポールのそれに近い状況であることが明らかになった[33]. それでは,post-NIDL のもとで半周辺化が進展したとしても,マレーシアにおいては理論的に想定されるような「紛争」の集約は起こ

りえないのであろうか．あえて今後を展望するならば，やはりNEPからNDPへの政策の変化が社会勢力としての新中間階級の動向に影響を与える可能性に注目すべきであろう．

マレー人優遇策としてのNEPからの政策的転換は，「ニュー・リッチ」としてのマレー人新中間階級のアイデンティティを揺るがすことになるかもしれない．アイデンティティ保持を志向するマレー人新中間階級の利害関心は，国家への反抗につながるかもしれない．「プライヴァタイゼーション」などに関連した，たび重なる汚職などによって，BNの中核をなすUMNOへの支持がマレー人からも相対的に低下している一方で[34]，イスラム教解釈の差異が生み出すイデオロギー的対立およびその帰結としての政治対立を権威主義的に解決することはさらに反発を拡大する可能性もあろう．加えて，少なくともミクロレベル（企業以下レベル）における労使関係が，労働者の「関与」によって特徴づけられるとするならば[35]，このレベルが労働運動の反抗の拠点になるかもしれない．

今後の動向を展望するために，国家と社会勢力との関係に照準して少し考察を続けてみよう．いま，国家の政策を経済，政治，文化・イデオロギーの3領域に区分したうえで，国家が提示する政策的スタンスのオプションをそれぞれの領域について，ナショナリズム（nationalism）vsグローバリズム（globalism），権威主義（authoritarianism）vs民主主義（democracy），伝統主義（traditionalism）vsモダニズム（modernism）というダイコトミーとして設定してみよう．これらのダイコトミーは，NEPの終了と通貨危機を経験しながら2020年までに「先進国」入りを目指すマレーシア国家の基本的な政策オプションである．

経済的領域についていえば，ハイテクソフト産業の誘致・育成を目指すマルチメディア・スーパー・コリドー計画に体現されるように多国籍企業に依存したグローバリズムへの志向がみられる一方で，マハティール前首相の発言にみられるように，投機的な金融グローバリズムを批判するとともに極端な市場原理主義あるいはそれと通底するリベラリズムに警鐘を鳴らしてマレーシア経済を保護しようとする傾向にはナショナリズムへの志向を確認する

ことができる．NDP の策定に加えて，あらためて競争意欲を喚起するなどのマレー人に対する前首相の批判的な言明や「マレーシア国民(Malaysian Nation)」の形成についての言及などにも，個別エスニシティへの優遇を超えた，そのような意味でのナショナリズムへの志向をみてとれよう．

　政治的領域については，従来から指摘されているような権威主義的志向が継続する可能性がある一方では，「マレーシア国民」の形成を実現するためには華人の意向を積極的に甘受するような民主主義的な政策志向が不可欠になろう．最後に，イデオロギー的領域については，先進的な産業の育成を目指していることから窺えるようにモダニズムへの志向が顕著である一方で，PAS への対抗を考えると一定程度イスラム教の教義へのコミットを強めなければならず[36]，その限りでの伝統主義的志向も想定しえよう．

　以上のような国家の政策志向のダイコトミーに対して，エスニシティ関係に媒介された主要な階級集団はどのような「親和性(intimacy)」を示すであろうか．NIDL のもとで台頭し，post-NIDL への帰趨を占う社会勢力であるブルジョワジー，(マレー人)新中間階級，労働者階級について大まかな定性的傾向を確認することによって，「内部」過程における「紛争」の可能性についてさらに検討してみよう．

　まず，ブルジョワジーに関しては，エスニシティによる差異を考慮する必要があろう．マレー人ブルジョワジーは，経済的には国家によって与えられる「利権」に依拠して利害関心を達成できることからみて，ナショナリズム志向により大きな「親和性」をもつのではなかろうか．さらに，政治的にはあえて権威主義的政策を甘受することによって NEP 以降の「利権」を確保するとともに，文化・イデオロギー的には企業経営の担い手としてモダニズム志向に「親和性」をもつことが期待されるものの，イスラム教に則った経営を展開するなど一定程度伝統主義志向にも「親和性」を期待できよう．

　それに対して，華人ブルジョワジーは経済的には多国籍企業との取引によって利害関心を実現する可能性が想定されることからグローバリズム志向により大きな「親和性」をもち，政治的には民主主義志向を強めることによって NEP のもとにおける制約を打破しようとするとともに[37]，文化・イデオロ

ギー的にはマレー人よりも明示的にモダニズム志向に「親和性」を示すであろう．このように，ブルジョワジーはエスニシティ関係を媒介にして国家の政策オプションに対しては対照的なスタンスをとる可能性があろう．

　それでは，(マレー人)新中間階級についてはどうであろうか．この階級については，経済的には自らが輸出志向型工業化によって形成されてきたことを自覚するならばグローバリズム志向に「親和性」を示すであろうし，他方では過度なグローバル化の進展が経済を混乱させ，自らの利害関心の達成を損なうことからナショナリズム志向にも「親和性」を示すことが期待される．さらに，政治的には自らが形成されてきた体制を支持するならば，権威主義志向に「親和性」を示す一方で，アンワル副首相の解任・逮捕への反対運動に示されるように民主主義志向にも「親和性」がみられるように思われる(e.g., Saravanamuttu, 2001)[38]．最後に，文化・イデオロギー的には「消費主義」の背景となるモダニズム志向への「親和性」を示しながらも，アイデンティティ担保のためにも伝統主義志向に強い「親和性」を示すであろう[39]．

　最後に，労働者階級についてはどうであろうか．産業による差異は想定されるものの，経済的にはマレーシアの発展が今後も少なからずグローバリズムに支えられていることが認識されているならば，ナショナリズムよりもグローバリズム志向に対する「親和性」のほうが大きいのではなかろうか．政治的には労働運動への政策的制約を打破する意味でも民主主義志向に「親和性」を示すであろうし，文化・イデオロギー的には伝統的イデオロギーが管理のそれとして動員される(いわゆる「アジア的価値(Asian Values)」[40]の唱道など)ことに鑑みても，新中間階級などに比べてモダニズム志向に「親和性」を示すであろう．

　以上のような大まかな想定を図示するならば，図Ⅸ－2を得ることになる．この図から窺えるように，主要な社会勢力の利害関心のあり方と国家の政策的志向との対応関係は個々の社会勢力によって異なっており，必ずしも一致していない．このことは，国家の政策オプションがあくまでダイコトミーとして成立するならば，当然のことながらすべての社会勢力の利害関心を満たすことはできないことを意味する．

図Ⅸ-2. 社会勢力の利害関心と国家の政策志向

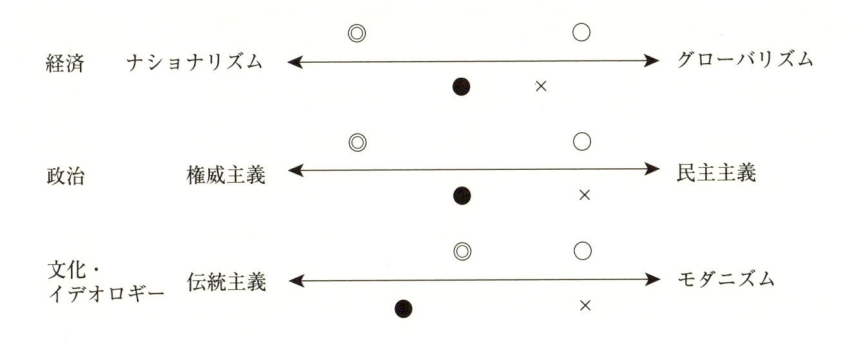

```
経済        ナショナリズム ◄────◎────○────► グローバリズム
                              ●    ×

政治        権威主義     ◄────◎────○────► 民主主義
                              ●    ×

文化・      伝統主義     ◄────◎────○────► モダニズム
イデオロギー                  ●    ×
```

マレー人ブルジョワジー＝◎　華人ブルジョワジー＝○
マレー人新中間階級＝●　　労働者階級＝×

　他方で，利害関心に重なり合いがなければ，国家に対して異なる社会勢力が「同盟」を形成することは困難になる一方で，階級関係それ自体が「対立」的になる可能性もある．エスニシティ関係に媒介された階級関係を調停し，錯綜する利害関心を調整するためには，まさに「融合国家」としてのマレーシア国家の力量が問われることになろう．いずれにせよ，半周辺化が進展するとともに，マレーシアにおける「内部」過程においては「紛争」の潜在性が整ってきているように思われる．

5. まとめ

　本章では，半周辺化の一環として階級関係が変容し，そのような過程の帰結として生じる「半周辺性」を体現するもの(の1つ)として「ニュー・リッチ」と呼ばれる人々が形成されることを，他の社会と比較しながらマレーシアを事例として検討してきた．そのうえで，「ニュー・リッチ」は極めて多様な人々から構成されるとともに，その重要な部分である新中間階級は社会勢力として両義性をもつことを指摘した．

資本主義社会における基軸的な対抗関係である，資本と賃労働との関係とのかかわりに関しても，新中間階級は当該社会におけるコンティンジェントな要因によって，そのスタンスを変化させることを確認した．その際に，国家の性格が重要な影響を与えることも明らかになった．世界システムにおいては，半周辺ゾーンにシステムの存立機制に由来する「対立」と「紛争」とが集約されることが想定される．そのような「紛争」が生起する際の「内部」過程として，労働者階級の攻勢とそれへの新中間階級の「同盟」という階級関係の動態化が，マレーシアにおいても少なくとも潜在的には想定されるのである．

注

1 歴史的にみれば，20世紀前半におけるいわゆる帝国主義戦争は，こうした世界システムの階層秩序の流動化をその原因の1つとするものとみなすことができるかもしれない．例えば，当時の日本は周辺から半周辺へと上昇した社会であったとみることができる（山田，1998a: Ⅶ章）．日本は，資本主義発展に起因する国内の社会問題を対外的な領土拡大と権益確保によって解消しようとしたわけだ．いうまでもなく，現代の「紛争」は国家による軍事的な活動をともなうとは限らない．

2 正確にいうならば，半周辺における資本集約的産業の集積度は中核と周辺とにおけるそれの中間ということになる．

3 Ⅱ章において検討したように，生産システムのフレクシビリティが追求されることによって，かえってこの過程は必ずしも大規模に進展しない可能性もある．

4 確認するならば，周辺社会におけるこうした変化は，なによりもまずNIDLにおいて工業化を主導してきた多国籍企業が容認することによって成立するのであり，そこには多国籍企業の戦略の変化が伏在しているのである．この点に関連して，カステル（Castells, 1989）は技術力が国際競争を規定する大きな要因になることを強調している．

5 このことは，多国籍企業の戦略を変化させる一因ともなろう．

6 このことをもって，周辺社会（の一部）に「フォード主義」が成立すると主張することは必ずしも妥当ではない．それというのも，世界的に「ポスト・フォード主義（post-Fordism）」が追求されている現在では，生産のあり方がかつての「フォード主義」におけるものとは異なることが想定されるからである．

7 付け加えておくならば，こうした労働者は一般的には若年女性であった．

8 ライトのいう「資産」とは「所有（ownership）」，「組織における地位（organization）」および「資格（credential）」であり，こうした「資産」の不均等な分配がゼロサム的に行われている場合に，それがより多く分配されている集群がより少なく分配されている集群を「搾取」しているものとして定義される．

9 もっとも，post-NIDLへの転換において形成が想定されている（中小の）自生的資本家も新中間階級に含められる場合もある．言及したように，本章では資本家はその規模を問わず資本家階級あるいはブルジョワジーとして把握することにしたい．

10 2000年の時点では，マレーシアにおける新中間階級は雇用人口の15％を超える規模に達している．雇用動向の変化については，図Ⅸ-1（p.213）で確認できる．

11 具体的には，言及したように1975年の産業調整法（Industrial Coordination Act）によってマレー人を経営者に加えることが定められた（e.g., Okposin et al., 1996）．

12 もっとも，国家によって形成された階級は新中間階級だけではない．ほかならぬ労

働者階級も1970年代以降の輸出志向型工業化を通じて，国家の政策によって創出されたともいえよう．このように，後発資本主義社会においては，労働者階級と新中間階級とはそれほどタイムラグをともなうことなく形成される傾向がある．クー（Koo, 1990）は，韓国を事例としてこの過程を分析している．

13 「プライヴァタイゼーション」は，1991年に作成された「プライヴァタイゼーション・マスタープラン（Privatization Masterplan）」によって本格的に実施されるようになった．その形式には，公共セクターへの民間企業の参入（テレビ放送など），自治体などからのサービスの民間企業への下請，民間企業による公共財産の所有，および民間企業への公共財産のリースなどが含まれる（Jomo et al. eds., 1995:44）．「プライヴァタイゼーション」は，公共セクターの経営状態の悪化（その結果としての国家財政の悪化）や経営効率の悪さを改善するために実施されている．しかし，「プライヴァタイゼーション」が行われたからといって，そこで雇用されている労働者にとっては必ずしも労働環境の改善には結びつかないし，そもそも経営状態・効率が相対的に良好な公共企業ばかりが民間に委託される傾向があり，かえって国家財政を悪化させているという批判がある．

14 すでに，V章において検討しているが，あらためてマレーシアにおける国家政策の時系列について確認しておこう．マレーシアにおいては，1966年以降5年ごとにマレーシア計画（Malaysia Plan）が継起的に策定されており，2005年現在で第8次マレーシア計画が実行されている．こうした個々の5カ年計画を包括する長期計画として，1971年から1990年までを対象にした第1次長期概要計画（First Outline Perspective Plan, OPP 1）および1991年から2000年までを対象にする第2次長期概要計画（Second Outline Perspective Plan, OPP 2）が策定されている．NEPはOPP1の一環であり，NDPはOPP2の一環である．さらに，OPP2は後述する「ヴィジョン2020（Vision 2020）」の一部である（Okposin et al., 1999:48-51）．

15 「プライヴァタイゼーション」におけるこうした傾向は，政治家の汚職（corruption）の温床となることから「利権（rent）政治」として批判されている．華人資本家も，「産業調整法」によって規定されたマレー人経営者の受け入れ義務をいわば逆手にとるかたちで，マレー人有力資本家とのコネ作りとして利用している（Gomez, 1999:147-148）．

16 もとより，1997年にタイで発生した通貨危機が1998年にマレーシアに波及すると，こうした消費スタイルが後退したことはいうまでもない．しかし，マレーシアは，赤字解消を目指した緊縮財政とインフレ防止のために高金利政策とを推奨するIMFの勧告にあえて逆らって，短期的・投機的な資本取引を抑制したうえで，むしろ需要を喚起して景気の回復を志向し，危機から脱却することに成功している．こうした危機から回復することによって，基本的な趨勢に変化がない以上，再び言及した消費スタイルが拡大することが考えられよう．

17　ここで簡単に，マレーシアにおける政党の構図について確認しておこう．1957年の独立以降，マレーシアでは主要なエスニシティごとに組織された政党の「同盟 (Alliance)」政権が一貫して国政レベルの政権を担当してきた．すなわち，UMNO，マレーシア華人協会 (Malaysian Chinese Association, MCA)，およびマレーシアインド人会議 (Malaysian Indian Congress, MIC) からなる同盟がそれである．1972年に，当初華人による対立政党であったマレーシア人民運動（ゲラカン）(*Gerakan Rakyat Malaysia*, Malaysian People's Movement) がこの同盟に加わり，同盟は「国民戦線 (BN)」と称するようになった．「国民戦線」に対立する政党もエスニシティごとに組織されており，（一度 BN に加わったことがある）マレー系の汎マレーシアイスラム党，華人系の民主行動党 (Democratic Action Party, DAP) などが主要な対立政党である．BN が UMNO の圧倒的優位のもとでエスニシティ間の妥協によってブルジョワジーや官僚などのエリートの利害関心を代表しているのに対して，対立政党はそれぞれマレー人農民と華人労働者の利害関心を直接的に代表しているといわれており，広範な同盟を形成することは困難であるとされてきた．マレーシアの政治システムについては，クローチ (Crouch, 1996) を参照．

18　直接的には，当時のマハティール首相と首相候補者のラザレイ (Razaleigh) との個人的確執を契機とした対立であり，その結果ラザレイによって「46年精神党 (The Spirit of 46, *Semangat 46*)」が結成されている（ちなみに，1946年は UMNO が結党された年である．要するに，この新党は UMNO 結党時の精神に回帰することを掲げていたのである）．1990年の総選挙では，46年精神党は PAS および DAP と同盟を結び，BN に対抗した．選挙の結果，UMNO の議席および得票率はともに減少したが，BN の絶対的優位には変化がなかった．

19　この点に関連して，マハティール政権がマレーシアの各州に存続しているスルタンの権限をさらに制約しようとしていたことは興味深い（鳥居，1998）．こうした政策は，マレー人新中間階級のイデオロギー的志向と拮抗することになる．さらに，1998年におけるマハティールによる副首相アンワルの逮捕・拘留事件も，アンワルが青年層のイスラム回帰志向の支柱であったことから，イスラム教へのスタンスの差異が対立の背景にあったとみることもできるかもしれない．

20　世界システムにおける各位置の特性は，いうまでもなく時代によって異なっている．そもそも，16世紀に西ヨーロッパを中核として誕生した世界システムにおいては，誕生当初における半周辺の特性は「分益小作制 (share cropping)」という形式の「労働統制 (labor control)」に求められていた．

21　この点は，従来 NIDL からの偏差を指摘されてきたラテンアメリカ地域にも該当しえよう．ラテンアメリカ地域は，いわゆる輸入代替工業化が長期にわたって継続してきたことによって特徴づけられる．このタイプの工業化においては，相対的に希少な熟練労働者を確保するために，輸出志向型工業化における場合よりも労使関係は労働者

に対して相対的に寛容であることが指摘されている（Kuruvilla, 1996）．このことは，労働者の交渉力が大きいことを意味する．

22 こうした労働運動の隆盛には，学生による支援が大きな影響を与えていることはよく知られている．いうまでもなく，経済活動人口に含まれない学生は階級範疇からは除外される．しかし，韓国社会において，大学を卒業することが他の多くの社会と同様に，新中間階級に帰属する「資格」を獲得することを意味するならば，学生を新中間階級の一環として扱うことも許容されよう．

23 中核においては，「新しい社会運動」は一般に「脱物質主義（postmaterialism）」意識を背景として生起する運動として把握されてきた．この点に関して，運動の担い手として位置づけられている新中間階級（の多く）が一方で物質主義意識に拘泥していることから，半周辺・周辺においては中核における場合とは運動と社会意識との関連が異なっている．すでに指摘したように，このような継起的意識の共時的存在は，半周辺・周辺における後発的な資本主義発展が「圧縮された（compressed）」（Chang, 1999）過程をたどることの証左といえるかもしれない．さらに，その結果として半周辺における「新しい社会運動」の意識的背景は脆弱となる可能性もありえよう．

24 コーポラティズム概念については，山田（1998a: Ⅳ章）を参照．ちなみに，「国家コーポラティズム」の対立概念は，「社会コーポラティズム（societal corporatism）」あるいは「自由コーポラティズム（liberal corporatism）」である．

25 個別的な差異はあるものの，政党の場合とは異なって，マレーシアにおける労働組合はエスニシティごとに組織されてはいない．植民地時代などにおける組合活動の初期には，労働者の多くを占めていた華人やインド人が組合員の多くを占めていた．しかし，1970年代以降マレー人の労働者化が進展すると，マレー人が労働組合員の多数派になっている（Jomo & Todd, 1994）．

26 Ⅶ章などでみたように，企業内組合の結成は1980年代にマハティール前首相が提唱していた「ルック・イースト（Look East）」政策の一環である．この政策はアジアにおいて資本主義発展に成功した日本や韓国の制度を模倣しようとするもので，労使関係に関しては企業内組合の制度が模倣の対象となった．

27 だからといって，労働者が伝統的意識をすべて払拭してしまったわけではない．資本主義のシステムと伝統的家族との狭間で労働者としての「主体形成」を行う女性労働者を分析した最近の成果として，リーとルンド（Lie & Lund, 1996）を参照．

28 マレーシアにおいても，環境問題などに関する社会運動を展開するNGO組織が注目されている．他の社会と同様に，このようなNGO組織においてリーダーシップを展開する人々は，新中間階級に属する人々であることが確認されている．さらに，このことはしばしば，組織運営のあり方が草の根の民衆から乖離しているとして批判的に言及されてもいる（Weiss, 2003）．ちなみに，マレーシアのNGO組織は，広範なネットワークを保持しながらも一般的には，イデオロギー的多様性，資金不足，およびエス

IX. 「ニュー・リッチ」形成からみる半周辺化——階級構成の動態と展望　231

ニックな利害関心の差異によって特徴づけられるという．

29　ISA は，労働運動だけではなく NGO 組織に基づく様々な社会運動の拡大に対しても制約となってきた．もっとも，他方ではこうした「排除」あるいは「抑圧」だけではなく，マハティール政権に代表されるように，絶えずスローガンを提示し，国家的プロジェクトに動員することを通じて，民衆を「統合」することも試みられてきた．こうしたマレーシア国家の特徴を「権威主義的ポピュリズム（authoritarian populism）」（Munro-Kua, 1996）や，とりわけマハティール政権に依拠して「マハティール主義（Mahathirism）」（Khoo, 1995）として把握する試みもある．

30　念のため断っておけば，「強い国家」であることは必ずしも国家の自律性（autonomy）が大きいことを意味しない．なぜならば，NEP に代表される「強い国家」としての政策介入は，まさに広範なマレー人の利害関心を体現するものだからである．この点で，ボウィー（Bowie, 1991）の主張には誤解がある．彼は，1970年代以降のマレーシア国家による政策介入の拡大を，エスニシティ間の対立を背景とした社会的コンセンサスの崩壊を原因とする国家の自律性の拡大として把握している．しかし，社会的コンセンサスが崩壊している場合には，かえって多様な社会勢力によってそれぞれの利害関心のインプットが試みられる可能性があり，その結果社会勢力に対して国家が自律的に振る舞える可能性は小さくなるかもしれないのである．マレーシア国家の自律性については，トゥレツィーニ（Trezzini, 2001）も参照．

31　とりわけ，優遇策を甘受してきたマレー人には，「甘え」があるという指摘もある（林田, 2001:184−197）．

32　ジェスダーソン（Jesudason, 1996）は，マレーシア国家のこうした性格を指して「融合国家（syncretic state）」と呼んでいる．さらに，マハティール前首相によって提唱された，2020年までに先進国になることを目標とした「ヴィジョン2020」構想はマレーシアとしての統合されたナショナリズム（「マレーシア国民」の形成！）を喚起する可能性もある．

33　もっとも，1980年代に代表が反対政党に加入するなど，MTUC が政治的志向を強めると，国家は全国労働諮問会議（National Labour Advisory Council）などの団体から MTUC を除外している．この対応は労働組合の「排除」を意図したもので，「統合」を意図した，シンガポールにおける「国家コーポラティズム」とは異なっている．

34　この点は，アンワル副首相の解任と逮捕に反対して，PAS や DAP も参加した「改革派（Reformasi）」の結成と政権交代のための選挙活動（「オルタナティブ戦線（Barisan Alternatif）」の結成）に象徴されよう．クォー（Khoo, 2004）は，ポスト・マハティールのマレーシア政治を特徴づけるものは，エスニシティ間の対立ではなくマレー人の内部対立になることを展望している．この点に関連して，言及したような「マレーシア国民」は，まさにエスニシティ間の対立を克服した「オルタナティヴ戦線」の結成という，マハティールにとって皮肉なかたちをとって結実したという指摘

もある（Shakila, 2004）．もっとも補足しておくならば，2004年の選挙においてはBNが大勝し，1999年の選挙でBAに奪われた議席を回復している．BAに関しては，2001年にDAPがそれから離脱してマルチエスニックな同盟が解消されてしまい，議席の減少を余儀なくされている．このように，マレーシアにおける政治の対抗軸はなお流動的な側面を持っている．

35　1980年代末にすでに，NIDLにおいて基幹産業であったエレクトロニクス産業において，賃金の上昇と福利厚生（welfare）の改善が進んでいることが報告されている（Onn, 1989）．労働者の「関与」が拡大することによって，こうした事態がより進展する可能性は否定できない．

36　イスラム教のもとでは，企業活動も利他的な行為として位置づけられ，親族をはじめとする集団的利益の実現に結びつけられているという．マレー人ブルジョワジーの活動の背景にはこうした伝統的傾向が存在し，マレー人にとっての「よい仕事（good work）」とは，すべてのマレー人とマレーシア社会に奉仕するものとして理解されているという（Sloane, 1999:part 1）．

37　こうした政治における民主主義志向は，（経済における）ナショナリズム志向と通底することに注意を喚起しておきたい．すなわち，ナショナリズム志向にはNEPに象徴されるような特定のエスニシティの利害関心を代表する政策スタンスから乖離して，"マレーシア国民"全体の利害を代表する政策スタンスに近づく傾向も含まれる可能性がある．このような場合には，マレー人ブルジョアジーの（経済における）利害関心は異なるものとなるかもしれない．それに対して，華人ブルジョアジーの利害関心は，ナショナリズムの含意がそのようなものである限りは，グローバリズムを志向しながら他方でナショナリズムを志向することに矛盾はない．

38　1990年代の半ばに，クラン・ヴァレー，コタバル（Kota Bharu），クアラトゥレンガヌ（Kuala Terengganu）の3地区に居住する新中間階級を対象に実施された調査においても，このような意識傾向が確認されている（Abdul Rahman, 2001;2002:161-167）．とりわけ，PASが政権を獲得してきたクランタン（Kelantan）州の州都であるコタバルと，1999年の総選挙においてPASが政権を獲得したトゥレンガヌ州の州都であるクアラトゥレンガヌにおいては，BNに反対する意識が顕著であるという．

39　アブデュル・ラーマン（Abdul Rahman, 2002:61-62;127-148）によれば，マレー人新中間階級は農村で生まれ育った，この階級の「第一世代（first generation）」であり，いまなお農村の親族との強い紐帯を維持しているとともに，都市における生活においても「伝統的」な意識や生活スタイルを存続させているという．例えば，都市生活においても，「礼拝所（*surau*）」を拠点にして，村落におけるものと同様の「共同体（community）」を形成しているという．同様の指摘については，シャリファ（Sharifah, 2001）も参照．

40　「アジア的価値」とは，一般的には以下のようなイデオロギー的傾向を示すとされる

(Khoo, 2002). すなわち, ①政治的多元主義よりもむしろ強固で安定的なリーダーシップを選好する, ②社会的調和を尊重し, 異議申し立てあるいは対立への傾向に反対して, コンセンサスに向かう, ③社会的および経済的事件への, 広範で徹底した国家と官僚制の介入を受容する, ④市民の自由と人権ではなく, 社会・経済の厚生 (welfare) に関心をもつ, ⑤個人の権利よりも, 共同体の福祉と集合的利益を選択する, 以上の傾向がそれである. クォー (Khoo) によれば, こうしたイデオロギー的傾向は, アジア諸社会における支配的エリートが大衆の政治参加を抑圧する一方で, 国際社会において発言力を拡大するために提示しているものだという.

X. post-NIDL と世界システム
──国際分業の変化はなにをもたらすのか──

1. はじめに

　マレーシアを事例として，グローバル化にともなう国際分業の変化と世界システムの周辺におけるその影響を理論的・経験的に把握しようとする本書の試みは，まずマレーシアという周辺社会にとっての「外部」，すなわち多国籍企業の戦略の変化とそれにともなう NIDL から post-NIDL への国際分業の転換を捉えるところから開始された．グローバル化の一因である日本企業の投資動向を確認したうえで（Ⅰ章），post-NIDL への転換において想定される多国籍企業の戦略変化について実態調査を通じて確認し（Ⅱ章），情報化というグローバル化の一環となる社会変動と多国籍企業の戦略との関連についても検討した（Ⅲ章）．

　post-NIDL への転換と軌を一にして，周辺社会（の一部）において進展する過程は半周辺化にほかならない．当該周辺社会を半周辺化へと突き動かすものは，ひとまずはその資本主義発展を主導してきた多国籍企業である．しかし，この過程が確かに成就するかどうかについては，当該周辺社会の「内部」過程が重要な影響を与えるのだった．とりわけ，資本主義発展の自律性に注目するとき，自生的資本（の「力量」）とそれを「育成」する国家の政策が重要になる．したがって，本書においてはⅣ章とⅤ章とにおいて，まず国家のあり方について考察した．半周辺化過程を NIEs 形成になぞらえて他の社会における国家の政策と比較したり（Ⅳ章），マレーシア社会におけるコンティンジェントな要因であるエスニシティ関係が，国家の政策，あるいは国家

X．post-NIDLと世界システム——国際分業の変化はなにをもたらすのか

と様々な資本との関係形成に与える影響について「三者同盟」論を再考する作業を通じて検討した(V章).

自生的資本については，多国籍企業との関係形成や自生的資本相互の関係形成が進められることが，その「力量」を高めるうえで重要となる．この点に関して，本書ではマレーシアにおける産業集積の地域的差異と華人エスニシティの人口集積の程度とを関連づけながら，ペナン地区の産業集積としての優越性をインフォーマル化という概念をツールとして検討した(VI章)．とりわけ華人人口が集積していることを背景に，ペナン地区において自生的企業の多くを占める華人企業は，華人相互の伝統的な社会関係を媒介にしてネットワーク形成を行っているし，そのことが華人エスニシティの優位を支えているのであった．

さて半周辺化過程においては，自生的資本の成長が期待されるだけではなく，労働者階級および労使関係への影響や新中間階級の形成などの階級関係の変容が想定されるのだった．この点に関連して，本書では労働者の技能形成と労使関係の変化(VII章)，移民労働者の両義的な意味(VIII章)，および新中間階級を含んだ「ニュー・リッチ」の形成にともなう社会意識と社会運動への影響(IX章)について考察を進めてきた．

以上のような，これまでの諸章の考察によって，グローバル化のもとでpost-NIDLへの転換と半周辺化が進展するという本書の基本的な理論的仮説は，あらかじめその理論のなかに組み込まれていた一定の制約をうけながらも，一定程度具体的に妥当することが示されてきたといえよう．しかし，これらの試みはあくまでローカルあるいはナショナルなレベルに定位した議論であることが留意されなくてはならない．もしも，post-NIDLへの転換と半周辺化が生起するのならば，それは世界システムというグローバルなレベルにおいていかなる含意をもつことになるのであろうか．ここで再び，われわれの作業は「内部」から「外部」へと回帰することになる．

さらに，このような問いに答えるためには，まず手続きとして重要な作業を行わなければならない．翻っていえば，上記のような変動が確認されている発展途上社会が，世界システムにおいて占めていた位置によって，実はそ

うした変動の含意も異なることに注意しなくてはならない．つまり，仮に当該の社会がそもそも半周辺に位置しているのであれば，(Ⅳ章において国家の政策について比較分析を試みたように) 等しく半周辺に位置するとされてきたNIEsと工業化のパタンが類似してくることは，世界システムの位置に対応して「国民社会」のあり方が基本的に決定されるという理論的前提を容認する限り[1]，至極当然のことであろう．それに対して，当該の社会が周辺に位置していることが確定されて初めて，グローバル化 (＝post-NIDLへの転換) はその社会がNIEsと同様の半周辺の位置へと上昇することを意味することになるはずだ．

このように，post-NIDLが世界システムレベルにおいてもつ含意を特定するためには，その現れが確認された社会の位置を明確にしなければならない．本章における課題はまず，われわれが事例としてきたマレーシアが確かに周辺に位置していることを確認する作業を行うことである[2]．そのうえで，post-NIDLに体現されるグローバルな生産のあり方と産業配置の変化を，「グローバルな商品連鎖 (global commodity chain)」論を手がかりとして概念的に把握し，世界システムにおいてpost-NIDLへの転換がもつ意味を明らかにすることになる．

2. 世界システムにおける階層的位置——マレーシアは半周辺なのか周辺なのか

(1) マレーシアの位置

ウォーラスティン (Wallerstein) を指導者とする世界システム学派においては，19世紀以降全世界は「資本主義世界経済 (capitalist world-economy)」と呼ばれる単一のシステムとして成立していることが理論的前提とされている．このシステムは，中核，半周辺，周辺という3つのハイアラキカルな階層的位置から構成され，「国民国家 (nation-state)」や都市などのシステムのユニットはそれぞれの位置に配分されるとともに，その将来的帰趨をかなりの程度決定されることが想定されている．

このように，システムが階層化されていることを想定するに際しては，その階層化のメカニズムあるいは階層を弁別するメルクマールを明示することが求められる．アリギたち(Arrighi & Drangel, 1986;Arrigi, 1990)は，世界的な富の分配の結果としての(対数化された)1人当たりのGNPの大小によって「国民社会」を分類して，ウォーラスティンが想定するように，世界全体が3層からなることを明らかにしようと試みた．この試みの当否はあとで検討することにして，ひとまずこの試みによってマレーシアが世界システムにおいていかなる位置を占めているのかを確認しておこう．

アリギたちは，1938年，1960年～1970年，1975年～1983年の3時点において，先の指標に基づいて「国民社会」を各階層に分類している．つまり，個々の「国民社会」について，その時系列的な階層間移動の有無を分析しようというわけだ．マレーシアに関して，上記の3時点における位置を確認するならば，それぞれ半周辺，周辺，半周辺ということになる．すなわち，この試みに依拠するならば，われわれが対象としている1980年代後半の時期においては，その時期に先立ってすでにマレーシアは半周辺に位置している可能性が大きいということになる．はたして，マレーシアへのこのような位置付与は妥当であろうか．その妥当性を決定するためには，あらためてシステムの階層化のメカニズムあるいは階層のメルクマールが検討に付されなければならない．

(2) **階層化のメカニズム**

そもそも，世界システムにおいて不均等な位置あるいは階層が形成される根拠は，システムにおける分業が不等価交換を通じて営まれることに求められる．しかし，ここで問題となることは，不等価交換を具体的に確認することが極めて困難であるうえに[3]，そのことに関連して各位置あるいは階層にどのような「国民社会」が配分されるのかが必ずしも明らかではないことである[4]．特に，ハイアラキカルな位置の中間を占める半周辺については，そのような位置が形成される根拠とそこに配分される「国民社会」の特定をめぐって議論が繰り返されてきた．

例えば，このような位置が存在することを強調してきたウォーラスティン(1979:71, 72)は，半周辺を賃金と生産物の点で不等価交換における中間的存在(中核へ価値が流出する場であるとともに周辺から価値が流入する場)，あるいは中核および周辺よりも国家が市場の統制に直接的な利益をもつ場として規定している．さらに，半周辺という位置が存在する根拠としては，中核と周辺との両極分解とその結果としての両者の対立によるシステムの不安定を回避することが指摘され，その存在について機能的な説明が与えられる．

　加えて，どのような「国民社会」が半周辺に配分されるのかという問題については，ブラジル，メキシコなどのラテンアメリカ諸国に始まり，ポルトガル，スペイン，イタリア，ギリシャなどの南ヨーロッパ，ノルウェー，フィンランドなどの北ヨーロッパ，東ヨーロッパ，ヴェトナム，キューバなどの(旧)社会主義諸国，アルジェリア，エジプト，サウジアラビアなどのアラブ諸国，トルコ，イラン，インド，韓国，インドネシアなどのアジア諸国，さらにはカナダ，オーストラリア，ニュージーランドなどの諸国が半周辺に位置づけられるとされる(Wallerstein, 1979:100)．しかし，一見して明らかなように，これらの諸国は極めて多様な様相を呈しており，一律に同一の階層に位置づけられるのかどうかについては明確ではない．一言でいえば，事例のあげ方についても羅列的な感が拭いきれない．

　先に言及したアリギとドランゲルの試みは，このような問題点を克服することを意図したものであった．彼らは，中核と周辺とを弁別する基準として賃金格差に依拠することは，中核－周辺関係を厳密に規定するためには必要ないし，中核－周辺関係が歴史的に再生産される際の状況の多様性を把握するためには有効ではないことを強調する．つまり，「集積された報酬(aggregate rewards)」の分配には，賃金だけではなく，交換される商品に関連した地代(rents)や利潤(profits)も関与しているというわけだ．さらに，個々の位置に固有の活動，つまり中核的活動(core-like activities)と周辺的活動(periphery-like activities)に注目することは，そうした活動が歴史的な相対性をもっており，特定の時点において中核的であり，あるいは周辺的であるにすぎないことを指摘している．

これに関連してアリギ(1990:12-14)は，不等価交換という概念が論者によって異なる含意をもつこと，不等価交換は中核と周辺との両極分解をもたらす唯一のメカニズムではないこと[5]，さらに低賃金がかえって競争力を獲得する要件となり，世界システムにおける当該の社会の上昇移動に帰結する可能性があることを指摘している．要するに，不等価交換だけに依拠して中核と周辺との両極分解を説明することは適当ではないというわけだ．結論的にいえば，「集積された報酬」，すなわち1人当たりのGNPという指標だけが中核－周辺関係を顕示するものと了解されるのだという．

それでは，単なる両極分解が起こるのではなく，半周辺という中間的な階層が形成されるのはなぜであろうか．アリギたちは，この原因として国家の関与を想定している．彼らの議論は，以下のように要約されよう．世界システムという空間において，個々の資本は相互に競争しつつ運動している．その世界システムも決して均質な空間ではなく，資本蓄積にとってより効率的な場とより非効率的な場とが存在する．資本間の競争において，「中核的活動(core activities)」を主として担う相対的に優位に立つ資本(「中核的資本(core capital)」)は資本蓄積にとってより効率的な場に集積する一方で，「周辺的活動(peripheral activities)」を主として担う相対的に劣位に立つ資本(「周辺的資本(peripheral capital)」)は資本蓄積にとってより非効率的な場に集積せざるをえなくなる．こうして，「中核ゾーン(core zone)」と「周辺ゾーン(peripheral zone)」との両極分解が生じることになるというわけだ．

しかし，このような両極分解も資本の移動に制約がない場合には，しだいにそれが解消される方向に推移する可能性がある．それというのも，限定された空間に資本が過度に集積することによってかえって非効率な事態(例えば地代の高騰)も発生しうるし，経済活動が進展することによって労働者の賃金が上昇して資本蓄積の障害となる可能性もある．要するに，「収益における優位(revenue advantages)」は「コストにおける非優位(cost disadvantages)」をともなう可能性があるというわけだ．このような状況では，しだいに周辺のほうが中核に比べてかえって資本蓄積の効率的な場となり，資本は周辺に向かって移動し，不均等に編成された空間は必ずしも安定しない可能性があ

る.

　ところが,このような資本の移動を制約するものが,国家にほかならない.国家は,その国境を跨ぐ商品,資産(assets),労働力,および企業活動の運動を規制して,「世界経済」の中核－周辺関係に影響を与える.「中核的国家(core states)」は,より収益性が高い活動に接近できるし,「中核的活動」に必要とされるインフラストラクチュアとサービスを提供したり,資本主義的な企業家精神にとって望ましい政治的環境を整えたりすることができる.したがって,「中核的国家」は「収益における優位」を確保して中核的資本を吸引することができる一方で,「周辺的国家(peripheral states)」はその数が相対的に多いために「コストにおける優位性(cost advantages)」を充分に確保することができず,中核－周辺関係が再生産されることになるという.

　こうした推論のもとで,国家の活動が「中核的活動」をその国境内に保持できる一方で,それを世界的な競争圧力から隔離することによってイノベーション[6]の可能性を奪ってしまう可能性を想定しうる.さらに,国家の活動が「コストにおける優位性」を担保して,その領土(jurisdiction)内における資本の競争における優位を確保する一方で,それだけでは中核への上昇に帰結しえない可能性も想定しうる.このようなケースが,半周辺というゾーンを構成することになるわけだ.「周辺的国家に対する収益における優位と中核的国家に対するコストにおける優位を開発することによって周辺化に抵抗する機会」を半周辺の国家は付与されているのである.

　以上のように,アリギとドランゲルによれば,世界システムにおける階層は(中核的活動や周辺的活動として表現される)種差的な(specific)活動とそれを担う資本との空間的に不均等な集積,およびそれを確保する国家の活動によって形成されることになる[7].さらに,それを具体的に表す指標が1人当たりのGNPであるというわけだ.こうしたアリギとドランゲルとの試みには,それが提起された当初から様々な批判が存在した.

　例えば,アリギたちとほぼ同様に,チェイス-ダン(Chase-Dunn, 1990)は当該の時代における生産の「中核性(coreness)」と「周辺性(peripherality)」とを種別化して,現代にあっては資本集約的な中核的生産が相対的により集積

図X-1. 1人当たりGDP（2001年ドル）

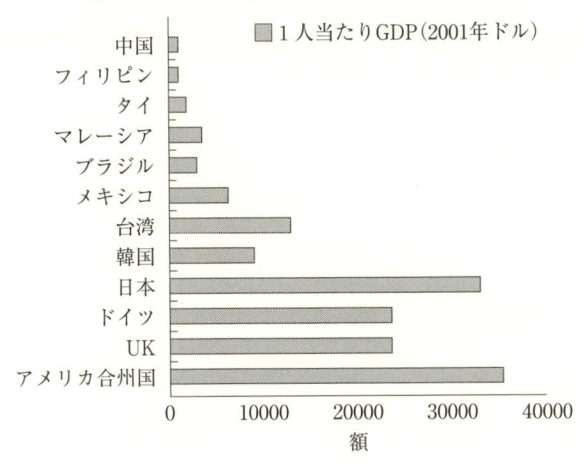

国	1人当たりGDP（2001年ドル）
中国	
フィリピン	
タイ	
マレーシア	
ブラジル	
メキシコ	
台湾	
韓国	
日本	
ドイツ	
UK	
アメリカ合州国	

出所：ジェトロ（2003）から作成

している場を中核，労働集約的な周辺的生産が相対的により集積している場を周辺とそれぞれ規定するとともに，このような生産が1つの国家の内部に同程度に集積する場あるいは資本集約的生産の中間レベルの優位 (preponderance) が存在する場として半周辺を位置づける[8]．しかし，彼は1人当たり GNP の大小によって各「国民社会」の階層化を試みることには異論を唱えている[9]．

　チェイス-ダンは，アリギたちの試みでは通常発展途上国と了解されているリビアが中核に位置づけられることになる点を指摘して，そもそも階層化を試みる際の指標に問題があると批判している．これに対して，アリギ(1990)はリビアが設定した3時点においていつも中核に配分される社会ではなく，そのような意味で中核の「有機的メンバー (organic members)」ではないことに注意を喚起している．このように，1人当たり GNP を指標とする「国民社会」の階層への配分は，かなりのバイアスをともなうものであることを確認する必要がある[10]．

(3) 検証──周辺としてのマレーシア

それでは，1人当たり GNP の大きさに基づいた，先の3時点におけるマレーシアへの位置付与は果たして妥当なものなのであろうか．ひとまずは，アリギたちやチェイス-ダンが設定した世界システムを階層化する本来の論理（各階層に種差的な活動や産業の有無）に依拠しつつ，各時期におけるマレーシアの状況を確認する作業を通じて，その妥当性を検討してみよう．アリギたちの試みにおいては，1938年の時点におけるマレーシアは半周辺に位置づけられるのであった．

しかし，この時点におけるマレーシア(マラヤ)はイギリスの植民地であり，その産業もゴムのプランテーションと錫の採掘という，その時代にあっても「周辺的産業」とみなさざるをえないものであった．なるほど，このような原料・一次産品を加工・処理する工業もわずかに存在していたが，そのような産業は多くの場合シンガポールに集積していた．20世紀前半を通じて，当時のマラヤ(Malaya)からアメリカ合州国へのゴムと錫との輸出は，イギリスにドルを供給する回路として大きく貢献したことが知られている(Hua Wu Yin, 1983:91-92)．こうした輸出が，この時代のマラヤの GNP を大きくすることに寄与したのではあるまいか[11]．しかし，そこにおける資本活動と産業とは「周辺性」をもっていたといわざるをえないであろう．

次の1960年から1970年の時点において，マレーシアが周辺に「転落」したことにはシンガポールが関与しているかもしれない．周知のように，シンガポールは1963年にマレーシアに統合され，1965年にマレーシアから再分離・独立している．この分離独立は，製造業が相対的に集積している地域の離脱を意味していた．同時期に行われた輸入代替工業化が必ずしも充分に進展しなかったうえに，このタイプの工業化の特徴として中間財の輸入をもたらすから，GNP の増大は制約されることになったと考えられる．こうした状況は，マレーシアの周辺への「転落」を引き起こしたとみなせよう．

最後に，1975年から1983年の時点においては，マレーシアは NIDL に包摂され，繊維や半導体といった労働集約的産業(あるいは工程)が多国籍企業によって移植されていた．1972年以降，国内には自由貿易区(Free Trade Zone,

FTZ)が設置され,そこに誘致された多国籍企業によって製品はほぼすべて国外へと再輸出されていた.こうした輸出志向型工業化の展開は,マレーシアのGNPの拡大に寄与したといえよう.しかし,このことからただちにこの時期のマレーシアが半周辺に上昇したと判断してよいであろうか.NIDL論が提起されたときにすでに言及されていたように,多国籍企業によって発展途上社会に移転された産業・工程は,その時代にあってはまさに周辺的産業であり,周辺的活動に過ぎないのではなかろうか.

さらに,GNPの拡大が多国籍企業による「企業内貿易」によって引き起こされていることに留意しなければならない[12].FTZにおいて多国籍企業に雇用されていた労働者は,その多くが農村(の生存経済)との紐帯を維持した若年女性労働者であり,そのような紐帯が再生産費以下の低賃金を可能にすると考えられてきた.要するに,多国籍企業による「企業内分業」によってGNPが拡大するということは,それとともに労働者に対する「超搾取(superexploitation)」を通じて,先進社会(中核)への「価値移転」が発生することを意味する.

いい換えれば,このようなかたちでのGNPの増大として現れる関係は,必ずしも当該社会への富の分配の増大だけを示すものではなく[13],多国籍企業に媒介された生産を通じた,当該社会への搾取の増大をも示す関係であるということだ[14].増大したGNPが分配され帰属する対象は当該の社会ではなく,他の社会から進出してきた多国籍企業なのである[15].

以上のように,仮にアリギたちの階層化の論理と半周辺概念に依拠するとしても[16],彼らが設定したすべての時期において,マレーシアは周辺に位置する社会と考えざるをえないのではなかろうか[17].むしろ,グローバル化を背景にして,まさに現在の中核的産業あるいは活動に位置づけられる「フレクシブルな生産システム」が移転し始め(e.g., Rasiah, 1993:146;1995:146-147),FTZにおいても賃金が上昇し(e.g., Jomo, 1990:127-128),熟練労働者の養成が本格的に模索され始めた(e.g., Kuruvilla, 1996)1980年代の後半(つまり,われわれがグローバル化とpost-NIDLへの転換の可能性を問題にする時期)になって初めて,マレーシアは半周辺に配分される要件を満たし始めたとみなすべきなのでは

なかろうか．

　もっとも，このような変化を捉えるに際しては，グローバルな生産のあり方とそれに対応した産業配置への視点をあらためてふまえる必要がある．

3.　「グローバルな商品連鎖」と世界システムの階層化

(1)　「グローバルな商品連鎖」とはなにか

　とりわけ，多くの諸国において多国籍企業によって生産活動が担われるようになった現代においては，個々の商品の生産には世界の様々な社会・地域から集められてきた原料，労働力，中間財，およびサービスなどが動員されている．つまり，それぞれの社会・地域が1つの商品の生産過程の一部を担っており，そうした社会・地域で個々の生産要素(原料，労働力，サービス)が中間財に付け加えられることによって，最終的に1つの商品に仕上げられていくことが一般に行われている．

　しかし，こうした商品生産のあり方は現代の多国籍企業において初めて一般化したわけではない．ホプキンスとウォーラスティン(Hopkins & Wallerstein, 1986)は，商品生産が資本主義の生成期からグローバルなスケールで展開してきたことを明確にするために，「グローバルな商品連鎖(global commodity chain)」という概念的ツールに基づいて，16世紀から18世紀にかけて「基幹産業」であった造船業と小麦粉生産との事例を検討している．彼らによれば，「グローバルな商品連鎖」とは「完成した商品という最終結果をもつ労働および生産過程のネットワーク」を意味する．

　こうした商品連鎖を構築するためには，最終的な生産活動から出発して最終的に原料のインプットに至るまで，当該商品の生産過程を遡及すればよいわけだ．彼らによれば，交易，移民，および資本投資といった単なる国家間の経済的フローをたどるよりも，「グローバルな商品連鎖」という概念的ツールを用いた試みのほうが複雑な分業をトータルに把握できるし，鎖を構成する個々の活動において実在の(real)オルタナティブが存在することを明示できるという．

ちなみに，鎖を構成するこのような個々の活動は，鎖の「結び目(node)」と呼ばれる．この「結び目」に関する分析のポイントは，①当該の「結び目」の直前および直後の活動との間のフローの通常の性格，②当該の「結び目」における支配的な種類の「生産関係」，③技術と生産単位の規模を含めた，支配的な生産組織，④問題となる活動の地理的な位置がそれである．さらに，分業における重要な転換の指標としては，①活動の地理的な分配，②鎖に包含される労働力の形式，③技術と生産関係，④個々の生産の場の内部における活動の分散と集中の程度の4つが指摘できるという．

(2) 2つのタイプ

ジェレフィとコルツェニーヴィチたちは，こうした「グローバルな商品連鎖」論をさらに彫琢することを試みている(Gereffi & Korzeniewicz, 1990;Gereffi et al., 1994;Korzeniewicz, 1992;Gereffi, 1995;1997)．まず，彼らはこうした「商品連鎖」を2つのタイプに弁別した．すなわち，「プロデューサー主導的商品連鎖(producer-driven commodity chain)」と「バイヤー主導的商品連鎖(buyer-driven commodity chain)」がそれである．ジェレフィたち(1994:6－7;1995:113－118)によれば，この2つのタイプは参入障壁の差異から生じるもので，前者のタイプは資本集約的・技術集約的な産業(自動車，航空機，半導体，電機などの産業)にみられるもので多国籍企業が中心的役割を演じるのに対して，後者のタイプは労働集約的な産業(衣服，製靴，玩具，家庭用品などの産業)にみられるもので小規模な企業が重要な役割を演じることになるという．

さらに，「プロデューサー主導的商品連鎖」においては，多国籍企業による下請を媒介にした垂直統合に基づく集権的なガヴァナンス(governance)の形式となるのに対して，「バイヤー主導的商品連鎖」においては，小規模な企業による分権的な分業がガヴァナンスの形式となる[18]．いずれのタイプにおいても，先進社会(中核)に拠点をおく多国籍企業による生産技術の提供や，小売りを担当するブランドをもつバイヤー企業によるデザインの提供やマーケティングに示されるように，中核による周辺の支配がネットワークの基調となる．要するに，より大きな余剰が獲得できる「鎖の結び目」(要するにニ

ッチ)は中核に位置していることになる.

(3) マレーシアにおける変化

さて,マレーシアにおける1980年代後半以降の事態を把握するに際して,有益なツールはいうまでもなく「プロデューサー主導的商品連鎖」にほかならない[19].このツールを用いて分析を試みる前にもう一度,この時期の事態を確認しておこう.事態の変化は,円高という通貨変動を契機にしている.1985年の「プラザ合意」以降の円高基調をうけて,われわれがグローバル化の契機と考えるマレーシアへの日本企業の進出が加速した(1989年には直接投資額第1位となっている).

日本企業を含めて,進出した企業は激化する競争に対処するために,部品その他の中間財を本国やその他の国から輸入するのではなく,進出先のマレーシアにおいて現地調達することを模索するようになった.日本からの進出企業の場合には,当初は進出をともにしたサプライヤー企業からの調達に依存していたが,現地調達(local content)率を高めようとするマレーシア国家の政策によって[20],現地の自生的企業への調達も進展してきている.こうして,自生的企業の育成も進められつつあるのだった.

さらに,国際競争の激化に加えて,資本主義発展にともなってマレーシアにおいても先に言及したように労働者の賃金が上昇し始めると,NIDLにおいて想定されていたような低賃金労働力に依存した生産システムばかりではなく,FTZにおいても技術革新が試みられ,コンピューター化された「フレクシブルな生産システム」が導入されるケースが現れてきている.それにともなって,先端的な技術システムにも対応できるような(新型の)熟練労働者の育成が進出した多国籍企業においても試みられるケースが報告されている[21].加えて,1992年に制定された人的資源開発法(Human Resource Development Act)に示されるように,マレーシア国家もそのような労働者の育成に対して資金援助をしようとしている[22].

このような事態の背景には,マレーシア国家の資本主義発展についての戦略の変化がある.つまり,1980年代に入ってから推進された重工業化(=第

X. post-NIDL と世界システム——国際分業の変化はなにをもたらすのか 247

2次輸入代替工業化)が必ずしも充分な成果をあげなかったうえに，1980年代前半のリセッションからの脱却を模索して，外国資本のいっそうの誘致が試みられたことが背景にある[23]．労働者の技能形成も，外国資本を誘致するための戦略の一環として試みられているのである．多国籍企業もその戦略を変化させ，かつてのように低賃金労働力を獲得するためにマレーシアに進出しているわけではなくなってきているということだ．

このように，1980年代後半以降のマレーシアにおける変化は，重工業化の模索，取引関係の形成を通じた自生的企業の育成，「フレクシブルな生産システム」の導入にともなう熟練労働者の育成によって特徴づけられるようだ．このような変化は，明らかに1970年代から1980年代前半を特徴づけた NIDL のもとで現れた事態からの一定程度の乖離を示すものといえよう．われわれが，この変化を post-NIDL と名づけた所以である．

(4) 「グローバルな商品連鎖」論からみたマレーシア

それでは，「グローバルな商品連鎖」論の観点からこうした変化はどのように把握されるのであろうか．以前からマレーシアにおいて，輸出志向型工業化における中心的な役割を担ってきた半導体などのエレクトロニクス産業を主たる事例にして，「プロデューサー主導的商品連鎖」における変化を捉えていこう．先に確認したように，分析のポイントはマレーシアにおける「鎖の結び目」に関するものとなる．以下，ホプキンスとウォーラスティンが設定した分析ポイントに照らして検討していこう．

まず，直前・直後の活動あるいは「結び目」との関係は，どのように把握できるであろうか．半導体の製造は通常，研究・開発・設計，マスクの製造(ミクロの電子回路を含むセルロイドのフィラメントの生産)，ウェハーの製作(マスクのうえの回路がシリコンのウェハーに移され，その表面にエッチングされる過程)，トランジスター・ダイオード・集積回路の組み立て，最終検査の5つの工程に分割可能である．通常，前3つの工程は資本集約的で高度な技能をもった労働力が必要であるが，あと2つの工程が労働集約的で半熟練・不熟練労働力によって担われるといわれている．もっとも，回路の組み立ての工

程は自動化(それゆえ資本集約化)が可能であり，先進社会においてはそれがかなりの比率で実施されている．

マレーシアにおいて確認されてきている事態も，Ⅱ章で言及した企業で確認されたように，FTZ で低賃金労働力を用いて生産されていた回路の組み立て工程が自動化されつつあるということである．いうまでもなく，その前工程の研究・開発・設計，マスクおよびウェハーの製造はアメリカ合州国や日本といった先進社会において行われ，第三の社会あるいは地域(香港やシンガポールなど)[24]での最終検査の工程を経て，主として上記のような先進国の市場で販売されることになる[25]．

その他の製造業(電機や自動車)においては，従来先進社会から輸入されていた中間財の生産を現地の自生的企業に外注する事態に示されるように，マレーシアでは完成品の組み立てとともに中間財の生産も開始されてきている[26]．このことは，従来先進社会に存在した中間財(部品)の生産工程も，マレーシアに移転してきていることを意味する．生産された完成品は，先進社会の市場に向けて輸出されるばかりでなく，マレーシア国内でも販売される．以上のように，マレーシアに存在する「鎖の結び目」は従来存在していたものと異なってきているだけではなく，「結び目」間のフローそれ自体は変化していないものの，直前・直後の「結び目」(中間財の生産と販売)の位置が変化していることが注目されよう．

次に，マレーシアに存在する「結び目」における「生産関係」について検討しよう．「生産関係」を職場レベルにおける労使関係と理解するならば，「フレクシブルな生産システム」の導入に対応した，労働者の参加と協調を基調とする労使関係の導入が模索されていることが新たな変化として指摘できよう．もっとも，現状においてはこうした労使関係の導入は，ほとんど進展していない．依然として，何度も確認してきたように，抑圧的な形式でこのレベルの労使関係はとり結ばれている傾向が強いのだった[27]．

それでは，生産組織についてはどのような変化が確認できるであろうか．「フレクシブルな生産システム」の導入が開始されていることが，生産組織についての最も大きな変化であろう．それに付け加えて，Ⅱ章においてもみ

X. post-NIDL と世界システム——国際分業の変化はなにをもたらすのか 249

たように製造業においては現地の自生的企業との下請関係の形成が模索されてきていることも注目されよう．最後に，地理的な配分については，すでに言及したように従来マレーシアには存在しなかった工程あるいは活動が移植されていることが指摘される必要があろう．

さて，以上のようなマレーシアに存在する「結び目」の変化から，このタイプの「商品連鎖」に集約される分業総体において変化が起こっていると断言できるであろうか．ここでも，ホプキンスとウォーラスティンの指標に依拠して検討しよう．結論からいえば，マレーシアの事例において確認できることは，①従来存在しなかった活動の移転，②熟練労働者の育成の本格化，③コンピューター化された「フレクシブルな生産システム」の一部における導入，④現地における下請企業の育成にともなう生産システムの分散化，である．このような事態は，繰り返し述べているように従来の NIDL からわれわれがいう post-NIDL への転換を示すと思われる．それでは，「グローバルな商品連鎖」というツールに基づくとき，上記のような分業の変化はどのように把握されるのであろうか．

「グローバルな商品連鎖」は，鎖を連結する「結び目」が重要な分析ポイントとなるのであった．マレーシアにおいて起こりつつある事態は，従来先進社会に位置していた活動あるいは「結び目」が移動してきていることを示すと考えられよう．言葉を換えていえば，従来先進社会(中核)に存在した「結び目」が，あたかも「商品連鎖」が「延長」することによって発展途上社会のマレーシアへ「下降」してきていると解釈できるのではなかろうか．鎖の「延長」という表現を用いるのは，NIDL の時代にマレーシアに存在した工程あるいは活動はその他の発展途上社会に移転することによって，いまなお存在し続けているからである．要するに，従来充分に工程が移植されていなかった社会にも，労働集約的な工程が移転しつつあることを「鎖の延長」と表現しているわけだ．

それでは，これまでの議論をふまえるとき，本章の課題である post-NIDL の世界システムレベルにおける含意は，どのように捉えられるのであろうか．マレーシアに移転されつつある，コンピューター化された資本集約度が高い

「フレクシブルな生産システム」は，いまなお中核的活動と規定しても問題はあるまい．したがって，アリギたちやチェイス-ダンの定義に依拠するならば，賃金の上昇と相俟って，前記のような「商品連鎖の延長」はマレーシアを世界システムの半周辺へと上昇させることを意味している．すでに確認したように，1980年代の前半までの時期においては，マレーシアは周辺に位置するものと認定することが妥当であった．1980年代の後半以降になってようやく，マレーシアは半周辺への上昇を始めたとみなせるのではなかろうか．

(5) post-NIDL と世界システム総体の変容
① 3層構造の「再編成」

このことは，半周辺に位置する他の社会が周辺に下降したり，あるいは中核に上昇したりすることがないならば，世界システムレベルにおいては半周辺ゾーンの拡大を意味することになろう[28]．この結論は，驚くべきことである．それというのも，不等価交換による階層化のメカニズムは，ひとたびある社会あるいは地域を特定の階層に位置づけてしまうと，当該社会・地域がその「外部」ととり結んだ関係が当該社会・地域のあり方を拘束し，他の階層への移動を困難にするからである．とりわけ，資本主義発展における自律性をグローバルに活動する中核資本によって剥奪されてしまった周辺社会においては，この傾向はいっそう強まることになろう．

言葉を換えていえば，当該周辺社会における「内部」要因がまさに自律的に資本主義発展に関与できるようになるためには，それに先立って「外部」との関係が変化する必要があるのである．グローバル化のもとでの多国籍企業の戦略変化は，周辺社会(の一部)がまさにそのような自律性を獲得する契機となったし，post-NIDL という新たな国際分業への転換を引き起こすことによって，世界システム総体の階層関係をも変化させたといえよう．

すでに，Ⅰ章で要点を確認したように，国際分業の類型に則して世界システム総体の階層関係の変化をたどることができる．(旧)国際分業においては，輸入代替工業化の失敗によって特徴づけられるように周辺社会はあらためて自律性の獲得に失敗し，その結果世界システムにおいてはハイアラキカルな

3層構造が「強化」されたとみなせよう．それに対してNIDLにおいては，多国籍企業が主導したとはいっても一定程度工業化の進展をもたらし，その影響は周辺社会における「内部」要因を「準備」し，自律性を獲得する背景を作り出したといえよう．そのような意味で，世界システムの階層構造は「弛緩」したといえよう．

最後にNIDLからpost-NIDLへと転換するとともに，「準備」された「内部」要因が多国籍企業の戦略が変化することと関連して，半周辺化というかたちをとって現れたといえよう．述べてきたように，世界システム総体にとって，このことは，半周辺ゾーンの拡大と周辺における(半周辺化しつつある社会とそれ以外との)内的分化をもたらす，階層構造の「再編成」[29]を意味しよう．

② 「普遍性」としての資本主義

もっとも，周辺における内的分化とはいっても，「グローバルな商品連鎖」論に依拠していえば「商品連鎖の延長」によって労働集約的な周辺的活動あるいは工程が他の周辺社会に移転していくならば，周辺における資本主義的工業化を進展させることを意味している[30]．こうした工業化は農村から労働力を吸引し，その限りでは生存経済の解体に拍車をかける．このように，post-NIDLは世界システムの階層構造に変化を引き起こすとともに，システム総体の(賃労働の形成という，より限定された意味での)資本主義的関係の専一化への傾向を促進する効果をもたらしているのである[31]．

さらに，I章で規定したグローバル化の帰結が，なんらかのグローバルな「普遍性」を具現する関係を析出する過程であるとするならば，資本主義的社会関係の専一化はその1つの現れとみなせよう．post-NIDLへと転換する世界システムは，資本主義を「普遍性」として具現しつつ，それとともに資本主義以外の社会関係に依拠して賃金を低く抑えるメカニズムを喪失し，自らの資本蓄積メカニズムにとっての困難を作り出していく逆説をあらためて提示するのである．

③ 「紛争」の拡大(?)

加えて，チェイス-ダン(1990)がいうように，半周辺が世界システムの安定

化機能を担う結果として，かえってそのゾーンに階級対立などの矛盾が集中するならば，半周辺の拡大という post-NIDL の世界システムレベルにおける含意の1つは，「紛争」的な地域が増大することでもある[32]．この点については，すでに IX 章において検討課題としてきた．述べたように，マレーシアにおいては，必ずしも韓国において見られるような「紛争」を喚起するかたちに，「内部」の社会関係がとり結ばれているというわけではなかった．

さらに，「改革派」の出現に象徴されるように，エスニシティ関係の再編に基づいて多様な NGO 活動も参加した政治変動が起こる可能性があるといっても，それが世界システムにおける「紛争」の直接的な原因となる回路は必ずしも開かれていない．早計な判断は慎まなければならない．この論点については，あくまで潜在的可能性を指摘するにとどめておこう．

4. まとめ

本章において，われわれは post-NIDL として把握した国際分業における変化が，世界システムレベルにおいてもつ意味を把握することを試みてきた．まず，アリギとドランゲルの作業を批判的に検討する作業を通じて，事例としたマレーシアが1980年代の前半まではシステムの周辺に位置していたことを確認した．そのうえで，「グローバルな商品連鎖」論を援用して，post-NIDL の現れとして把握した産業配置と活動あるいは工程の変化の含意を捉えようと試みた．

その結果，マレーシアに位置する「鎖の結び目」が変化していること，それはまさに国際分業の変化を意味すること，さらにはそうした変化は世界システムレベルにおいてはマレーシアの半周辺への上昇と半周辺ゾーンの拡大，およびそのことを通じた階層構造の「再編成」を意味することを指摘した．加えて，それとともに(その他の)周辺における資本主義的工業化の進展と資本主義的関係の拡大は，グローバル化にともなって資本主義が「普遍性」を担うものとして立ち現れていると解釈できることを確認した．このことは，

資本主義にとって1つの逆説でもある．

　半周辺ゾーンの拡大は，「紛争」的な地域の拡大をも意味した．もっとも，マレーシアが半周辺に上昇することによって「紛争」が増加するということについては，あくまで可能性の指摘にとどめざるをえない．さらに，何度も確認したように，post-NIDLの本格的な成立は様々な制約要因に規定されている．そもそも，序章でも確認したように，グローバル化の進展は世界的な格差を解消するものではない．現在，周辺に目を馳せるとき，この分業に包摂され半周辺化を進めつつあるといえるのはアジア地域だけであろう．アジアにおいて，マレーシアのほかには中国やタイなどがこの分業に包摂される候補であり，これらの社会は半周辺化をめぐる周辺間競争の当事者となろう．この競争が，「紛争」を喚起する可能性を孕んでいるかもしれない．

注

1 念のため断っておけば,われわれはこの前提を全面的に容認しているわけではない.当該の社会が世界システムに包摂される以前からその「内部に存在していた (endogenous)」要因が,システムへの包摂以後の社会変動に影響を与えていることは否定しえないであろう.このような観点から,山田 (1996) では世界システム論と「生産様式の節合理論 (articulation theory)」との総合を通じて,この影響を理論的に把握することを試みている.

2 序章においても注記したように,これまでの行論において,本書においてはマレーシアを周辺に位置づけてきた.本来であれば,議論の冒頭でこの位置規定の妥当性を論じるべきであるかもしれない.しかし,世界システムそれ自体を検討する際に,階層化のメカニズムと位置移動に関連づけてこの問題を論じたほうが理解しやすいとの判断から,最終章まで持ち越されていたのである.

3 それにもかかわらず,不等価交換の存在が想定されてきた原因は,先進社会(中核)と発展途上社会(特に周辺)との著しい貿易格差が存在したことに求められる.不等価交換論は,このような格差が古典的な貿易理論が前提とした比較優位の原則に抵触することを"告発"する意味をもったといえよう.不等価交換の存在を確認することが困難である原因の1つは,それが労働価値説に基づいており,個々の商品の価値を具体的に特定することが事実上不可能であることに求められる.不等価交換が生起する根拠の1つは,先進社会と発展途上社会との商品交換において双方の生産性が等しいにもかかわらず賃金格差が存在することだと考えられている (e.g., Amin et al, 1971 = 1981).

4 このような問題を指摘し,経験的な根拠に基づいて各「国民社会」を3層に配分しようとする試みとして,スナイダーとキック (Snyder & Kick, 1979) のものもある.彼らが配分の指標としているものは,貿易のフロー,軍事的介入,外交関係,連合条約 (conjoint treaty) のメンバーシップの4つである.ノラン (Nolan, 1983) は,この試みをうけて上記のような指標に基づいて決定された世界システムの階層における地位 (status) が,各「国民社会」の所得の不平等と経済成長に影響を与えることを明らかにしている.彼らの試みは,"経済"(=「資本主義世界経済」)と"政治"(=「国家間システム (interstate system)」)のレベルが混同されている点で問題があるように思われる.なお,アリギたちを支持する試みとして,テーラー (Taylor, 1988) もある.

5 例えば,資本と労働力との一方的な (unilateral) 移動が両極分解を促進する可能性があるし,そもそも不等価交換が成立するためには,交換される財が交換当事者にとって補完的であって競争的でないことが前提になっているとアリギは主張している.

つまり、交換される財が競争的であれば、低賃金で搾取される側のほうに利得があるというわけだ。もっとも、伝統的な国際分業においては交換される財は補完的であったし、NIDLにおいては交換される財は場合によっては競争的であっても、実際の交換が多国籍企業の「内部」で行われていることに留意する必要があろう。つまり、アリギの主張は理論的な可能性としては妥当しても、現実の交換のあり方には妥当しない。

6　このようにイノベーションを重視する理論の構成は、彼らの議論がシュンペーター（Schumpeter）から着想を得ていることに由来している。

7　このように、国家の活動を階層的位置付与の重要な要件とする理論においては、結果的に各階層に割り当てられる社会の多くは「国民社会」ということになる。序章においても指摘したように、この点は、必ずしも国家によって仕切られた空間だけをユニットに設定するわけではない世界システム論それ自体の理論構成とは齟齬をきたしている。もっとも、こうした現状には、経験的なデータに基づいて階層化の問題を考察しようとするとき、国家ベースのデータに依拠せざるをえないという研究における制約が反映している。

8　Ⅲ章において論じたように、資本集約的な生産にコンピューターが導入され、それに関連したソフトの開発などが情報産業の一環として台頭するとともに、資本集約的活動にともなって知識集約的活動も集積するようになる。この過程は、社会学において「脱工業化（postindustrialization）」として知られてきたものであった。

9　1つの見方としては、アリギたちの理論とチェイス-ダンのそれとの差異は、不等価交換という議論の出発点となったメカニズムにおいて重視するポイントの差異に帰着するようにも思われる。すなわち、アリギたちの理論は（彼らは否定しているけれども）不等価交換の結果（1人当たりのGNP）から階層化を捉えようとしているのに対して、チェイス-ダンの理論は不等価交換の原因（生産活動の特性）から階層化を捉えようとしている。本書では、これまでの諸章の行論において上記の結果よりも原因を重視してきた。そもそも、議論の対象となっているリビアの例に明らかなように、GNPという指標は産油国など重要な天然資源を輸出している社会がどうしても上位の階層に位置づけられるバイアスを生じやすい。ちなみに、図Ⅹ-1（p.241）は輸出を除く1人当たりGDPを指標として、主要な社会について比較を試みたものである。1人当たりGNPよりもGDPのほうが、当該社会の生産活動の性格を端的に反映している点で、原因により的確に関連した（不等価交換の）指標といえよう。

10　そのほかにも、グラントとライオンズ（Grant & Lyons, 1990:128）はアリギたちが1人当たりのGNPを代理変数として用いていない点を批判している。

11　植民地時代におけるマラヤの産業については、プチュチェアリ（Puthucheary, 2004 reprinted）も参照。

12　1970年代を通じて、マレーシアにおいてはマレー人の経済的状態を改善することを目的にしたNEPの一環として外資依存率は低下しつつあったが、輸出の拡大は外国資

本が支配的な製造業部門においていっそう顕著であった（Rasiah, 1995:91）．ちなみに，1988年の時点でも外国企業が輸出の60％を担っている（Kuruvilla, 1995:126）．

13 GNPがフロー概念である以上，多国籍企業の進出によって雇用が発生し，たとえわずかであっても雇用労働者に対して賃金が支払われることは，多国籍企業が当該社会の富（GNP）の増大に寄与している証左となることは否定できない．事実，マレーシアにおいても輸出志向型工業化が進展した1970年代を通じて，GDPは実質7～8％増大している．

14 事実，マレーシアにおいても，輸出志向型工業化が開始されてから1970年代を通じて，労働者の実質賃金はほとんど上昇しておらず，1968年から1973年にかけては下降していることが明らかにされている．ちなみに，賃金は1978年になっても1968年の水準に戻っていない（Jomo, 1986:227-232;1990:125-128）．

15 アリギたちも，今日における多国籍企業の活動の重要性に言及している．しかし，それが世界システムの階層化にもたらす影響については，意思決定や研究・開発と実際の生産活動との分化の可能性に言及するのみである．この点については，星野（1997:82）も批判的に言及している．

16 この点については，本書では立ち入らない．1つだけ疑問点を提起しておくならば，アリギたちの階層化理論においては，その出発点において資本の「国籍」が想定されていないことがあげられよう．世界システム論の前提にあくまで依拠するならば，資本は国境を越えて自由に運動することがシステム形成の当初から想定されるから，こうした理論の構成もやむをえないことかもしれない．しかし，世界システムの中核を構成する「国民社会」においては，そこに集積した資本は多くの場合，その社会において誕生した自生的な資本であった．それに対して，発展途上社会に集積した資本は先進社会から進出した外国資本であった．従属理論において重要な論点とされたように，当該社会の「発展」を主導する資本の「国籍」あるいはその形成のされ方は「発展」それ自体に影響を与えるのではなかろうか．いい換えるならば，資本あるいは資本家階級の形成のされ方を考慮しない理論はリアルではないのではなかろうか．この論点は，注1で指摘したこととも関連する．このような観点から，われわれはかつて「国民社会」の資本主義発展を類型化し，各「国民社会」の関係から世界システムの階層化と変動（長期波動）をモデル化したことがある（山田, 1996: Ⅵ章）．この際，階層化の基準としたものは，低賃金の根拠となる前資本主義的な関係の残存の程度であった．

17 3時点における位置の変遷をみても明らかなように，マレーシアはアリギたちのいう半周辺の「有機的メンバー」ではない．アリギ（Arrighi, 1990:38）も，マレーシアは「不確定な（precarious）」半周辺に位置づけられると考えている．

18 ジェレフィたち（1994: 7 ;1995:117）は，この2つのタイプに大量生産と「フレクシブルな専門化（flexible specialization）」という2つの生産システムを対応させるとと

Ⅹ. post-NIDLと世界システム——国際分業の変化はなにをもたらすのか 257

もに，発展途上社会にとっては自生的な企業の成長に依拠した「バイヤー主導的商品連鎖」への転換が重要であると考えている．

19 もっとも，ジェレフィたちがもっぱら分析に用いているものは「バイヤー主導的商品連鎖」のほうである．ジェレフィとコルツェニーヴィッチ（1994）には，様々な事例分析が収集されている．

20 例えば，1991年になってようやく，「パイオニア産業（pioneer industry）」と呼ばれる経済発展における基幹的な産業として，関税その他の点で優遇されてきた産業に属すると新規に認定された企業には，30％の現地調達が義務づけられるに至った．

21 1990年代のはじめには，日本からFTZに進出したエレクトロニクス産業に属する一部の企業でも，オートメーション化の導入にともなって，それに対応した技能訓練が実施されている（Rasiah, 1993:139）．さらに，アメリカ合州国から進出した半導体企業においても，コンピューター化された生産システムが導入されたことにともない，1980年代の後半以降，そのような生産システムを管理・運営する「新型の」熟練労働者や技術者が，OJTや本社への研修によって育成されてきている（Rasiah, 1993:139; 1995:149–154）．

22 これを契機に，州レベルでは企業と政府との協力による技能開発センターが設置されている．例えば，ペナンにおいては半導体産業の多国籍企業，マレーシア製造業連盟（Malaysia Manufacturers Federation），理工科大学（University of Science and Technology）の協力によるペナン技能開発センター（Penang Skills Development Centre）が設けられ，コンピューター化された生産システムに対応するための技能訓練が行われている（Kuruvilla, 1996）．この点については，Ⅵ章の議論も参照．

23 重工業化は，外国資本との合弁を通じた国営企業によって推進されてきた．この政策を一因として，一般に外国資本の占有率は制限されてきたが，1986年の投資奨励法（Promotion of Investment Act）によって外国資本に対して譲歩が行われている．翻っていえば，このことは工業化の担い手としての自生的資本の力量が必ずしも高くないことを示している．

24 マレーシアにおいても，1980年代の後半にはナショナル・セミコンダクター（National Semiconductor）社のように最終検査工程を移転する事例が現れつつあることが確認されていたが，少なくとも当初は技術的に単純なデバイスに限定されていたようである（Henderson, 1989:58, 61）．もっとも近年では，Ⅱ章で言及したように，日本企業においては検査工程もマレーシアに移管されてきている．

25 ヘンダーソン（Hennderson, 1989:70–71, 90）によれば，香港は東南アジアにおける半導体生産の「地域的中核（regional core）」として成長しつつあり，小規模な自生的資本による「エレクトロニクス複合体（electronics complex）」が形成されつつあるという．しかし，マレーシアにおいては1980年代後半の時点で標準的な（64Kの）RAMの組み立てが主軸であり，技術者不足によって技術的にはアメリカ合州国や日本に依

存しており，自生的資本に基づく複合体も形成されていないことを指摘している．これは，post-NIDLへの制約についての指摘と理解できよう．しかし，Ⅵ章で検討したように，マレーシアのペナン地区においてもエレクトロニクス関連の自生的企業が多数集積してきており，その点で1980年代後半の状況からは乖離してきている．

26　こうした事態を実証的に明らかにしようとする研究は，近年枚挙にいとまがない．最近の例として，中川（編）（1997）と島田・藤井・小林（編）（1997）を参照．ジェレフィ（1995:122;1997:56）は，発展途上社会における生産を「一次産品輸出（primary commodity exports）」，「輸出加工組立（export-processing assembly）」，「部品供給下請（component-supply subcontracting）」，「オリジナルな器材製造（original equipment manufacturing, OEM）」，「オリジナルブランドの製造（original brandname manufacturing, OBM）」の5つに種別化している．マレーシアにおいては，このうちの前3つが現れてきていることになる．このことは，マレーシアがラテンアメリカのNIEs諸国と同レベルの発展を遂げたことを意味している．第三世界における現地企業が契約企業として最終消費財を製造するOEMや現地の自生的企業が独自にブランドを開発するOBMが現れてきている社会は，いまのところ東アジアの韓国・台湾などに限定されている．

27　この点に関連して，デイヨ（Deyo, 1995）は「フレクシブルな生産システム」の導入がNIEsなどでみられた「学習（learning）」によるもので，システムの「イノベーション（innovation）」によるものではないために，労働者の参加と協調を必ずしも必要としないことを主張している．そうであるならば，post-NIDLにおける労使関係はそれ以前のNIDLにおけるものとあまり変化がないことになろう．国際分業の変化と周辺社会における労使関係の変化については，Ⅶ章およびⅨ章で検討してきた．

28　アリギたち（1986:44）によれば，彼らが検討の対象にした1938年から1983年までの期間を通じて，中核，半周辺，周辺の3層の構成は極めて安定的であり，半周辺から中核へ移動したものは日本，イタリア，リビアの3つ，周辺から半周辺に移動したものは韓国，台湾の2つ，半周辺から周辺へ移動したものはガーナの1例であるという．コルツェニーヴィッチたち（1994:74）も，同様の指摘をしている．

29　念のため断っておけば，階層構造が「再編成」されるからといって，階層構造それ自体が失われるわけではない．現在の世界システムが存続し続ける限り，この構造それ自体は再生産され続ける．

30　マレーシアとの関連でいえば，こうした社会としてインドネシアやヴェトナムなどが候補となろう．

31　さしあたり，こうした賃労働の形成もインフォーマル化あるいは半プロレタリア化というかたちで現れることになる．こうした長期的傾向については，タバク（Tabak, 1996）を参照．

32　この点に関連して，チェイス-ダンとホール（Chase-Dunn & Hall, 1997:78-98）は，

X. post-NIDL と世界システム——国際分業の変化はなにをもたらすのか

近代以前に存在した世界システムを現在のそれと比較することを通じた,世界システムの一般的な変動メカニズムを解明しようとする研究において,半周辺の国家が古い中核国家を征服したり,現在の世界システムにおいて存在したヘゲモニー国家がすべて半周辺から上昇した国家であったり,さらには資本主義というシステムの論理に対抗する社会主義国家が半周辺に位置していたりする点を指摘して,必ずしもすべてではないにしても,半周辺がしばしば世界システムを変容させる機能をもつことを強調している.

補章. グローバル化と労使関係
――中核ではなにが起こっているのか――

1. 課題

　本書においては，その本論にあたるⅠ章からⅩ章までにおいて，世界システムというグローバルなレベルと周辺社会マレーシアを事例とするローカルなレベルとを対象にして，グローバル化とその影響について検討してきた．行論の過程では，そもそも日本という中核に位置づけられる社会の企業の戦略が変化するところから，全体の分析が開始されていたり，半周辺化過程を韓国などの半周辺に位置づけられる社会と比較したりするなど，周辺以外の階層に位置づけられる社会についても言及してきた．

　しかし，あくまで事例をマレーシアに設定しているために，そのほかの階層的位置についての言及は付随的にならざるをえなかった．仮にも本書が世界システムをタイトルに銘打っているからには，その他の位置にある社会についてもなんらかの補足が行われる必要があろう．ところで，Ⅶ章で指摘したように，グローバルなスケールで活動する資本は，世界システムのそれぞれの階層的位置において社会関係を「連動」させるのだった．このことをふまえて，この補章においては，本論の諸章で論じた周辺社会マレーシアにおいて半周辺化が進展するその一方で，それと軌を一にして中核社会において起こっていた事態を考察の対象としたい．その主題は，グローバル化の進展とともに現れる「普遍性」に関連している．

　例えば，グローバル化の進展によって，文化の領域においては，「国民社会」に結びついた「国民文化」を超えた「グローバル文化(global culture)」，

あるいは「第三の文化(third culture)」(Featherstone, 1990)の形成が議論されるようになってきている。グローバル化と軌を一にした情報テクノロジーの進歩によって、人々のコミュニケーションが「国民社会」の範域を大きく超え出てきていることは容易に実感されることであろう。従来の社会学が前提としてきたように、「国民社会」が「全体社会(total society)」としてそれに包摂される人々にかなりの程度完結した独自の社会活動を営ませてきたとするならば、I章で規定した意味でのグローバル化の過程は、そのような社会関係・活動の「特殊性」あるいは「固有性」を解体することになろう。

加えて、国境という"仕切り"が社会関係の「特殊性」あるいは「固有性」を保持する効果を一般的・普遍的に失っていくならば、グローバル化は究極的には社会関係における世界的な「普遍性」あるいは「一般性」を実現する過程ともいえるのだった。視点を換えるならば、この過程は、社会関係がやはり究極的には世界的に「収斂(convergence)」あるいは「同質化(homogenization)」していくそれともみなせよう。もっとも、「収斂」論には従来から論駁が試みられているように、グローバル化という文脈においても同様の趣旨の議論が存在する。

すなわち、中核社会に限定していえば、たとえグローバル化が進展しても、個々の国家の政策形成能力は維持され、そのことを通じて国家の政策の影響を少なからずうけて形成される様々な「制度」、ひいては「制度」の拘束のもとにとり結ばれる社会関係は、「国民社会」ごとに「固有性」を保持することになるかもしれない(e.g., Streek, 1996)。換言すれば、グローバル化が進展しても社会関係は「収斂」するのではなく、その「拡散(divergence)」が維持され続けるというわけだ。

この補章では、グローバル化が最も進展している経済の領域に大きく規定され、この過程の影響を顕著にうけていると想定されることから、(広義の)労使関係[1]を検討対象としてとりあげる。そのうえで、グローバル化が進展していく過程で、果たして労使関係の「収斂」が起こるのか、さらに起こるとすればどのような形式をとってどのような関係に「収斂」していくのか、について検討してみたい[2]。事例としては、中核という階層に位置づけられ

る日本における労使関係と,それとの比較の対象として主としてアメリカ合衆国における労使関係をとりあげよう.この作業は,まずグローバル化が意味するものとそれに対する評価を検討し,この過程が中核社会においても進展していることを確認することから開始される.

2. グローバル化の意味とその評価

I章で検討したように,グローバル化の概念は論者によって多様である(e.g., 小川, 1994).こうした概念的内包の多様性は,ただちにこの概念の(経験的)妥当性への批判を喚起することになろう.すなわち,グローバル化は必ずしも現代社会の趨勢的傾向を特徴づける概念として有効ではないというわけだ(Hirst & Thompson, 1996; Wade, 1996).ここでは,最も包括的な批判を行ったポール・ハーストたちの議論を検討しよう.

ハーストたち(Hirst & Thompson, 1996:2–3)は,グローバル化が最も進展しているとされる経済の領域においても,この概念が「強い意味(strong version)」で妥当するかどうかについては懐疑的である.彼らによれば,(経済の)グローバル化をめぐる議論には以下のような3つの問題点が存在するという.つまり,第1に,新しい「グローバル経済(global economy)」についての共通に受容されたモデルがなく,それがこれまでの「国際経済(international economy)」の状態とどのように異なるのかが明確でないこと,第2に,趨勢を測定するためのモデルがなく,あたかも自律的でグローバルな市場の諸力によって支配された経済が成長している証拠であるかのように,諸セクターや諸過程が国際化していることを因果的に(causally)引用する傾向があること,第3に,(分析に)歴史的な深みがなく,昨今の変化をユニークで前例がなく確固として将来にわたって長期に持続するように設定されたものとして描く傾向があることが,そうした問題点であるという.

続けて,彼らはこうした問題点の帰結として,「強い意味」でのグローバル化に関して以下の5つの論駁が可能であるとする.

第1に,現在の高度に国際化された(internationalized)経済は,前例がないものではない.むしろ,1870年から1914年までの(金本位制の)時代のほうが国際経済はもっと開かれており,金融市場も統合されていた.第2に,純粋に「国家を超えて活動する(transnational)」企業は,極めてまれな存在であるようにみえる.多くの企業は,依然としてナショナルな基盤を保持し続けており,単に「複数の国で活動している(multinational)」にすぎない.第3に,資本移動は先進国から発展途上国への大規模な投資と雇用のシフトを示していない.直接投資は,先進国間で行われるものが圧倒的に多い.第4に,世界経済は純粋に「世界的(global)」であるという状態には程遠く,貿易,投資,金融の流れは北アメリカ,日本,ヨーロッパからなる3者に集中している.第5に,これらの3者は金融市場やその他の経済的傾向に対してガヴァナンスの圧力を行使しうる能力をもっており,そのことからも世界市場(global market)は規制や制御ができないものではない.

　以上のような論駁から窺えるように,彼らが対象にしているグローバル化概念はあくまで「強い意味」でのそれであることに留意すべきであろう.ハーストたちの批判の1つは,われわれの言葉でいえばグローバル化は未だに究極的なレベルにまでは進展していないということを指摘するものである.彼らの懸念は,それにもかかわらず,あたかもグローバル化の現在が国家,国際機関およびNGOなどによるガヴァナンスから完全に自律した世界市場が出現するレベルにまで進展したものと考えるイデオロギー的な議論に向けられたものであり,国家などによる政策が依然として国際経済において影響力を担保していることを実証的に明らかにすることによって,いわば「市場原理主義」的な議論に警鐘を鳴らしたものと了解しえよう.

　事実,ハーストたち(Hirst & Thompson, 1996:185, 196-198)も「グローバル経済(global economy)」というレベルには到達していないものの,「高度に国際化した経済(highly internationalized economy)」の存在は容認しており,1970年代以降金融市場の国際化が著しく進展し,国際的に活動する企業が増大したことを認識している.つまり,彼らも「強い意味」ではない"グローバル化(?)"が1つの過程としては進展していることを認めているわけだ.

もっとも，彼らが試みるもう1つの批判は，この過程が本当に趨勢的で持続的なものであるという明示的な根拠が必ずしも存在しないことに向けられている．この点に関する彼らの指摘は，確かに正鵠を射ている．周辺社会マレーシアを対象にしたわれわれの分析においても，グローバル化の「内部」過程としての半周辺化には様々な制約が存在することを明らかにしてきたのだった．

　しかし，現実の具体的な社会における歴史過程を分析するにあたっては，コンティンジェントな要因の関与を一般に排除しえないし[3]，その結果，長期にわたる将来展望を提示することは極めて困難な作業になる．翻っていえば，グローバル化の過程が長期的な趨勢を意味すると断定する根拠も存在しないかわりに，そうでないとも言い切れないわけだ．われわれはあくまで，現在の傾向に依拠して将来の分析を行わざるをえない．ハーストたちの批判は，長期的な趨勢分析における，こうした本来的な制約に注意を喚起したものといえよう[4]．

　さて，ハーストたちの批判を経由したうえで，あらためてグローバル化の指標として通常用いられることが多い資本と賃労働との海外展開に目を向けて，この点に関しては後発の日本をあえて事例としてとりあげるならば，それらが1980年代後半以降に著しい進展を示していることを確認できる．1990年代になってからの長期不況によって，対外直接投資額はいったん減少したものの（I章で確認したように，海外生産比率は1991年に6.0％となり，前年の6.2％を下回ったがその後再び増加して20％に近づきつつある），かえってアジア地域への投資比率は増加しており[5]，日本において企業の多国籍化が終息することは考えられないであろう．外国人労働者の流入についても，不況下においても外国人の就労者が増加するなど，終息に向かっているとはとうていいえないのではなかろうか．

　まさに，ハーストたちの言に耳を傾けるならば，かえって1990年代の減少傾向だけを根拠にグローバル化の終息あるいは挫折を結論づけることはできないであろう．加えて，上記のようにグローバル化の指標を設定するとき，とりわけ日本に関していえば，1980年代後半以降の時期は，グローバル化が

間違いなく進展してきているといえよう。それどころか、こうした日本におけるグローバル化の進展が、まさにこの現象を世界的な趨勢に転化する一因となったと考えられるのであった。それでは、こうした日本におけるグローバル化の進展の根拠とその労使関係への影響はどのように把握されるであろうか。以下では、これまでの諸章と同様に、現代社会学においてグローバルな視座をとりわけ強調している世界システム論を1つの典拠として、この点について分析しよう。

3. 世界システムとグローバル化

　イマニュエル・ウォーラスティン(Immanuel Wallerstein)を指導者とする世界システム論は、周知のように16世紀以降の世界史を基本的には資本の運動によって記述しようとする試みである(e.g., Wallerstein, 1979)。このとき、あくまでイニシァティブは資本によって担われるものの、資本が関係をとり結ぶことを余儀なくされる労働がこの過程に関与することが想定されるべきであろう。要するに、世界システムは資本と労働との対抗的な関係によって規定される国際的な分業システムと考えても大過はなかろう。こうした分業システムは、分業によって担う役割に応じてシステムを構成する個々のユニットを3つの階層的位置(中核, 半周辺, 周辺)へと配分し、不平等でハイアラキカルな性格をもつことになる。

　あくまで世界システム論のモティーフに依拠するならば、この3つの位置のどこに配分されるかによって個々のユニットにおける社会関係のあり方が異なることになる。資本と労働との関係についても、このことが該当することはいうまでもない。したがって、世界システムの不平等でハイアラキカルな性格が存続する限り、ハーストたちの批判に俟つまでもなく、I章において規定したような意味でのグローバル化が究極的なレベルにまで到達し、具体的な社会のレベルにおいて個々の社会においてとり結ばれている社会関係の「固有性」が失われてしまうことはありえない。

さらに,「国民国家」を含めた多くのユニットが19世紀までに世界システムが字義通り世界的な規模に拡大するまではシステムの外部に位置し,独自の発展を遂げていたことを考えるならば,システムによって同一の位置を付与されていたとしても,ユニットごとの「特殊性」あるいは「固有性」が依然として存続していることにもあらためて留意すべきである[6]。

しかし,とりわけ1980年代後半以降に(広義の)労使関係の文脈で注目を集めたものは,日本企業の多国籍化や海外企業による模倣を通じて,部分的・選択的なかたちではあっても「日本的生産システム」が世界的に移転していく事態であった.いわゆるジャパナイゼーション(Japanization)と呼ばれる過程がそれである.「日本的生産システム」が,従来の「フォード主義(Fordism)」に代わる「ポスト・フォード主義(post-Fordism)」や「リーン生産(lean production)」としてポジティブに評価されたことは,ジャパナイゼーションの進展に一定程度寄与したといえよう.

もし,この過程が普遍的・一般的に進展していくのならば,それ自体としてグローバル化の1つの形式に帰結することになろう[7].いうまでもなく,何度も指摘したようにジャパナイゼーションはとりわけ日本において現れたグローバル化過程と軌を一にしているのだった[8].それでは,1980年代後半以降の日本に照準するならば,グローバル化の過程はどのように説明されるのであろうか.

すでに別のところで検討したように(山田, 1996: Ⅷ章),この時期の日本におけるグローバル化(そして,何度も指摘したようにほかならぬ経済のグローバル化それ自体)は,1つの原因としては,1970年代からの日本の良好な経済的パフォーマンスを背景とした貿易摩擦と円高(yen appreciation)によって,日本企業が従来通りの国内生産によって完成品輸出を行うことが困難になり,先進社会での現地生産を強いられるとともに,いっそうのコスト削減のために発展途上社会への生産移転を促進せざるをえなくなったことに求められる.外国人(労働者)の流入も,良好な経済的パフォーマンスが想起させる日本社会の「ゆたかさ」に吸引されたものとみなせよう.

以上のように捉えるならば,日本におけるグローバル化は世界システムに

おける中核の位置を付与されたユニット間の競争によって引き起こされたものと考えることができる．さらに，そうした競争の帰結として，とりわけ世界システムの中核において，良好なパフォーマンスを支えたものとして想定された「日本的生産システム」が，少しでも生産性を向上し競争力を強化するための方途として模倣されたわけだ．要するに，中核においては(グローバル化の一環としての)ジャパナイゼーションは，競争に媒介されて進展したといえよう．

ところが，1990年代において，やはりグローバルな競争を1つの背景として日本において進展している事態は，従来の日本的なシステムの解体を示唆しているように思われる．いわゆる「リストラクチュアリング(restructuring)」と総称される過程がそれである．このように，1980年代以降，中核に位置づけられる他の「国民社会」においてはたとえ部分的なかたちにせよ，日本的なシステムの模倣・移植が進展したにもかかわらず，当の日本においてはほぼ同時期にその解体が進展するという一見すると"逆説的な"状況が現れている．このことは，グローバル化が想定する「収斂」テーゼと各「国民社会」の「固有性」の問題に照らして，どのように把握すればよいのであろうか．

4. 世界システムにおける競争——収斂をもたらすもの

1980年代後半以降における競争は，中核に位置する「国民社会」にそもそもなにをもたらしたのかを考察することによって，上記の"逆説的な"事態を理解するための糸口を探ることにしよう．ひとまず製造業に議論を限定してみればいっそう明らかなように，競争の激化によって求められるものは，生産(システム)の効率化あるいは生産性の上昇であろう．つまり，当該社会における既存の生産システムをより効率的に改変するために，ラインの設計や資材の流れだけではなく，それ自体が生産システムの一環である(広義の)労使関係にも変更を加えることが選択される可能性があるわけだ．このとき，

労使関係において基本的にはイニシァティブを行使している雇主によって，そのような選択は担われる可能性が大きいことに留意する必要がある．

このような生産システムおよび(広義の)労使関係において，主として雇主によって生産性を向上するために既存の関係および／あるいは「制度」を改変しようとする試みを，「フレクシビリティ(flexibility)」の追求と呼ぶことにしよう．換言すれば，"完成された"フレクシビリティとは，雇主が全くの自由裁量によって生産を効率的に行うことができる労使関係のあり方を意味している[9]．さらに確認しておくならば，こうしたフレクシビリティの追求それ自体は，世界システムの中核における競争を背景とするグローバル化の効果として，そこに位置する「国民社会」に程度は様々であるものの共通に体現される「普遍性」にほかならない．

ところで，すでに確認したように世界システムのユニットである「国民社会」の(資本主義)発展においては，当該社会における本来的な「固有性」が関与するわけだから，フレクシビリティの追求のあり方も「国民社会」ごとに異なることが想定されよう．すなわち，個々の「国民社会」の「内部」要因が関与することによって，生産システムおよび／あるいは(広義の)労使関係の「制度」もそれ自体として「固有性」をもち，「国民社会」ごとに多様な形式で形成され，とり結ばれるからである．生産システムおよび／あるいは労使関係が多様である以上，それらにおけるフレクシビリティの追求のあり方が多様であることは容易に首肯できよう．フレクシビリティの追求という「普遍性」も，各「国民社会」における「固有性」に媒介されて発現するわけだ．

フレクシビリティ追求のあり方の例にみられるように，各「国民社会」の労使関係の変化の方向が多様であることは，そもそも(広義の)労使関係における「収斂」について考えるときにも留意される必要があろう．仮に，(広義の)労使関係が「収斂」するならば，当然のことながらそれ以前の関係は相互に異なっていなければならないし，「収斂」の方向に関してもある1つ(のタイプ)の関係に向かうものとは限らないはずである．要するに，労使関係の「収斂」という現象は「国民社会」ごとに異なる方向への変化として現れ

る可能性があるということだ.

　このことは, そもそも「収斂」が生起する場についての考察を必要とする. つまり, どのような「国民社会」の間に「収斂」が生起するのかということである. かつて, クラーク・カーたち(Kerr et al., 1960＝1963)がインダストリアリズム(industrialism)という「歴史観」のもとに「収斂」論を提起したときに想定されていたことは, ①体制間, ②先進社会間, ③先進社会と発展途上社会間, のそれぞれに, 具体的な「制度」の「収斂」が起こるということであった. 労使関係の「制度」についていえば, 労使が対等に対抗的な関係をとり結ぶプルーラリズム(pluralism)のモデルが「収斂」の対象として想定され, 事実上当時のアメリカ合州国の「制度」がそのようなモデルとして念頭におかれていたきらいがある[10].

　現在の時点で「収斂」について考察するに際しては, 社会主義と資本主義という"体制"間については, もはや「収斂」の場として想定する必要はないであろう. したがって, 「収斂」が起こる場としては, ②先進社会間と③先進社会と発展途上社会間とを考えればよい. このとき, これまでの考察をふまえるならば, カーたちが主張したように特定の「国民社会」の「制度」への「収斂」を想定する必要は必ずしもないことになる. そのうえ, 資本主義発展の程度に大きな格差があり, 労使関係の「制度化」が資本主義発展に規定されていることに鑑みるならば, 先進社会と発展途上社会間, あるいは中核と半周辺・周辺における「収斂」も, 近い将来においてはかなりの程度にまで進展する現実的展望は乏しいといえよう[11]. 先に言及したように, これは世界システムが生み出す不平等に由来している.

　したがって, 以下の議論では先進社会間あるいは中核における「国民社会」間に"場"を限定し, カーたちにならって具体的な「制度」を対象として, 収斂について考察することにしよう. その際, ポイントとなるものはフレクシビリティを体現する関係であり, それを追求する方向にほかならない.

5. どこに収斂するのか——フレクシビリティを体現する関係

それでは，フレクシビリティを体現する(広義の)労使関係はどのような形式にとり結ばれるのであろうか．アメリカ合州国，イギリス，ドイツ，日本などの様々な社会と産業(製造業)[12]とを対象とした調査研究の蓄積に依拠しながら(e.g., Gittleman et al., 1998;Katz & Darbishire, 2000;Ozaki, 1999)，この形式を大胆に一般化して提示してみよう．

①労使関係の一方の当事者である労働者の利用の仕方に関しては，生産システムにおける中核的労働者の量的なダウンサイジング(downsizing)を進める一方で[13]，しばしば下請などのアウトソーシング(outsourcing)を媒介としながら，パートタイム労働者や臨時雇の労働者(temporary worker)などのコンティンジェントな労働者の雇用を増大させて周辺的労働者を(に)代替する傾向が強まっている[14]．

②賃金(という関係)に関しては，知識や技能に対応した賃金システム("pay for knowledge")が広範にとり入れられるようになるとともに，①の過程と軌を一にして，それらが欠如した労働者の低賃金化が進むことにみられるように，賃金の個別化(individualization)と労働者間の格差が拡大している．

③組織諸関係に関しては，(②の過程の背景となる)職務の区分が縮小するとともに[15]，人的資源管理(human resource management, HRM)によって労働者の個別的管理が進んでいる．他方で，職場労働者に権限を一定程度委譲する，チーム制[16]に代表される新たな労働組織が導入されるとともに，あくまで経営大権(management prerogative)を前提としながらも，QWLやTQCに代表される労働者による関与(involvement)が拡大している．

④労働組合と雇主との「闘争的」諸関係(狭義の労使関係)に関しては，雇主の攻勢[17]のもとで交渉が行われ協約が締結されるなど，(②と③の過程の前提であり，背景である)労働組合の弱体化[18]が著しく進展している．さらに，そのことを背景にして団体交渉が(産業などの)マクロで包括的なレベルから(企業・工場などの)ミクロで個別的なレベルで行われるようになってきている(い

わゆる交渉の分散化(decentralization)).加えて,交渉がインフォーマルなかたちで行われるようになり,交渉にとりあげられる案件の種類も減少している.

⑤労働者の技能・知識(関係)に関しては,(③の過程に関連して)労働者の多様な技能訓練の実施(「多能工化(multiskilling)」)が試みられる一方で,(①の過程に関連して)不熟練労働者が再生産されている.

⑥労働者を管理・統合するイデオロギー(関係)に関しては,競争の激化という認識とその帰結としての「市場原理主義」を強調することに基づいて労働組合への対抗を強める一方で,しばしばやはり競争の激化を背景に組合との「パートナーシップ(partnership)」を強調するとともに,(③と④の過程を背景にして)しばしば「コーポレート・カルチュア(corporate culture)」が強化されている[19].

⑦以上のような(広義の)労使関係にも規定された(国家の)政策は,労使関係それ自体にとどまらず,様々な領域においてしばしば雇主に有利な関係を形成あるいは保持するかたちで提示されることになる(いわゆる規制緩和(deregulation)).

以上,われわれはフレクシビリティを体現する関係を一般的なかたちで把握してきた.確認しておくならば,政策も含めたこれらの関係は主として雇主の攻勢によって実現している.雇主の攻勢によって,中核における「国民社会」の労使関係は程度の差はあるにしても上記のような関係へと収斂する傾向がみられるわけだ.そのような収斂の背景と前提には,グローバル化の過程があることはいうまでもない.

さらに,留意すべきことは,収斂の対象となる以上のような関係が,(雇主にとっての)フレクシビリティの実現という点で総体として共通の性質を保持しているものの,その実現の結果として,すでに明らかなように個々の労働者がとり結ぶ労使関係は決して一様とはならないということである.やや単純化していえば,雇用の安定度(上記①),賃金の高低(②),技能レベルの高低(⑤)などの点で,ますます少数化する中核的労働者とますます多数化する周辺的労働者との「デュアリズム(dualism)」がより鮮明になる可能性があろう.したがって,この事態は「収斂する拡散(converging divergences)」(Katz &

Dirbishire, 2000)と表現することもできよう.

　それでは，先に確認したように収斂の方向が多様であるならば，個々の「国民社会」における労使関係は，フレクシビリティを体現する関係にどのような方向から収斂してくるのであろうか．ここでは，アメリカ合州国と日本とを事例としてとりあげ，それぞれの社会における労使関係の既存の性格を確認したうえで，その収斂の方向を明らかにしよう．換言すれば，この作業はそれぞれの社会の「固有性」を確認する作業にほかならない．

6. 収斂に向かう方向——「国民社会」における「固有性」

　従来，アメリカ合州国における労使関係はその「対抗的な」性格を特徴とし，それに対して日本における関係はその「協調的な」性格によって知られている．日本に関して，1960年代後半以降の関係(特に大企業における日本的労使関係)についていえば，このことに大きな異論はなかろう．それでは，そうした関係はどのような歴史的な経緯で形成されてきたのであろうか．この点を確認しながら[20]，それぞれの性格と収斂の方向を簡単に概観していこう．

(1) アメリカ合州国

　アメリカ合州国における労使関係は，その形成の当初から極めて「対抗的な」性格を基調としてきた．この点について，われわれにはこの社会における資本主義と労使関係の形成のされ方にその性格の端緒があるように思われる．すなわち，この社会においては資本主義が形成されるに際して，それ以前の社会において被支配的な立場にあった生産者から資本家が形成されたことが，労使関係の基調に影響を与えたのではないか．それというのも，このような類型の資本主義発展においては，そうした発展および労使関係において基本的にはイニシァティブを行使する資本家あるいは雇主に，労使の対立を回避する例えば前資本主義的な「共同体的な」関係に対して「親和性」が小さく[21]，これを「短期的に」払拭しようとする志向が強いためである．

補章．グローバル化と労使関係——中核ではなにが起こっているのか　273

このような「対抗的な」労使関係それ自体に規定されることによって，この社会において労働組合が社会的に本格的に定着するのは，ワグナー法による「制度」の整備を経た第2次世界大戦後であった．第2次世界大戦後におけるこの社会の労使関係を含めたマクロな資本主義のシステムは，しばしば「フォード主義」として言及されてきた(e.g., Aglietta, 1976＝1989)．周知のように，このシステムは高度に規格化された労働に依拠して生産性を高め，大量生産を行うとともに，労働組合との団体交渉を通じて一定程度の「高賃金」を容認し，生産された財の消費を促すことによって，ひとたびは正の循環を作り出すことに成功した．しかし，高度の生産性を追求する規格化されたライン労働が労働者によるアブセンティーイズム(absenteeism)の横行をもたらして機能しなくなる一方で，「対抗的な」労使関係に規定された団体交渉を通じて賃金の上昇は継続したことから，1960年代の半ば以降このシステムは「危機」を迎えることになる．

　企業の多国籍化や移民労働者の流入増加となって現れた，アメリカ合州国における"グローバル化"は，まずなによりもこのような「危機」への処方箋であったといえよう[22]．労使関係に関していえば，1970年代を通じて台頭した日本の生産システムを検討することによって，「フォード主義」のシステムが職場における労働者の関与あるいは参加を前提としないものであったことが生産性上昇への障害となったという"反省"が生まれることになる．この"反省"によって，たとえ部分的であれ，「日本的生産システム」が模倣されジャパナイゼーションが進展することになったわけだ．

　アメリカ合州国におけるフレクシビリティの追求のあり方が，上記のような「危機」への処方箋の模索であり，そのポイントが労働者の参加の拡大と創意の調達にあったことは，フレクシビリティを体現する多様な関係へと既存の関係が収斂する方向を規定することになったといえよう．いうまでもなく，ジャパナイゼーションもこの文脈でその限りで進展する．つまり，組合を弱体化させることによって[23]，雇主による経営大権はむしろ強化されているにもかかわらず，そのことを前提として，日本的労使関係にみられる，労働者集団に一定程度権限を委譲するチーム制，改善提案や小集団活動などの

労働者の参加が進められているのである．従来みられなかった新しい点を強調して図式化して述べるならば，アメリカ合州国における労使関係の収斂の方向は，既存の関係を特徴づけた「対抗」と「排除」から，フレクシビリティを体現する関係の1つの側面である「協調」と「参加」へ向かうものといえよう．

(2) 日本

それでは，日本における収斂の方向はどのように把握されるであろうか．すでに言及したように，とりわけ1960年代後半以降の日本の労使関係(特に大企業における日本的労使関係)はその「協調的」性格によって知られてきた．もっとも，このような性格にはやはり日本における資本主義と労使関係の形成のあり方が関与している．つまり，日本においては，資本主義以前の社会において支配的な立場にあった土地所有者や商人から資本家が形成されたことは，資本家あるいは雇主に労使対立を回避する前資本主義的な「共同体的な」関係に対して「親和性」が大きく，これを「長期的に」維持しようとする傾向が強く形成されることになった[24]．こうした労使関係の基本的性格のうえに，主として第2次世界大戦後に，「終身雇用」，「年功制」，企業別組合といった，日本的労使関係の「制度」が形成されたわけだ．

すでに，フレクシビリティを体現する関係を確認した際に示唆されていたように，日本の労使関係あるいは「日本的生産システム」それ自体が，コンティンジェントな労働者の大量利用(労働者利用)，企業別組合という弱体な組合組織，チーム制や小集団活動などにみられる大きな労働者関与，「多能工化」などに示されるように，すでにかなりの程度フレクシビリティを体現していたことが窺えよう．これが，フレクシビリティを実現する手段として，他の社会においてはジャパナイゼーションが進展した所以である．日本において1990年代以降に進展している「リストラクチュアリング」は，競争への処方箋として(e.g., Kosai, 1996)，こうしたフレクシビリティをさらに徹底するものといえよう．

具体的には，日本的労使関係をとり結んでいた大企業の中核的労働者に対

しても,大規模なダウンサイジングを敢行し周辺的労働者を量的に増加させるとともに,賃金や昇進にも「成果主義」[25]や「年俸制」をとり入れ(e.g., 熊沢, 1997),その個別化を進展しようとする傾向が顕著である.要するに,「市場原理主義」のイデオロギーを背景とする法制度の改変に支えられて「終身雇用」に代表される「協調的」労使関係の基盤を掘り崩し[26],少なくとも潜在的には労使対立を喚起するかたちで,フレクシビリティの徹底が行われているのである.

この意味で,やはり新しい点を強調して図式的にいえば日本における労使関係の収斂の方向は既存の関係を特徴づけた「協調」と「参加」からフレクシビリティを体現する関係の1つの側面である「対抗」と「排除」(ここでは非正規従業員の増加などを念頭においている)に向かうものといえよう[27].確認しておけば,この収斂のあり方それ自体が既存の「制度」(「固有性」)に媒介されているのである.

7. 結びにかえて

本章では,本論を補足するために中核に位置する社会におけるグローバル化の影響を検討した.まず,グローバル化の究極的なレベルにおいては,「国民社会」の「固有性」が解体され,社会関係の世界的な「普遍性」が実現される傾向があることを確認したうえで,この傾向について労使関係(の収斂)を対象として検討した.次に,とりわけ日本を対象としてグローバル化が進展していることを確認したうえで,その過程が競争の激化を背景として進展しており,その帰結として1つの解釈としては,ジャパナイゼーションに媒介されたフレクシビリティを体現する関係への収斂がみられることを日本とアメリカ合州国とを事例として明らかにした.こうした収斂は,各「国民社会」の「固有性」に媒介されて現れるのであり,したがって収斂の方向も各「国民社会」ごとに異なるために,一見"逆説的な"事態が起こりうるのである.

もっとも，こうした収斂現象もあくまで現在の時点で確認されるだけで，今後もこの趨勢が継続するかについては必ずしも言明することはできない．それというのも，世界システムの不均等な性格はシステムの位置に対応した差異を絶えず再生産するし，収斂の結果としてとり結ばれる労使関係が1つの「制度」として当該社会の新たな「固有性」を担うことによって，再び拡散の傾向が発生する可能性があるからである．
　さらに，グローバル化によるpost-NIDLへの転換と半周辺化という社会変動に制約が存在することも，翻っていえばグローバル化を引き起こしている資本の戦略(の変化)それ自体のあり方を変えてしまう可能性もあろう．このように，グローバル化は容易には把握しつくすことのできない複雑な過程として現れているといえよう．

注

1 （広義の）労使関係とは，団体交渉に代表される単に労働組合と経営（者団体）との関係にとどまらず，関係それ自体を体現している労働者の性格，賃金の高低，職場組織における統制関係，労働をめぐる知識と技能，労働者を管理するイデオロギーを含むものとして規定される．さらに，分析の一環として，階級関係（その一環としての労使関係）にも規定された国家の政策の効果をも包含して考えたい．詳細については，山田（1996: Ⅰ章）を参照．

2 「収斂」をめぐる議論の検討としては，ボワイエ（Boyer, 1996）も参照．労使関係モデルの変容についての理論的検討としては，エリクソンとクルヴィラ（Erickson & Kuruvilla, 1998）も参照．

3 歴史分析の方法論的検討については，山田（1996: Ⅲ章）を参照．

4 したがって，グローバル化の進展をもって，例えば「ポストモダン」などの質的に異なる時代あるいは社会が到来したと捉える主張には問題があることになろう．こうした主張を時空論の文脈で行った例として，ハーヴェイ（Harvey, 1989）を参照．

5 あくまで一定程度長期にわたって進展するという限定のもとだが，この傾向それ自体がハーストたちの議論への反駁となろう．そもそも，1998年のいわゆるアジアの「経済危機」は，金融市場が先進社会間で完結することなく，グローバル化が進展しつつある証左とはならないであろうか．

6 このとき，世界システムは「資本主義世界経済（capitalist world-economy）」である以上，こうした「特殊性」あるいは「固有性」はなによりも個々のユニットにおける資本主義以前の（precapitalist）要因によって担われることになろう．山田（1996;1998a）は，このような視座から「国民社会」というユニットの資本主義発展を理論化しようとする試みであった．

7 念のため確認しておけば，先進社会あるいは世界システムの中核においては，ジャパナイゼーションは「日本的生産システム」の制度の「具体的形式」において進展してきた（山田 1998a: Ⅲ章）．世界システムの各位置におけるジャパナイゼーションの現状に関して，国際分業の転換と関連させながら考察したものとして，山田（1999c）も参照．

8 世界システムのユニットである「国民社会」の発展に，言及したような「特殊性」あるいは「固有性」が関与するのならば，グローバル化それ自体はあくまで世界的な過程であるとしても，それへの関わり方は「国民社会」ごとに異なることが想定されよう．

9 フレクシビリティを考察したものとして，京谷（1993）も参照．

10 世界システム論の枠組みに依拠していえば，カーたちの議論には，この時代においてはアメリカ合州国の「ヘゲモニー（hegemony）」が成立しており，システムの中核が競争状態にはなかったことが影響している．つまり，アメリカ合州国の世界的影響力を背景として収斂が一方向に進展するという"イデオロギー"が生まれたと考えられる．このように，「多元的インダストリアリズム（multiple industrialism）」へ向かう収斂を普遍的に主張する彼らの議論は大きな時代的制約をうけていた．この点についての批判は，山田（1996: 結章）を参照．

11 結論を先取りしていえば，先進社会と発展途上社会間においても収斂が全く進展していないわけではない．それというもの，例えば企業別組合やQCサークルの導入という形式に代表される部分的なジャパナイゼーションが進展しているからである（山田，1999c）．さらに，X章において強調したように，資本主義的社会関係という一般的な（そのような意味で抽象的な）レベルに議論を設定するならば，「収斂」が進展しているともいえよう．

12 このように，本章が対象とする産業には第3次産業は必ずしも含まれていない．しかし，対象が限定的だからといって，本章で対象とする労使関係が，中核社会におけるグローバル化の影響を分析するための1つの事例としての意味を失うことにはなるまい．さらに，労働力の利用の仕方や賃金決定の方法などに関しては，第3次産業においても，（日本の）商社や銀行にみられるように，製造業と同様なフレクシビリティを体現する関係が実現しているのではなかろうか．

13 このような中核的労働者のなかには，コンピューター関連のプログラムやソフトの開発などの専門的な能力をもった労働者も含まれる．このような労働者は，しばしば実績に応じて企業と契約を結び，賃金を獲得する．したがって，その雇用形式は，コンティンジェントではあるものの，周辺的労働者とは賃金などにおいて大きく異なっている．さらに，グローバル化に関連して，そうした専門的な職務に従事する労働者にも移民労働者が増えてきている．

14 この過程で，労働力の女性化（feminization）が進展している．さらに，アウトソーシングの結果として生み出される職には，賃労働の国際化を媒介にして，しばしば移民労働者が雇用されることになる．われわれは，かつてこの過程をインフォーマル化（informalization）として理論化したことがある（山田, 1996: V章）．インフォーマル化については，本書Ⅵ章も参照．なお，女性化する移民労働者は，Ⅷ章でも言及したようにメードなどのかたちでいわゆる「再生産労働」に従事するケースが増えてきている．日本においても，少子高齢化にともなう看護労働者の不足が深刻になるにつれて，介護を行うケアワーカーを新たに合法的に受け入れようとする議論が起こってきている．

15 職務区分あるいは職務数が縮小することは，賃金が職務給である場合には賃金算定の基準が失われ，組合にとっての交渉の"橋頭堡"が崩れるとともに，労働者の異動

が容易になることを意味する.

16 チーム制は,「ジャスト・イン・タイム生産」とともに「日本的生産システム」の重要な特徴とみなされており,ジャパナイゼーションにおいて選択される傾向が強い.もっとも,チームにおけるリーダーの任命などに関して,日本の進出工場と現地の模倣工場とではしばしば差異がみられることに基づいて,チーム制をさらに細分化して理解しようとする試みも存在する(Katz & Darbishire, 2000:10).

17 雇主の攻勢を可能にした背景の1つは,企業の多国籍化にともなう工場移転によって人員削減・雇用不安を喚起したことである.翻っていえば,雇主の攻勢の原因は,それ以前の労使関係が労働組織の編成などに関して労働組合による規制を強くうけるものであったことに由来していた.つまり,"グローバル化"の過程それ自体が労使関係の編成替えの原因であり,結果なのである.

18 労働組合の弱体化を端的に示すデータは,組織率の低下にほかならない.多くの先進社会において,ほぼ普遍的に労働組合の組織率は低下してきている.とりわけ,労使関係の当事者として,いわば組合が存在していることが当然視されてきた社会においては,"組合に組織されていない(non-union)"企業の研究が新たな研究テーマになってきている.もっとも,組織率の低下には雇主の攻勢によるだけではなく,労働者による選択も関与している(McLoughlin & Gourlay, 1994).

19 このように,グローバル化の過程とその帰結は,雇主によるイデオロギーとして実態よりも強調されて語られる傾向がある.これこそまさに,ハーストたちが批判の対象としたものにほかならない.グローバル化を背景とした収斂論の"イデオロギー性"について注意を喚起したものとして,ドーア(Dore, 1996)も参照.

20 すでに,われわれはアメリカ合州国と日本との資本主義発展と労使関係に関する比較歴史社会学的な研究を試みたことがある(山田,1996: Ⅶ章, Ⅷ章).したがって,詳細についてはそちらに譲り,ここでは必要な限りで概観を試みるにとどめたい.

21 それというのも,このようなタイプの資本家はそうした関係を通じた支配を打破することによって,資本主義社会における支配的な階級に成長したからである.

22 確認しておけば,こうした"グローバル化"がNIDLへの国際分業の転換をもたらしたのであった.

23 運動の側からの組合弱体化への処方箋としては,バイナたち(Bina et al., 1996)を参照.

24 それというのも,このようなタイプの資本家はそうした関係を通じた支配を維持したままで,資本主義社会における支配的な階級に転換したからである.

25 「成果主義」は従来の「能力主義」とは異なり,いわゆる「情意考課」を含まないことが多く(木下,1999),しばしば「裁量労働」制と組み合わされて実施される.

26 この過程で,中核的労働者の一部にはより主体的な職業選択が可能になろう.こうした労働者の主体的な意識の変化(「働きがい」の追求)を背景に,生産システムに関

しても改良が試みられている（野原ほか, 1999: 3章）．この論点は，Ⅱ章で検討したセル生産の問題と通底している．

27 断っておけば，このことは，アメリカ合州国と日本との関係が同じになることも，そのことによって「最良の行為（best practice）」（Kester, 1996）に帰結することも意味しない．さらに，日本的労使関係の基底に前資本主義的な関係があるとするならば，このような形式でのフレクシビリティの追求はその解体と資本主義的関係の貫徹を意味することになろう．

参考文献

安保哲夫ほか, 1991, 『アメリカに生きる日本的生産システム』東洋経済新報社.
Abudul Rahman Embong, 2001, "Beyond the Crisis: the Paradox of the Malaysian Middle Class," in Abudul Rahman Embong, ed., 2001, 80−102.
────── 2002, *State-Led Modernization and the New Middle Class in Malaysia*, Palgrave.
Abudul Rahman Embong, ed., 2001, *Southeast Asian Middle Class: Prospects for Social Change and Democratisation*, Penerbit Universiti Kebangsaan Malaysia.
Aglietta, M., 1976, *Regulation et Crises du Capitalismes*, Calmann-Levy, (=1989, 若森章孝ほか訳, 『資本主義のレギュラシオン理論』大村書店).
Amin,S., 1973, *L'Accumulation Inégal*, Les Éditions de Minut, (=1983, 西川潤訳, 『不均等発展』東洋経済新報社).
Amin, S. et al., 1971, *Imperialismo y Comercio International*, Editiones Pasado y Presente, (=1981, 原田金一郎訳,『新国際価値論争』柘植書房).
浅生卯一・猿田正機ほか, 1999, 『社会環境の変化と自動車生産システム──トヨタ・システムは変わったのか』法律文化社.
Amsden, A., 1979, "Taiwan's Economic History: A Case of Etatisme and a Challenge to Dependency Theory," *Modern China*, Vol.5, No.3.
────── 1989, *Asia's Next Giant: South Korea and Late Development*, Cambridge University Press.
────── 1990, "Third World Industrialization: 'Global Fordism' or a New Model," *New Left Review*, No.182.
穴沢眞, 1995,「在マレーシア日系企業による中小企業育成」『小樽商大　商学討究』第45巻第3号.
────── 1998,「マレーシア国民車プロジェクトと裾野産業の育成」『アジア経済』第39巻第5号.
────── 2003,「マレーシア電子産業におけるリンケージの深化と地場中小企業──日系家電メーカーの事例」小池洋一・川上桃子編, 2003, 93−116.
青木健, 1990, 『マレーシア経済入門──90年代にNICs入りか』日本評論社.
Appelbaum, E. & Batt, R., 1994, *The New American Workplace: Transforming Work Systems in the United States*, ILR Press.
Arrighi, G., 1990, "The Developmentalist Illusion: A Reconceptualization of the Semiperiphery," in Martin, W.G.,ed., 1990, 11−42.
Arrighi, G. & Drangel, J., 1986, "The Stratification of the World-Economy: An Exploration of the Semiperipheral Zone," *Review*, Vol.10, No.1.

Arudsothy, P. & Littler, C.R., 1993, "State Regulation and Union Fragmentation in Malaysia," in Frenkel, S.,ed., 1993, 107 – 130.

Asian Strategy & Leadership Institute, ed., 1995, *Penang into the 21st Century: Outlook and Strategies of Malaysia's Growth Center towards Vision 2020*, Pelanduk Publications.

Athukorala, P-C. & Manning, C., 1999, *Structural Change and International Migration in East Asia*, Oxford University Press.

Balakrishnan Parasuraman, 2004, *Malaysian Industrial Relations: A Critical Analysis*, Pearson.

Barret, R. E. & Whyte, M. K., 1982, "Dependency Theory and Taiwan: Analysis of a Deviant Case," *American Journal of Sociology (A. J. S.)*, Vol.87, No.5.

Beck, U., 2000, *What Is Globalization ?*, Polity Press.

Beng-Huat, C., ed., 2000, *Consumption in Asia*, Routledge.

Bell, D., 1973, *The Coming of Post-Industrial Society: A Venture in Social Forecast*, Basic Books, (＝内田忠夫ほか訳, 1975, 『脱工業社会の到来──社会予測の一つの試み』ダイヤモンド社).

Berger, S. & Dore, R., eds., 1996, *National Diversity and Global Capitalism*, Cornell University Press.

Best, M.H., 1999, "Cluster Dynamics in Theory and Practice: Singapore/Johor and Penang Electronics," UNIDO paper.

Bhopal, M. & Todd, P., 2000, "Multinational Corporations and Trade Union Development in Malaysia," in Rowley, C. & Benson, J., eds., 2000, 193 – 213.

Bina, C. et al., eds., 1996, *Beyond Survival: Wage Labor in the Late Twentieth Century*, M.E.Sharpe.

Bjorkman, M. et al., 1988, "Types of Industrialization and the Capital-Labour Relation in the Third World," in Southall. R.,ed., 1988, 59 – 80.

Black, J. & Ackers, P., 1994, "Between Adversarial Relations and Incorporation: A Study of the 'Joint Process' in an American Auto-Components Plant," in Elger,T. et al., eds., 1994, 297 – 326.

Boey, M., 2002, "(Trans) national Realities and Imaginations: the Business and Politics of Malaysia's Multimedia Super Corridor," in Bunnell, T. et al ., eds., 2002, 185 – 214.

Bognanno, M. F. et al., eds., 1992, *Labor Market Institutions and the Future Role of Unions*, Blackwell.

Boulanger, C. L., 1992, "Ethnic Order and Working Class Strategies in West Malaysia," *Journal of Contemporary Asia (J. C. A.)*, Vol.22, No.3.

Borrego, J. et al., eds., 1996, *Capital, the State, and Late Industrialization:*

Comparative Perspectives on the Pacific Rim, Westview Press.
Bowie, A., 1991, *Crossing the Industrial Divide: State, Society, and the Politics of Economic Transformation in Malaysia*, Columbia University Press.
Boyer, R., 1996, "The Convergence Hypothesis Revisited," in Berger, S. & Dore, R. eds., 1996, 29-59.
Bunnell, Tim, 2002a, "Multimedia Myths and Realities: Contesting Technological Utopianism in Malaysia's Multimedia Super Corridor," in Mohd Hazim Shah et al., eds., 2002, 278-299.
―――― 2002b, "Cities for Nations？: Examining the City-Nation State Relation in Informational Age Malaysia," *International Journal of Urban and Regional Research*, Vol.26, No.2.
Bunnell, T. et al., eds., 2002, *Critical Reflections on Cities in Southeast Asia*, Times Academic Press.
Campbell, D. et al., eds., 1997, *Regionalization and Labour Market Interdependence in East and Southeast Asia*, Macmillan.
Cardoso, F. H. et al., 1972, *Dependency and Development in Latin America*, University of California Press.
Carnoy, M., 1984, *The States and Political Theory*, Princeton University Press, （＝1992, 加藤哲郎ほか訳, 『国家と政治理論』御茶の水書房）.
Castells, M., 1989, "High Technology and the New International Division of Labour," *Labour and Society*, Vol.14, 7-42.
―――― 1996, *The Rise of the Network Society*, Blackwell.
Castells, M., Portes, A., & Benton, L. A., eds., 1989, *The Informal Economy: Studies in Advanced and Less Developed Countries*, Johns Hopkins University Press.
Chang, K-Y., 1999, "Compressed Modernity and Its Discontents," *Economy and Society*, Vol.28, No.1.
Chase-Dunn, C., 1990, "Resistance to Imperialism: Semiperipheral Actors," *Review*, Vol.13, No.1.
Chase-Dunn, C. & Hall, T. D., 1997, *Rise and Demise: Comparing World-Systems*, Westview Press.
Cheah Boon Kheng, 2004, *The Challenge of Ethnicity: Building a Nation in Malaysia*, Marshall Cavendish.
Chin, C. B. N., 1998, *In Service and Servitude: Foreign Female Domestic Workers and the Malaysian "Modernity" Project*, Columbia University Press.
Cho, S. K., 1985, "The Dilemmas of Export-Led Industrialization," *Berkeley Journal of Sociology*, No.30.
Cohen, R., 1987, *The New Helots*, Avebury, （＝1989, 清水知久訳, 『労働力の国際移

動』明石書店).
Comber, L., 1983, *13 May 1969: A Historical Survey of Sino-Malay Relations*, Graham Brash Ltd.
Cotton, J. & Kim, H. v. L., 1996, "The New Rich and the New Middle Class in South Korea: The Rise and Fall of the 'Golf Republic'," in Robison, R. & Goodman, D. S. G., eds., 1996, 185−203.
Crouch, H., 1992, "Authoritarian Trends, the UMNO Split and the Limits to State Power," in Kahn, J. S. & Loh Koh Wah, F., eds., 1992, 21−76.
────── 1993, "Malaysia: Neither Authoritarian nor Democratic," in Hewison, K. et al. eds., 1993, 135−157.
────── 1996, *Government and Society in Malaysia*, Cornell University Press.
Dalton, B. & Cotton, J., 1996, "New Social Movements and the Changing Nature of Political Opposition in South Korea," in Rodan, G., ed., 1996, 272−299.
Devi, R., 1996, *Contract Labour in Peninsular Malaysia*, Insutitut Kajian Dasar.
Deyo, F., 1989, *Beneath the Miracle: Labor Subordination in the New Asian Industrialism*, University of California Press.
────── 1995, "Human Resource Strategies and Industrial Restructuring in Thailand," in Frenkel, S. et al., eds., 1995, 23−36.
Deyo, F. C. et al., eds., 2001, *Economic Governance and the Challenge of Flexibility in East Asia*, Rowman & Littlefield.
Dicken, P., 1998, *Global Shift: Transforming the World Economy*, Sage Publications, (=2001, 宮町良弘監訳,『グローバル・シフト（上）・（下）』古今書院).
Dore, R., 1996, "Convergence in Whose Interest ?" in Berger, S. & Dore, R., eds.,1996, 366−374.
Dunkley, G., 1982, "Industrial Relations and Labor in Malaysia," *J. C. A.*, Vol.14, No.3.
Edgington, D. W. & Hayter, R., 2001, "Japanese Electronics Firms in Malaysia: After the Financial Crisis," in Nyland, C. et al., eds., 2001, 67−80.
Edwards, C., 1999, "Skilled and Unskilled Foreign Labour in Malaysian Development: A Strategic Shift ?," in Jomo, K. S. & Felker, G., eds., 1999, 235−266.
Elger, T. & Smith, C., eds., 1994, *Global Japanization ?: Transnational Transformation of the Labour Process*, Routledge.
Elmhirst, R. & Saptari, R., eds., 2004, *Labour in Southeast Asia: Local Processes in a Globalised World*, Routledge.
Erickson, C. & Kuruvilla, S., 1998, "Industrial Relations System Transformation," *Industrial and Labor Relations Review (I. L .R. R.)*, Vol.52, No.1.
Evans, P., 1979, *Dependent Development: The Alliance of Multinational, State, and Local Capital in Brazil*, Princeton University Press.

―――― 1982, "Reinventing the Bourgeoisie: Entrepreneurship and Class Formation in Dependent Capitalist Development," *A. J. S.*, Vol.88, Supplement.
―――― 1995, *Embedded Autonomy: States and Industrial Transformation*, Princeton University Press.
Featherstone, M., ed., 1990, *Global Culture*, Sage.
Frank, A. G., 1967, *Capitalism and Underdevelopment in Latin America*, Monthly Review Press, (=1979, 大崎正治ほか訳, 『世界資本主義と低開発』柘植書房).
Frenkel, S., ed., 1993, *Organized Labor in the Asia-Pacific Region*, ILR Press.
Frenkel, S. et al., eds., 1995, *Industrialization and Labor Relations: Contemporary Research in Seven Countries*, ILR Press.
Fröbel, F. et al., 1980, *The New International Division of Labor*, Cambridge University Press.
Gereffi, G., 1995, "Global Production Systems and Third World Development," in Stallings, B., ed., 1995, 100−142.
―――― 1997, "The Reorganization of Production on a World Scale," in Campbell, D. et al., eds., 1997, 43−91.
Gereffi, G. et al., 1994, "Introduction: Global Commodity Chains," in Gereffi, G. & Korzeniewicz, M., eds., 1994, 1−14.
Gereffi, G. & Korzeniewicz, M., 1990, "Commodity Chains and Footwear Exports in the Semiperiphery," in Martin, W.G., ed.,1990, 45−68.
Gereffi, G. & Korzeniewicz, M., eds., 1994, *Commodity Chains and Global Capitalism*, Praeger.
Gittleman, M. et al., 1998, "'Flexibility' Workplace Practices," *I. L. R. R.*, Vol.52, No.1.
Gomez, E. T., 1999, *Chinese Business in Malaysia*, Curzon Press.
Gomez, T. H. & Jomo, K. S., 1997, *Malaysia's Political Economy: Politics, Patronage, and Profits*, Cambridge University Press.
Goss, J. & Lindquist, B., 1995, "Conceptualizing International Labor Migration: A Structuration Perspective," *International Migration Review (I. M. R.)*, Vol.29, No.2.
Grant, R. & Lyons, D., 1990, "The Republic of Ireland in the World-Economy," in Martin, W.G.,1990, 125−139.
Guinness, P., 1990, "Indonesian Migrants in Johore: An Itinerant Labour Force," *Bulletin of Indonesian Economic Studies*, Vol.26, No.1.
Guyton, L. E., 1996, "Japanese Investments and Technology Transfer to Malaysia," in Borrego, J. et al., eds., 1996, 171−202.
Hallgren, C., 1986, *Morally United and Politically Divided: The Chinese Community of Penang*, Stockholm Studies in Social Anthropology.

Hart, K., 1973, "Informal Income Opportunities and Urban Employment in Ghana," *Journal of Modern African Studies*, No.11.

Harvey, D., 1989, *The Condition of Postmodernity: An Enquiry into the Origins of Cultural Change*, Blackwell.

林田裕章, 2001, 『マハティールのジレンマ』中央公論新社.

Henderson, J., 1989, *The Globalisation of High Technology Production*, Routledge.

Henley, J., 1983, "Corporate Strategy and Employment Relations in Multinational Corporations: Some Evidence from Kenya and Malaysia," in Thurley, K. et al., eds., 1983, 111−130.

Hewison, K., Robinson, R., & Rodan, G., eds., 1993, *Southeast Asia in the 1990's: Authoritarianism, Democracy and Capitalism*, Allen & Unwin.

Hilley, J., 2001, *Malaysia: Mahathirism, Hegemony and the New Opposition*, Zed Books.

平川均, 1992, 『NIES──世界システムと開発』同文館.

Hirst, P. & Thomson, G., 1996, *Globalization in Question: The International Economy and the Possibilities of Governance*, Polity.

Hopkins, T. K. et al., 1996, *The Age of Transition: Trajectory of the World-System 1945−2025*, Zed Books.

Hopkins, T. & Wallerstein, I., 1986, "Commodity Chains in the World-Economy Prior to 1800," *Review*, Vol.10, No.1.

洞口治夫, 1992, 『日本企業の海外直接投資』東京大学出版会.

堀井健三編, 1991, 『マレーシアの工業化 多種族国家と工業化の展開』アジア経済研究所.

星野智, 1997, 『世界システムの政治学』晃洋書房.

Hua Wu Yin, 1983, *Class and Communalism in Malaysia: Politics in a Dependent Capitalist State*, Zed Books.

伊豫谷登士翁, 2000, 「グローバリゼーション 新たな排除の世界システム化」『世界』680号.

────2002, 『グローバリゼーションとは何か』平凡社新書.

Jacoby, S. M. & Verma, A., 1992, "Enterprise Unions in the United States," in Bognanno, M.F. et al., eds., 1992, 137−158.

Jayasankaran, S., 1993, "Made-In-alaysia: The Proton Project," in Jomo, K. S., ed., 1993, 272−301.

Jesudason, J. V., 1989, *Ethnicity and the Economy: The State, Chinese Business, and the Multinationals in Malaysia*, Oxford University Press.

──── 1996, "The Syncretic State and the Structuring of Oppositional Politics in Malaysia," in Rodan, G., ed., 1996, 128−160.

Jessop, B., 1985, *Nicos Poulantzas: Marxist Theory and Political Strategy*, Macmillan, (=1987, 中谷義和ほか訳,『プーランザスを読む——マルクス主義理論と政治戦略』合同出版).
―――― 1995, State Theory: *Putting Capitalist States in their Place*, Polity.
ジェトロ, 2002,『2002年版 ジェトロ投資白書——世界と日本の海外直接投資』日本貿易振興会.
―――― 2003,『The World 2003：世界各国経済情報ファイル』日本貿易振興会.
Jomo, K. S., 1986, *A Question of Class: Capital, the State, and Uneven Development in Malaya*, Oxford University Press.
―――― 1990, *Growth and Structural Change in the Malaysian Economy*, Macmillan.
―――― 1994, "The Proton Saga: Mitsubishi Car, Mitsubishi Gain," in Jomo, K. S., ed., 1994, 263–290.
Jomo, K. S., ed., 1993, *Industrialising Malaysia: Policy, Performance, Prospects*, Routledge.
―――― 1994, *Japan and Malaysian Development: In the Shadow of the Rising Sun*, Routledge.
Jomo, K. S. et al., eds., 1995, *Privatizing Malaysia: Rents, Rhetoric and Reality*, Westview Press.
Jomo, K. S. et al., eds., 1999, *Industrial Technology Development in Malaysia: Industry and Firm Studies*, Routledge.
Jomo, K. S. & Felker, G. eds., 1999, *Technology, Competitiveness and the State: Malaysia's Industrial Technology Policies*, Routledge.
Jomo, K. S. & Todd, P., 1994, *Trade Unions and the State in Peninsular Malaysia*, Oxford University Press.
香川孝三, 1995,『マレーシア労使関係法論』信山社.
Kahn, J. S., 1992, "Class, Ethnicity and Diversity: Some Remarks on Malay Culture in Malaysia," in Kahn, J.S. & Loh Koh Wah, F., eds., 1992, 158–178.
―――― 1996, "Growth, Economic Transformation, Culture and the Middle Classes in Malaysia," in Robison, R. & Goodman, D. S. G., eds., 1996, 49–75.
Kahn, J. S. & Loh Koh Wah, F., eds., 1992, *Fragmented Vision: Culture and Politics in Contemporary Malaysia*, University of Hawaii Press.
Kaplinsky, R., 1985, "Electronic-based Automation Technologies and the Onset of Systemofacture," *World Development*, Vol.13, No.3.
Kassim, A., 1997, "The Unwelcome Guests: Indonesian Immigrants and Malaysian Public Responses," *Southeast Asian Studies*, Vol.25, No.2.
加藤哲郎 & ロブ・スティーヴン編, 1993,『国際論争 日本型経営はポスト・フォーディズムか』窓社.

Katz, H. C. & Darbishire, O., 2000, *Converging Divergences: Worldwide Changes in Employment Systems*, Cornell University Press.

Kaur, A., ed., 2004, *Women Workers in Industrialising Asia: Costed, Not Valued*, Palgrave.

川辺信雄, 1995,「マレーシアにおける裾野産業の育成の現状と問題点」『早稲田商学』第362号.

劍持一巳, 1983,『マイコン革命と労働の未来』日本評論社.

Kerr, C. et al., 1960, *Industrialism and Industrial Man*, Harvard University Press, (=1963, 川田寿訳,『インダストリアリズム』東洋経済新報社).

Kessler, C. S., 1992, "Archaism and Modernity: Contemporary Malay Political Culture," in Kahn, J. S. & Loh Koh Wah, F., eds., 1992, 133-157.

Kester, W. C., 1996, "American and Japanese Corporate Governance: Convergence to Best Practice," in Berger, S. & Dore, R., eds., 1996, 107-135.

Khoo, K. J., 1992, "The Grand Vision: Mahathir and Modernisation," in Kahn, J. S. & Loh Koh Wah, F., eds., 1992, 44-76.

Khoo, B. T., 1995, *Paradoxes of Mahathirism: An Intellectual Biography of Mahathir Mohamad*, Oxford University Press.

――― 2002, "Nationalism, Capitalism and 'Asian Values'" in Loh Kok Wah, F. & Khoo Boo Teik, 2002, 51-73.

――― 2004, *Beyond Mahathir: Malaysian Politics and its Discontents*, Zed Books.

Kiely, R., 1994, "Development Theory and Industrialization," *J. C. A.*, Vol.24, No.4.

Kim, H. J., 1993, "The Korean Union Movement in Transition," in Frenkel, S., ed., 1993, 133-161.

Kim, T., 1995, "Human Resource Management for Production Workers in Large Korean Manufacturing Enterprises," in Frenkel, S. et al., eds., 1995, 216-235.

木下武男, 1999,『日本人の賃金』平凡社.

北村かよ子編, 2000,『情報化の進展とアジア諸国の対応』アジア経済研究所.

小林英夫, 1992,『東南アジアの日系企業』日本評論社.

Kochan, T. et al., 1986, *The Transformation of American Industrial Relations*, Basic Books.

小池洋一・川上桃子編, 2003,『産業リンケージと中小企業』アジア経済研究所.

Kondo, M., 1999, "Improving Malaysian Industrial Technology Policies and Institutions," in Jomo, K. S. & Felker, G., eds., 1999, 199-217.

Koo, H., 1990, "From Farm to Factory: Proletarianization in Korea," *American Sociological Review*, Vol.55, 669-681.

Korzeniewicz, M., 1992, "Global Commodity Networks and the Leather Footwear Industry," *Sociological Perspectives*, Vol.35, No.2.

Korzeniewicz, M. et al., 1994, "The Global Distribution of Commodity Chains," in Gereffi, G. & Korzeniewicz, M., eds., 67-91.
Kosai, Y, 1996, "Competition and Competition Policy in Japan," Berger, S. & Dore, R. eds., 1996, 197-215.
古谷野正伍ほか編, 2000, 『アジア社会の構造変動と新中間層の形成』こうち書房.
熊谷聡, 2000, 「マレーシアの産業高度化の取組みと情報通信産業育成策」, 北村かよ子編, 2000, 157-195.
熊沢誠, 1997, 『能力主義と企業社会』岩波書店.
Kuruvilla, S., 1995, "Economic Development Strategies, Industrial Relations Policies and Workplace IR/HR Practices in Southeast Asia," in Wever, K. S. et al., eds., 1995, 115-150.
―――― 1996, "Linkages between Industrialization Strategies and Industrial Relations/Human Resource Policies," *I. L. R .R.*, Vol.49, No.4.
京谷栄二, 1993, 『フレキシビリティとはなにか』窓社.
Lall, S., 1993, "Understanding Technology Development," *Development and Change*, Vol.24, 719-753.
Lee, S. M., 1989, "Female Immigrants and Labor in Colonial Malaya: 1860-1947," *I. M. R.*, Vol.23, No.2.
Leutert, H-G. & Sudhoff, R., 1999, "Technology Capability Building in the Malaysian Automobile Industry," in Jomo, K. S. et al., eds., 1999, 247-273.
Lewis, W. A., 1954, "Economic Development with Unlimited Supplies of Labour," *Manchester School of Economic and Social Studies*, Vol.22, No.2.
Lie, M. & Lund, R., 1994, *Renegotiating Local Values: Working Women and Foreign Industry in Malaysia*, Curzon Press.
Lim, C. P., 1994, "Heavy Industrialization: A Second Round of Import Substitution," in Jomo, K. S., ed., 1994, 244-262.
Lim, L. Y. C., 1978, *Women Workers in Multinational Corporations: The Case of the Electronics Industry in Malaysia and Singapore*, Michigan Occasional Papers in Women's Studies.
Lin, V., 1987, "Women Workers in the Semiconductor Industry in Singapore and Malaysia," in Pinches, M. & Lakha, S., eds., 1987, 219-262.
―――― 2004, "Women Workers and Health: Semiconductor Industry in Singapore and Malaysia," in Kaur, A., ed., 2004, 173-194.
Lipietz, A., 1985, *Mirages et Miracles: Problémes de L'industrialisation dans le Tiers Monde*, la Découverte, (=1987, 若森章孝・井上泰夫訳, 『奇跡と幻影』新評論).
Loh Kok Wah, F. & Khoo Boo Teik, 2002, *Democracy in Malaysia: Discourses and Practices*, Curzon.

Lubeck, P. & Eischen, K., 1998, "Silicon Islands and Silicon "Values": Rethinking Mexican Regional Development Strategies in an Era of Globalization," Center for Global, International & Regional Studies Working Paper Series.

Lucas, E. B. & Verry, D., 1999, *Restructuring the Malaysian Economy: Development and Human* Resources, Macmillan.

Machado, K. G., 1994, "Proton and Malaysia's Motor Vehicle Industry: National Industrial Policies and Japanese Regional Production Strategies," in Jomo, K. S., ed., 1994, 291–325.

Mahathir, M., 1998, *The Way Forward*, Weidenfield & Nicholson.

マレーシア日本人商工会議所, 2000, 『数字で見るマレーシア経済』.

―――― 2002, 『マレーシアハンドブック2001』.

Martin, W. G., ed., 1990, *Semiperipheral States in the World-Economy*, Greenwood Press.

Mazelan, N. A. et al., 1999, *Multimedia Super Corridor: Excellence in Institutions of Higher Learning*, ASEAN Academic Press.

McDonald, C., 1992, "U.S. Union Membership in Future Decades: A Trade Unionist's Perspective," in Bognanno, M. F. et al., eds., 1992, 13–30.

McLoughlin, I. & Gourlay, S., 1994, *Enterprise without Unions*, Open University Press.

Mee, W., 2002, "Malaysia's Multimedia Technopole: A Nationalist Response to Globalization and Post-industrialism," in Bunnell, T. et al., eds., 2002, 54–74.

Mingione, E., 1985, "Social Reproduction of the Surplus Labour Force: The Case of Southern Italy," in Redclift, N. et al., eds., 1985, 14–54.

水野順子・八幡成美, 1992, 『韓国機械産業の企業間分業構造と技術移転』アジア経済研究所.

Mohd Hazim Shah et al., eds., 2002, *New Perspectives in Malaysian Studies*, Malaysian Social Science Association.

森廣正編, 2000, 『国際労働力移動のグローバル化――外国人定住と政策課題』法政大学出版局.

Moser, C., 1978, "Informal Sector or Petty Commodity Production," *World Development*, Vol.6, No.9–10.

Munro-Kua, A., 1996, *Authoritarian Populism in Malaysia*, Macmillan.

中川信義編, 1997, 『イントラ・アジア貿易と新工業化』東京大学出版会.

野原光, 1999, 「完結工程導入と個人の組み立て作業再編――トヨタ生産システムとボルボ・ウデヴァラ方式」浅生卯一・猿田正機ほか, 1999, 169–208.

Nolan, P. D., 1983, "Status in the World System, Income Inequality, and Economic Growth," *A. J. S.*, Vol.89, No.2.

Nyland, C. et al., eds., 2001, *Malaysian Business in the New Era*, Edward Elgar.

O'Brien, L., 1988, "Between Capital and Labour: Trade Unionism in Malaysia," in Southall, R., ed., 1988, 136-170.

小川葉子, 1994, 「グローバライゼーションをめぐる四つのテーゼ」『社会学評論』第44巻第4号.

Okposin, S. B. et al., 1999, *The Changing Phases of Malaysian Economy*, Pelanduk.

Onn, F. C., 1989, "Wages and Labour Welfare in the Malaysian Electronics Industry," *Labour and Society*, Vol.14, 81-102.

Ozaki, M., 1999, *Negotiating Flexibility: The Role of the Social Partners and the State*, International Labor Office.

朴一, 1992, 『韓国 NIES 化の苦悩――経済開発と民主化のジレンマ』同文館.

Pang Eng Fong, 1993, *Regionalisation and Labour Flows in Pacific Asia*, OECD Development Center.

Park, Y. B. & Lee, M. B., 1995, "Economic Development, Globalization, and Practices in Industrial Relations and Human Resource Management in Korea," in Verma, A. et al., eds., 1995, 27-61.

Parmer, J. N., 1954, *Colonial Labor Policy and Administration: A History of Labor in the Rubber Plantation Industry in Malaya, c. 1910-1941*, J. J. Augustine Publisher.

Parreñas, R .S., 2001, *Servants of Globalization: Women, Migration, and Domestic Work*, Stanford University Press.

Pinches, M. & Lakha, S., eds., 1987, *Wage Labour and Social Change*, Center for Southeast Asian Studies, Monash University.

Piore, M. & Sabel, C. F., 1984, *The Second Industrial Divide*, Basic Books.

Portes, A., 1995, "Economic Sociology and the Sociology of Immigration: A Conceptual Overview," in Portes, A., ed., 1995, 1-41.

―――― 1997, "Immigration Theory for a New Century: Some Problems and Opportunities," *I. M. R.*, Vol.31, No.4.

Portes, A., ed., 1995, *The Economic Sociology of Immigration: Essays on Networks, Ethnicity, and Entrepreneurship*, Russell Sage Foundation.

Portes, A. & Kincaid, A. D., 1989, "Sociology and Development in the 1990's," *Sociological Forum*, Vol.4, No.4.

Portes, A. & Sassen-Koob, S., 1987, "Making It Underground: Comparative Material on the Informal Sector in Western Market Economies," *A. J. S.*, Vol.93, No.1.

Portes, A. & Walton, J., 1981, *Labor, Class, and the International System*, Academic Press.

Poulantzas, N., 1978, *L'Etat, le Pouvoir, le Socialismes*, Presses Universitaires de France, (=1984, 田中正人ほか訳, 『国家・権力・社会主義』ユニテ).

Puthucheary, J. J., 2004 reprinted, *Ownership and Control in the Malayan Economy: A Study of the Structure of Ownership and Control and Its Effects on the Development of Secondary Industries and Economic Growth in Malaya and Singapore*, INSAN.

Pyke, F. & Sengenberger, W., 1992, *Industrial Districts and Local Economic Regenaration*, International Institute for Labour Studies.

Rabellotti, R., 1997, *External Economies and Cooperation in Industrial Districts*, Macmillan.

Rasiah, R., 1993 "Free Trade Zones and Industrial Development in Malaysia," in Jomo, K. S., ed., 1993, 118−146.

―――― 1994, "Flexible Production Systems and Local Machine-tool Subcontracting," *Cambridge Journal of Economics (C. J. E.)*, Vol.18, No.3.

―――― 1995, Foreign *Capital and Industrialization in Malaysia*, St. Martin's Press.

―――― 1999, "Government-Business Coordination and the Development of Engware," in Jomo, K. S. et al., eds., 1999, 231−246.

―――― 2001, "Politics, Institutions, and Flexibility: Microelectronics Transnationals and Machine Tool Linkages in Malaysia" in Deyo, F. C. et al., eds., 2001, 165−189.

―――― 2002a, "Systemic Coordination and Human Capital Development: Knowledge Flows in Malaysia's MNC-Driven Electronics Clusters," The United Nations University Discussion Paper.

―――― 2002b, "Systemic Coordination and the Development of Human Capital: Knowledge Flows in Malaysia's TNC-Driven Electronics Clusters," *Transnational Corporations*, Vol.11, No.3.

―――― mimeo, "Regional Dynamics and Production Networks: The Development of Electronics in Malaysia".

Rasiah, R. & Shari, I., 2001, "Market, Government and Malaysia's New Economic Policy," *C. J. E.*, Vol.25, 57−78.

Redclift, N. et al., eds., 1985, *Beyond Employment: Household, Gender, and Subsistence*, Basil Blackwell.

Ritzer, G., 1996, *The McDonaldization of Society*, Pine Forge Press, (=1999, 正岡寛司監訳, 『マクドナルド化する社会』早稲田大学出版部).

―――― 1998, *The McDonaldization Thesis: Explorations and Extentions*, Sage Publication, (=2001, 正岡寛司監訳, 『マクドナルド化の世界』早稲田大学出版部).

Robinson, R. & Goodman, D. S. G. eds., 1996, *The New Rich in Asia: Mobile Phones, McDonald's and Middle-Class Revolution*, Routledge.

―――― 1996, "The New Rich in Asia: Economic Development, Social Status and

Political Consciousness," in Robison, R. & Goodman, D. S. G. eds., 1996, 1－16.
Rodan, G., 1996a, "Class Transformation and Political Tensions in Singapore's Development," in Robison, R. & Goodman, D. S. G., eds., 1996, 19－45.
―――― 1996b, "State-Society Relations and Political Opposition in Singapore," in Rodan, G., ed., 1996, 95－127.
Rodan, G., ed., 1996, *Political Oppositions in Industrialising Asia*, Routledge.
Rowley, C. & Benson, J., eds., 2000, *Globalization and Labour in the Asia Pacific Region*, Frank Cass & Co. Ltd..
Ruppert, E., 1999, *Managing Foreign Labour in Singapore and Malaysia*, World Bank working paper.
櫻谷勝美, 1997,「マレーシア電機産業とイントラ・アジア貿易」, 中川信義編, 1997, 131－161.
Salih,K. & Young, M. L., 1989, "Changing Conditions of Labour in the Semiconductor Industry in Malaysia," *Labour and Society*, Vol.14, 59－80.
Saravanamuttu, J., 2001, "Is There a Politics of the Malaysian Middle Class ？," in Abudul Rahman Embong, ed., 2001, 103－118.
Sassen, S., 1996, *Losing Control ?*, Columbia University Press.
―――― 1998, *Globalization and Its Discontents*, The New Press.
Saxenian, A., 1996, *Regional Advantage: Culture and Competition in Silicon Valley and Route* 128, Harvard University Press.
Shakila Abdul Manan, 2004, "Reading between the Lines: UMNO, Malay Unity and the Others," in Cheah Boon Kheng, ed., 2004, 115－138.
Sharifah Zaleha Syed Hassan, 2001, "Islamisation and Urban Religious Identitiy: The Middle Class of Bandar Baru Bangi," in Abudul Rhaman Embong, ed., 2001, 119－138.
島田克美・藤井光男・小林英夫編, 1997,『現代アジアの産業発展と国際分業』ミネルヴァ書房.
白井邦彦, 2001,「セル生産方式と人材活用」都留康編, 2001, 87－121.
庄司興吉編, 1999,『世界社会と社会運動』梓出版社.
―――― 2004,『情報社会変動のなかのアメリカとアジア』彩流社.
Shukor Omar, 2003, *The Malay Lost World with Emphasis on Entrepreneurship*, Anzagain.
Sloane, P., 1999, *Islam, Modernity and Entrepreneurship among the Malays*, Macmillan.
SMIDEC, 2003, *SME Performance in Manufacturing Sector 2003*.
Snyder, D. & Kick, E. L., 1979, "Structural Position in the World System and Economic Growth, 1955－1970," *A .J. S.*, Vol.84, No.5.

Southall, R., ed., 1988, *Trade Unions and the New Industrialisation of the Third World*, University of Pittsburgh Press.
―― 1988, *Labour and Unions in Asia and Africa*, St. Martin's Press.
Spaan, E., 1994, "*Taikongs and Calos*: The Role of Middlemen and Brokers in Javanese International Migration," *I. M. R.*, Vol.28, No.1.
Stahl, C. W., 1986, *International Labor Migration: A Study of the ASEAN Countries*, Center for Migration Studies.
―― 1991, "South-North Migration in the Asia-Pacific Region," *International Migration*, Vol.29, No.2.
Stalker, P., 2000, *Workers without Frontiers: The Impact of Globalization on International Migration*, International Labour Organization.
Stallings, B., ed., 1995, *Global Change, Regional Response*, Cambridge University Press.
Stenson, M. R., 1970, *Industrial Conflict in Malaya: Prelude to the Communist Revolt of 1948*, Oxford University Press.
Strange, S., 1996, *The Retreat of the State*, Cambridge University Press, (＝1998, 櫻井公人ほか訳, 『国家の退場』岩波書店).
Streek, W., 1996, "Lean Production in the German Automobile Industry," in Berger, S. & Dore, R., eds., 1996, 138－170.
Suryadinata, L., ed., 2002, *Ethnic Chinese in Singapore and Malaysia*, Times Academic Press.
Tabak, F., 1996, "The World Labour Force," in Hopkins, T. K. et al., 1996, 87－116.
Tabak, F. & Crichlow, M. A., 2000, *Informalization: Process and Structure*, Johns Hopkins University Press.
武川正吾・市野川容孝編, 近刊, 『社会構想の社会学』東信堂.
武川正吾・山田信行編, 2003, 『現代社会学における歴史と批判――グローバル化の社会学』東信堂.
竹野忠弘, 1997, 「マレーシアにおける日系企業4社の人材開発戦略の事例」『経営学論集』第67集.
Talib, R., 2000, "Malaysia: Power Shifts and the Matrix of Consumption," in Beng-Huat, C., ed., 2000, 35－60.
Taylor, P. J., 1988, "Alternative Geography," *Review*, Vol.11, No.4.
Thurley, K. et al., eds., 1983, *Industrial Relations and Management Strategy*, Cambridge University Press.
鳥居高, 1998, 「マハティールによる国王・スルタン制度の再編成」『アジア経済』第36巻第5号.
Trezzini, B., 2001, "Embedded State Autonomy and Legitimacy: Piecing Together the

Malaysian Development Puzzle," *Economy and Society*, Vol.30, No.3.
都留康編, 2001, 『生産システムの革新と進化——日本企業におけるセル生産方式の浸透』日本評論社.
都留康・伊佐勝秀, 2001, 「セル生産方式と生産革新——日本製造業の新たなパラダイム」, 都留康編, 2001, 51-85.
UNCTAD, 2000, "Enhancing the Competitiveness of SMEs through Linkages," UNCTAD Paper.
Verma, A. et al., eds., 1995, *Employment Relations in the Growing Asian Economies*, Routledge.
Vernon, R., 1966, "International Investment and International Trade in the Product Cycle," *Quarterly Journal of Economics*, Vol.80, No.2.
Wad, P., 1988, "The Japanization of Malaysian Trade Union Movement," in Southall, R., ed., 1988, 210-229.
――― 2004, "Transforming Industrial Relations: The Case of the Malaysian Auto Industry," in Elmhirst, R. & Saptari, R., eds., 2004, 235-264.
Wade, R., 1996, "Globalization and Its Limits," Berger, S. & Dore, R., eds., 1996, 60-88.
Wallerstein, I., 1979, *The Capitalist World-Economy*, Cambridge University Press.
――― 1991, *Geopolitics and Geoculture: Essays on the Changing World-System*, Polity Press.
――― 1995, *Unthinking Social Science: The Limits of Nineteenth-Century Paradigms*, Polity Press.
Wee Siu Hui, A., 2000, Assembling *Gender: The Making of Malay Female Labour*, Strategic Info Research Development.
Weiss, M. L., 2003, "Malaysian NGOs: History, Legal Framework and Characteristics," in Weiss, M. L. & Saliha Hassan, eds., 2003, 17-44.
Weiss, M. L. & Saliha Hassan, eds., 2003, *Social Movements in Malaysia: From Moral Communities to NGOs*, Routledge, Curzon.
Wever, K. S. et al., eds., 1995, *The Comparative Political Economy of Industrial Relations*, Industrial Relations Research Association.
Wheelwright, E. L., 1965, *Industrialization in Malaysia*, Melbourne University Press.
Wilkinson, B., 1994, *Labour and Industry in the Asia-Pacific*, Walter de Gruyer.
Wong, L., 1993, "The State and Organized Labour in West Malaysia, 1967-1980," *J. C. A.*, Vol.23, No.2.
Wright, E. O., 1985, *Classes*, Verso.
The World Bank, 1997, *Malaysia: Enterprise Training, Technology, and Productivity*, The World Bank.
山田信行, 1996, 『労使関係の歴史社会学——多元的資本主義発展論の試み』ミネル

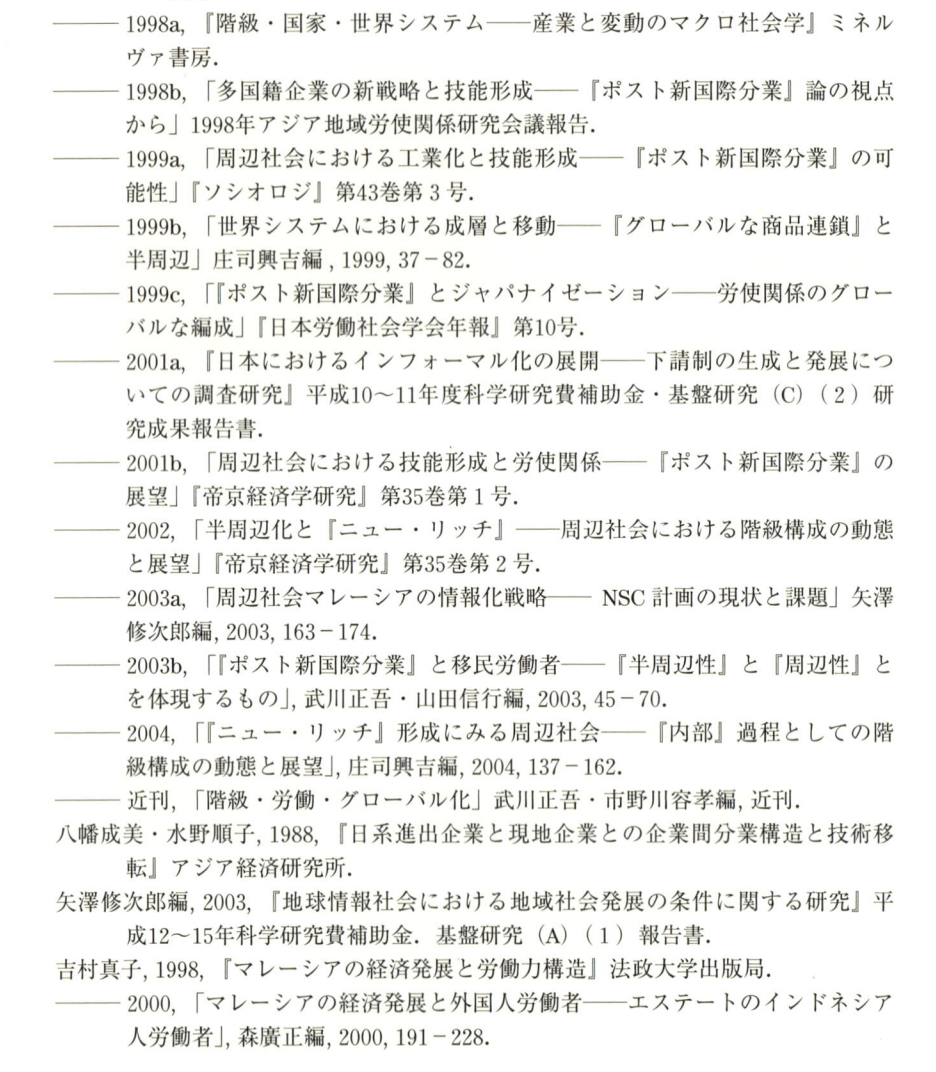

ヴァ書房.
――― 1998a, 『階級・国家・世界システム――産業と変動のマクロ社会学』ミネルヴァ書房.
――― 1998b,「多国籍企業の新戦略と技能形成――『ポスト新国際分業』論の視点から」1998年アジア地域労使関係研究会議報告.
――― 1999a,「周辺社会における工業化と技能形成――『ポスト新国際分業』の可能性」『ソシオロジ』第43巻第3号.
――― 1999b,「世界システムにおける成層と移動――『グローバルな商品連鎖』と半周辺」庄司興吉編, 1999, 37-82.
――― 1999c,「『ポスト新国際分業』とジャパナイゼーション――労使関係のグローバルな編成」『日本労働社会学会年報』第10号.
――― 2001a,『日本におけるインフォーマル化の展開――下請制の生成と発展についての調査研究』平成10～11年度科学研究費補助金・基盤研究（C）（2）研究成果報告書.
――― 2001b,「周辺社会における技能形成と労使関係――『ポスト新国際分業』の展望」『帝京経済学研究』第35巻第1号.
――― 2002,「半周辺化と『ニュー・リッチ』――周辺社会における階級構成の動態と展望」『帝京経済学研究』第35巻第2号.
――― 2003a,「周辺社会マレーシアの情報化戦略―― NSC 計画の現状と課題」矢澤修次郎編, 2003, 163-174.
――― 2003b,「『ポスト新国際分業』と移民労働者――『半周辺性』と『周辺性』とを体現するもの」, 武川正吾・山田信行編, 2003, 45-70.
――― 2004,「『ニュー・リッチ』形成にみる周辺社会――『内部』過程としての階級構成の動態と展望」, 庄司興吉編, 2004, 137-162.
――― 近刊,「階級・労働・グローバル化」武川正吾・市野川容孝編, 近刊.
八幡成美・水野順子, 1988,『日系進出企業と現地企業との企業間分業構造と技術移転』アジア経済研究所.
矢澤修次郎編, 2003,『地球情報社会における地域社会発展の条件に関する研究』平成12～15年科学研究費補助金．基盤研究（A）（1）報告書.
吉村真子, 1998,『マレーシアの経済発展と労働力構造』法政大学出版局.
――― 2000,「マレーシアの経済発展と外国人労働者――エステートのインドネシア人労働者」, 森廣正編, 2000, 191-228.

資料

ILO　http://www.ilo.org/public/english/protection/migrant/ilmdb/ilmdb.htm
New Strait Times

あとがき

　本書は，グローバル化，post-NIDLへの国際分業への転換，および半周辺化といった関連する問題群を扱った一連の論稿に加筆・修正・削除を施して，一貫した論理のもとに1書に編集したものである．各章のもととなった論稿は，以下の通りである．

　序章　書き下ろし
　Ⅰ章　「周辺社会における技能形成と労使関係──『ポスト新国際分業』の展望」『帝京経済学研究』第35巻第1号，2001年．
　Ⅱ章　書き下ろし
　Ⅲ章　「周辺社会マレーシアの情報化戦略── NSC 計画の現状と課題」矢澤修次郎編『地球情報社会における地域社会発展の条件に関する研究』平成12〜15年科学研究費補助金基盤研究（A）（1）報告書，2003年．
　Ⅳ章　「『半周辺化』と国家──比較 NIEs 形成論の試み」『駒澤大学文学部研究紀要』第63号，2005年．
　Ⅴ章　「エスニシティと国家──『三者同盟』論再考」『駒澤社会学研究』第37号，2005年．
　Ⅵ章　「エスニシティとインフォーマル化──企業間関係における媒介」『駒澤大学文学部研究紀要』第62号，2004年．
　Ⅶ章　「『ポスト新国際分業』とジャパナイゼーション──労使関係のグローバルな編成」『日本労働社会学会年報』第10号，1999年．
　　　　「周辺社会における技能形成と労使関係──『ポスト新国際分業』

の展望」『帝京経済学研究』第35巻第1号，2001年．

Ⅷ章　「『ポスト新国際分業』と移民労働者——『半周辺性』と『周辺性』とを体現するもの」武川正吾・山田信行編『現代社会学における歴史と批判——グローバル化の社会学』東信堂，2003年．

Ⅸ章　「『ニュー・リッチ』形成にみる周辺社会——『内部』過程としての階級構成の動態と展望」庄司興吉編『情報社会変動のなかのアメリカとアジア』彩流社，2004年．

Ⅹ章　「世界システムにおける成層と移動——『グローバルな商品連鎖』と半周辺」庄司興吉編『世界社会と社会運動』梓出版社，1999年．

補章　「グローバリゼーションと『国民社会』——労使関係は収斂するか」『社会学評論』第52巻第2号，2001年．

これらの研究を進めるにあたっては，私が取得した2つの研究補助金に加えて，この間に携わったいくつかの研究プロジェクトから直接的あるいは間接的な援助をうけている．まず，私が研究代表者として取得した研究補助金は以下の通りである．

日本証券奨学財団研究助成金「『ポスト新国際分業』と周辺社会の社会変動——マレーシアを事例とする調査研究」2003年度．
日本学術振興会科学研究費補助金（基盤研究（C））「『ポスト新国際分業』と周辺社会の工業化——マレーシアを事例とする調査研究」平成15年度〜平成17年度．

その他に，援助をうけた研究プロジェクトは，以下の2つである．

文部科学省科学研究費補助金（特定領域B），研究代表者油井大三郎「アジア太平洋地域の構造変動におけるアメリカの位置と役割に関する総合的研究」平成10年度〜平成14年度．
日本学術振興会科学研究費補助金（基盤研究（A）（1）），研究代表者矢

澤修次郎「地球情報社会における地域社会発展の条件に関する研究」平成12年度～平成15年度.

　本書は，これらの研究助成によって行われた調査をふまえた，理論的・経験的な研究として構成されている．私は当初，何人かの友人たちとともに本書のもとになった調査を実施したいと考えていた．しかし，スケジュールが折り合わず，結局私1人で調査を行うことになった．日ごろ，どちらかといえば大規模な「調査団」に所属して調査に従事することが多い私は，1人で対象企業を訪問しても簡略な対応で済まされるのではないかと危惧したが，多くの場合それは杞憂に終わった．1人でタクシーやリムジンに乗り込んで，しばしばマレーシアの農村風景をみながら都市から離れた工場に赴くことは，調査の事前折衝の苦労に引き換えて，それなりにのんびりとした楽しい経験だったと思う．
　本書においては，マレーシアという東南アジアに位置する社会が事例としてとりあげられているものの，本書はマレーシアに関するいわゆる「地域研究（area study）」を目指すものではない．問題はもっと一般的・抽象的なレベルで立てられているし，対象とする領域もマレーシアというローカルな領域だけではなく，グローバルなレベルに及んでいる．こうした研究のスタンスは，私の以前の著作から踏襲されており，序章や本文の行論からも明らかなように，理論的枠組みや選択された事例も以前の著作を引き継いだものになっている．
　抽象的で一般的な理論的想定と具体的で個別的な事象とは，通常そのまま一致することはほとんどない．そのため，あらかじめ理論枠組みを整備してそれに基づいて現象を説明するスタンスは，ともすれば「図式的」との謗りを招くことになる．今回の著作においてもあるいはそうした指摘をうけるかもしれないが，形式的な抽象論理と具体的な社会事象とを架橋するためには，抽象から具体へと説明の論理を積み上げる必要があると私は考えている．この試みがどれだけ成功しているかは，読者の判断に委ねることにしたい．
　なお，本書のタイトルは，『世界システムの新世紀』という，柄にもなく

（?）ポジティブな印象を与えるものになっている．しかし，「新世紀」についての考えが必ずしもそのようなものではないことは，内容を一読されれば，了解していただけるものと思う．本書をまとめたことによって，グローバル化に関連した周辺社会の変動については，暫定的なかたちではあるものの，研究にひと区切りをつけることができたと思う．今後はさしあたり，本書においては補章においてしか扱いえなかった中核地域と，世界システムにおける半周辺の機能について，さらに研究を進めたいと考えている．

　本書は，これまでの著作と同様に多くの方々からの援助と刺激によって成立したものである．とりわけ，インタビュー調査を快諾していただいた対象企業の関係者の方々や，日ごろ研究会などで知的な刺激を与えてくださる方々にはまず感謝したい．出版事情が厳しいなか，本書の出版を御快諾くださった東信堂の下田勝司氏にもお礼の言葉を述べたいと思う．最後に，本書は平成17年度の「駒澤大学特別研究出版助成」をうけて刊行されることを付記しておきたい．駒澤大学の研究支援体制はたいへんすばらしく，とりわけ経済的な面で多大な援助をうけている．末筆ながら，感謝申し上げる．

2005年9月8日

山田　信行

索　引

5カ年計画　　　　　　　　　69,84,117
46年精神党（The Spirit of 46, Semangat 46）　　　　　　　　　　　　　229
Joint Consultative Committee, JCC
　　　　　　　　　　　　38,40,41,49
HICOM（Heavy Industry Corporation of Malaysia）　　　　　　　　　　120
LMV（Licensed Manufacturing Warehouse）　37,38,39,41,42,43,44,45,61,151
MSC ステータス　　　71,72,75,76,80,84,85
NIEs（Newly Industrial Economies）　9,86,
　　　87,88,89,91,92,97,99,100,101,102,
　　　103,105,108,129,156,157,161,179,
　　　　　　180,211,218,219,236,258
OEM（original equipment manufacturing）
　　　　　　　39,42,142,151,181,258
OJT（on the job training）　　39,41,44,45,
　　　　　　　　　　　　　167,183
Pernas　　　　　　　　　　　　　119
PNB　　　　　　　　　　　　119,120
QC サークル活動　　38,40,41,42,43,44,45,
　　　　　　　　　　　　　176,177,278
R＆D　　18,36,37,38,39,40,41,42,43,45,46,
　　　　　　　70,72,74,85,161,165,166
TPM 活動　　　　　　　　　　　38,40

〔ア行〕

アウトソーシング（outsourcing）　270,278
アジア的価値（Asian Values）　　224,232
新しい社会運動（new social movement）
　　　　　　　　　202,217,218,230
新しいマレー人（Melayu Baru, New Malays）　　　　　　　　　　　215
圧縮された発展（compressed development）　　　　　　　　　　　78
アブセンティーイズム（absenteeism）
　　　　　　　　　　　　　155,273
アメリカナイゼーション（Americanization）　　　　　　　　　　　32,85
アメリカ合州国　　27,29,31,32,34,82,85,
　　　102,116,117,128,131,146,155,
　　　183,209,242,248,257,262,270,
　　　272,273,274,275,278,279,280
アリギ（Arrghi）　　　237,238,239,241,242,
　　　　　　243,249,252,254,255,256
アンカー企業　　　　33,95,103,143,144
アンワル（Anwar）　　　129,224,229,231
イスラム化　　　　　　　　　　　105
移民労働者　　10,38,47,62,104,156,184,185,
　　　189,190,191,192,193,194,195,
　　　196,197,198,199200,201,203,
　　　　　　　　205,206,235,278
インフォーマル化（informalization）
　　　　　　　　10,62,131,136,278
インフォーマル企業
　　　135,136,137,138,139,142,146,148,150
インフォーマル性（informality）146,147,153
インフォーマル・セクター（informal sector）　　　　　134,135,149,150,206
ヴィジョン2020（Vision 2020）　69,104,125,
　　　　　　　　　　　　203,228,231
ヴェンダー育成プログラム（Vendor Development Program, VDP）　41,42,50,
　　　　95,103,121,122,124,142,143,144
ウォーラスティン（Wallerstein）　1,32,34,
　　　　　216,236,237,244,247,249,265

エヴァンス（Evans）　108,109,110,111,112,113,117,119,125,127
エスニシティ　9,70,82,95,104,107,108,114,115,119,120,122,123,124,125,126,129,143,148,173,174,213,214,220,223,224,231,234,252
オルタナティブ戦線（Barisan Alternatif, BA）　231,232

〔カ行〕

改革派（Reformasi）　129,231,252
カイゼン提案活動　38,39,40,42,43,44,45
開発企業（developmental enterprise）　150
開発公社（Development Corporation）　142,143,145
開発国家（developmental state）　86,87,99,100,102
家事労働者（domestic worker）　190,196,197,198,200,203
過剰都市化（overurbanization）　149,150
華人　7,96,104,117,123,127,129,143,144,145,146,147,148,152,153,173,174,192,203,204,214,215,220,223,230,235
華人企業　96,103,104,144,146
華人資本　10,117,123,124,125,128,191,215,228
カステル（Castells）　66,67,227
カンガニー制度　104
韓国　78,88,92,93,99,102,103,105,120,177,192,202,218,228,230,238,258,260
企業内組合（in-house union）　39,40,41,43,44,45,48,98,159,160,161,162,177,183,220,230
クアラトゥレンガヌ　232
クアラルンプール　52,61,71,151,152
クラン・ヴァレー　37,39,40,41,42,52,129,141,151,232
グローバリズム（globalism 志向）　222,223,224,232
グローバル化　3,4,5,6,7,8,9,12,13,14,15,19,24,29,31,32,35,36,37,46,47,48
グローバルな商品連鎖（global commodity chain）　11,236,244,245,247,249,251,252
グローバル・フォード主義（global Fordism）　179
契約労働者（contract worker）　193,204
権威主義（authoritarianism 志向）　222,224
権威主義（的）国家　81,102,105,218
権威主義的ポピュリズム（authoritarian populism）　231
現地調達　18,37,38,49,62,85,95,246
交渉の分散化（decentralization）　271
高賃金政策（high wage policy）　18,21,112
後発性（backwardness）　86,105
高付加価値（化）　18,19,39,41,42,45
国内治安法（Internal Security Act, ISA）　98,128,221,231
国民車　33,41,103,120,121,151
国民的発展論（national development theory）　18,25,101
国民発展政策（National Development Policy, NDP）　69,84,104,123,144,214,215,222,223,228
国民ヴィジョン政策（National Vision Policy, NVP）　123
国民戦線（Barisan Nasional, National Front, BN）　123,127,129,152,215,222,229,232
コタバル　232
国家コーポラティズム（state corporation）　157,162,180,218,230,231

〔サ行〕

サイバージャヤ　71,75,79,84

産業調整法(Industrial Coordination Act)
　　　　　　　　　96,144,182,227,228
三者同盟(triple alliance)　9,107,108,109,
　　　　　　110,111,112,113,114,115,
　　　　　　117,119,120,121,122,123,
　　　　　　125,127,128,148,235
市場原理主義　　　　　　263,271,275
下請　　　　　　　　　　18,21,136,142
シックス・シグマ　　　　　　　40,62
地主-小作関係　　　　　　　　　　97
資本主義世界経済(capitalist world-
　economy)　　　　　　　236,254,277
社会コーポラティズム(societal corpo-
　ratism)　　　　　　　　　　　　230
ジャスト・イン・タイム(JIT)
　　　　　　　　　　　63,159,160,279
ジャパナイゼーション(Japanization)
　　　　　31,159,160,163,177,178,180,184,
　　　　　266,267,273,274,275,277,278,279
自由コーポラティズム(liberal corpo-
　ratism)　　　　　　　　　　　　230
自由貿易区(free trade zone, FTZ)　32,37,
　　　　　38,39,40,42,43,54,61,94,98,
　　　　　112,118,120,128,139,146,151,
　　　　　157,174,183,242,243,248,257
自由貿易区法(Free Trade Zone Act)
　　　　　　　　　　　　　　118,140
従属(dependency)　　　　　　　　110
従属的発展(dependent development)　89
従属パラダイム　　　　　89,101,112,113
従属理論　　　　　　　　　18,32,88,256
周辺性(peripherality)　　81,82,179,189,190,
　　　　　　198,199,200,203,206,240,242
周辺フォード主義(peripheral Fordism)
　　　　　　158,161,163,179,180,209
収斂(convergence)　　　　11,15,261,267,
　　　　　　　　　　268,269,272,277
儒教資本主義(Confucian capitalism)　153

シュンペーター(Schumpeter)　　　255
小集団活動　　38,39,43,47,48,49,54,62,
　　　　　　　　　　　　159,176,273
消費主義(consumerism)　187,190,210,215,
　　　　　　　　　　　　220,224
情報化(informationalization)　9,15,65,67,
　　　　　　　　　　68,79,82,83,208,210
情報的発展様式　　　　　　　　66,67
省力化　　　　　　　　　　　56,57,58
ジョホール(・バル)　　　37,43,44,45,52,
　　　　　　　　　61,140,151,192,193
シンガポール　38,40,42,43,44,45,180,191,
　　　　　　192,218,219,221,242,248
新経済政策(New Economic Policy, NEP)
　　　　　33,69,84,95,96,99,104,118,119,
　　　　　120,122,123,130,143,144,145,
　　　　　148,182,204,205,213,214,222,
　　　　　223,228,231,232,255
新中間階級(new middle class)　4,6,10,18,
　　　　　23,33,82,129,186,187,190,198,199,202,
　　　　　207,211,212,213,215,216,217,218,219,
　　　　　220,221,224,225,226,227,230,232,235
人種暴動(racial riot)　117,118,119,143,214
人的資源開発基金(Human Resource De-
　velopment Fund, HRDF)　39,41,42,43,
　　　　　　44,45,46,62,105,169,170,173,183
人的資源開発法(Human Resource De-
　velopment Act)　　　　168,169,170,246
スルタン　　　　　　　104,105,127,229
成果主義　　　　　　　　　32,275,279
生産(システム)の自動化　　　36,55,59
生産様式の節合理論(articulation theory)
　　　　　　　　　　　　　　　　254
世界システム論　1,17,18,25,33,265,278
世界都市(global city)　　　　　　　202
セル生産(cell production)　38,41,44,45,46,
　　　　　　　　54,55,56,57,58,59,60,63
前資本主義的(な)社会勢力　　92,94,97,

104,109,126

〔タ行〕

台湾　　　　　　　92,93,102,103,202
ダウンサイジング(downsizing)　270,275
多元的インダストリアリズム(multiple industrialism)　　　　　　　　278
脱工業化(postindustrialization)　255
脱工業社会(post-industrial society)　66
脱物質主義(postmaterialism)　202,230
多能工化(multiskilling)　38,39,40,41,47, 58,59,271,274
地域における産業集積(industrial district)　　　　　　　　　10,32,150
チェイス-ダン(Chase-Dunn)　33,208,240, 241,242,249,251,255,258
蓄積体制(accumulation regime)　179,209
知識基盤型経済　　　　　　　　70,72
中核性(coreness)　　　　　89,179,240
中国　　　　　　　　　　　　　　200
中小企業育成計画(SME Development Programmes)　　　　　　　　121
中小企業育成公社(SMIDEC)　43,50,121,129
長期概要計画(Outline Perspective Policy, OPP)　69,84,115,116,117,228
直接投資　　　　　26,28,29,35,264
賃金の個別化(individualization)　270
強い国家(strong state)　90,93,100,109, 126,221,231
低開発の発展(development of underdevelopment)　　　　　　　　88,89
デジタル・デヴァイド　　　　　　78
デュアリズム(dualism)　　　　　271
電機産業労働者組合(Electric Industrial Workers Union, EIWU)　38,41,44,48
伝統主義(traditionalism 志向)　222,223,224
統一マレー人民族組織(UMNO)　104,119, 123,124,127,129,130,215,222,229

投資刺激法(Investment Incentives Act)
94,128,257
投資促進法(Promotion of Investment Act)　　　　　　　　　95,120,168
土地所有階級(landowning class)　90,91,97, 101,102,126,*93

〔ナ行〕

ナショナリズム(nationalism 志向)　82,222, 231,232
日本　　27,29,31,32,34,50,66,78,82,85,99, 120,131,159,177,179,183,192,227, 230,248,257,258,260,262,264,265, 272,274,275,279,280,270
日本的生産システム　31,159,184,266,267, 273,274,277,279
日本的労使関係　　　　161,180,273,280
ニュー・リッチ(the New Rich)　10,18,23, 33,82,177,187,190,198,199,207,211, 212,215,216,217,220,221,222,225,235

〔ハ行〕

ハースト(Hirst)　262,263,264,277,279
パイオニア産業(pioneer industry)　77,94, 95,118,120,174,257
パイオニア・ステータス　　　122,129
バイヤー主導的商品連鎖(buyer-driven commodity chain)　　　245,257
パトロン-クライアント関係　135,147,202
半周辺性(semiperipherality)　82,83,190, 199,200,203,211,216
半導体　　29,38,41,51,52,62,63,85,94, 141,142,146
汎マレーシアイスラム党(Pan-Malaysian Islamic Party, PAS)　215,223,229,231,232
フォード主義(Fordism)　32,33,59,139,150, 151,155,156,163,179,180,227,266,273
フォーマル・セクター　　　　　149

不等価交換　33,216,237,238,239,250,254,255
プッシュ・プル理論　202
プトラジャヤ　71,75,79
ブミプトラ (bumiptra)　143,205
富裕化　4,6,79
プライヴァタイゼーション (privatization)　96,104,120,122,214,222,228
プラザ合意　16,29,131,246
ブラジル　88,89,92,93,108,111,112
フレクシビリティ (flexibility)　47,67,238,268,269,270,271,272,273,274,275,277,278
フレクシブルな専門化 (flexible specialization)　150,256
プロデューサー主導的商品連鎖 (producer-driven commodity chain)　245,246,247
プロデュア (Perodua) 社　120,128,151
プロトン (Proton) 社　33,39,103,120,121,122,128,143,151,152
ヘゲモニー (hegemony)　32,278
ペトロナス (PETRONAS)　34
ペナン　10,37,38,52,54,61,94,104,129,140,141,142,144,145,146,147,148,151,152,171,193,235,257,258
ペナン技能開発センター (Penang Skill Development Centre)　145,257
ベル (Bell)　66
ポストコロニアル　2,5
ポスト・フォード主義 (post-Fordism)　150,160,163,181,227,266
ポピュリズム (populism)　157
本源的テーラー化 (primitive Taylorization)　18,22,158,163,179,209

〔マ行〕

マージナル化　18,23
マクドナルド化 (McDonaldization)　14,31,85
マハティール (Mahathir)　69,79,84,116,120,124,129,177,222,229,230,231
マハティール主義 (Mahathirism)　231
マラッカ　37,42,43,52,54,61,104,129,140,151
マラヤ連合 (Malayan Union)　127
マラヤ連邦 (Federation of Malaya)　127
マルチメディア・スーパー・コリドー (MSC)　9,65,66,69,71,72,73,74,75,77,78,79,81,82,83,84,124,129,222
マレーシアインド人会議 (Malaysian Indian Congress, MIC)　127,229
マレーシア計画 (Malaysian Plan)　69,115,116,117,171,228
マレーシア国民 (Bangsa Malaysia, Malaysian Nation)　124,223,231
マレーシア人民運動（ゲラカン）(Gerakan Rakyat Malaysia, Malaysian People's Movement)　152,229
マレーシア労働組合会議 (Malaysia Trade Union Congress, MTUC)　98,174,175,220,231
マレーシア労働組織 (Malaysian Labour Organization, MLO)　175,220
マレーシア華人協会 (Malaysian Chinese Association, MCA)　127,129,152,229
マレー人保護法 (Malay Reservation Act)　105
民主行動党 (Democratic Action Party, DAP)　229,231
民主主義 (democracy 志向)　222,223,224
無組合化 (deunionization)　160,162
無制限労働供給 (unlimited supply of labour)　203
メダン協定 (Medan Agreement)　196,205
モダニズム (modernism 志向)　222,223,224

〔ヤ行〕

輸出加工区 (export processing zone,

EPZ） 32,112,139,157
輸出志向型工業化 17,18,19,23,32,54,88,
92,94,96,97,98,111,114,
118,120,128,139,155,157,
158,174,180,192,208,213,
228,229,242,247,256
輸入代替工業化 17,18,20,23,32,63,92,108,
111,112,114,116,117,149,
158,191,229,242,250

〔ラ行〕

ライト（Wright） 212,227
ラザレイ（Razaleigh） 229
リーン生産（lean production） 266
利権（rent） 104,122,223,228
リストラクチュアリング 16,31,67,180,
267,274
リピエッツ（Lipietz） 209
略奪国家（predatory state） 102
両班 93,99
ルイス（Lewis） 203
ルック・イースト（Look East）政策
121,172,177,230
レギュラシオン学派 179,209
連邦土地開発局（Federal Land Development Authority, FELDA） 97,99,105,204
ローカル化（localization） 7,85
労使関係 10,11,21,31,36,38,48,49,52,54
労使関係法（Industrial Relations Act）
98,99,128,174,175,220
労働運動 23,98,99,210,217,218,219,221,230
労働組合法 175
労働者階級 18,22,23,34,90,91,92,97,98,100,
105,126,186,190,195,210,211,
212,218,219,220,221,226,235
労働力の女性化（feminization） 278

〔ワ行〕

ワグナー法 273

著者紹介

山田　信行（やまだ　のぶゆき）
1960年生，駒澤大学文学部助教授
専攻：労使関係，世界システム
東京大学教養学部卒，東京大学社会学研究科博士課程修了，博士（社会学）

主要著作
『労使関係の歴史社会学──多元的資本主義発展論の試み』（ミネルヴァ書房，1996年）
『階級・国家・世界システム──産業と変動のマクロ社会学』（ミネルヴァ書房，1998年）
『現代社会学における歴史と批判（上）──グローバル化の社会学』（共編著）（東信堂，2003年）

The World-System in the New Century
―Globalization and its Social Effects―

世界システムの新世紀──グローバル化とマレーシア

2006年3月15日　初版第1刷発行　　〔検印省略〕
＊定価はカバーに表示してあります

著者 ⓒ山田信行／発行者 下田勝司　　印刷／製本　中央精版印刷

東京都文京区向丘1-20-6　郵便振替00110-6-37828
〒113-0023　TEL(03)3818-5521　FAX(03)3818-5514
発行所　株式会社 東信堂
Published by TOSHINDO PUBLISHING CO., LTD.
1-20-6, Mukougaoka, Bunkyo-ku, Tokyo, 113-0023, Japan
E-mail: tk203444@fsinet.or.jp　http://www.toshindo-pub.com

ISBN4-88713-652-8　C3036　ⓒ Nobuyuki Yamada

― 東信堂 ―

グローバル化と知的様式―社会科学方法論についての七つのエッセイ	J・ガルトゥング 矢澤修次郎・大重光太郎訳	二八〇〇円
階級・ジェンダー・再生産―現代資本主義社会の存続メカニズム	橋本健二	三二〇〇円
現代日本の階級構造―理論・方法・計量分析	橋本健二	四五〇〇円
再生産論を読む―バーンスティン、ブルデュー、ボールズ=ギンティス、ウィリスの再生産論	小内透	三二〇〇円
教育と不平等の社会理論―再生産論をこえて	小内透	三三〇〇円
現代社会と権威主義―フランクフルト学派権威論の再構成	保坂稔	三六〇〇円
共生社会とマイノリティへの支援―日本人ムスリマの社会的対応から	寺田貴美代	三六〇〇円
現代社会学における歴史と批判【上巻】	武川正吾・山田信行編	二八〇〇円
現代社会学における歴史と批判【下巻】―グローバル化の社会学	片桐新自・丹辺宣彦編	二八〇〇円
ボランティア活動の論理―阪神・淡路大震災からサブシステンス社会へ―近代資本制と主体性	西山志保	三八〇〇円
イギリスにおける住居管理―オクタヴィア・ヒルからサッチャーへ	中島明子	七四五三円
現代環境問題論―理論と方法の再定置のために	井上孝夫	二三〇〇円
日本の環境保護運動	長谷敏夫	二五〇〇円
環境のための教育―批判的カリキュラム理論と環境教育	J・フェイン著 石川聡子他訳	二三〇〇円
情報・メディア・教育の社会学―カルチュラル・スタディーズしてみませんか?	井口博充	二三〇〇円
BBCイギリス放送協会[第二版]―パブリック・サービス放送の伝統	簑葉信弘	二五〇〇円
ケリー博士の死をめぐるBBCと英政府の確執―イラク文書疑惑の顛末	簑葉信弘	八〇〇円
サウンドバイト∴思考と感性が止まるとき―メディアの病理に教育は何ができるか	小田玲子	二五〇〇円
記憶の不確定性―社会学的探求	松浦雄介	二五〇〇円

〒113-0023 東京都文京区向丘1-20-6
§TEL 03-3818-5521 FAX 03-3818-5514 振替 00110-6-37828
Email tk203444@fsinet.or.jp URL: http://www.toshindo-pub.com/

※定価:表示価格(本体)+税